Trabalho, logo existo

MARGARET MARUANI (org.)

Trabalho, logo existo

perspectivas feministas

Tradução Dora Rocha

Prólogo Angela Davis
Epílogo Michelle Perrot

Título original: *Je travaille, donc je suis: perspectives féministes*
Copyright © 2018 La Découverte
Copyright da edição brasileira © 2019 FGV Editora

Direitos desta edição reservados à
FGV EDITORA
Rua Jornalista Orlando Dantas, 37
22231-010 | Rio de Janeiro, RJ | Brasil
Tels.: 0800-021-7777 | 21-3799-4427
Fax: 21-3799-4430
editora@fgv.br | pedidoseditora@fgv.br
www.fgv.br/editora

Impresso no Brasil | *Printed in Brazil*

Todos os direitos reservados. A reprodução não autorizada desta publicação, no todo ou em parte, constitui violação do copyright (Lei nº 9.610/98).

Os conceitos emitidos neste livro são de inteira responsabilidade das(os) autoras(es).

1ª edição: 2019

Revisão técnica: Bila Sorj; Louisa Acciari
Preparação de originais: Débora de Castro Barros
Revisão: Fatima Caroni
Projeto gráfico de miolo, diagramação e capa: Estúdio 513
Imagem da capa: iStock Photos — JESP62

Ficha catalográfica elaborada pela
Biblioteca Mario Henrique Simonsen

Trabalho, logo existo : perspectivas feministas / Margaret Maruani, org.; tradutora Dora Rocha. — Rio de Janeiro : FGV Editora, 2019.
  332 p.

  Tradução de: Je travaille, donc je suis : perspectives féministes.
  Inclui bibliografia.
  ISBN: 978-85-225-2162-3.

  1. Mulheres — Emprego — História. 2. Mulheres — Condições sociais. 3. Papel sexual no ambiente de trabalho — História. 4. Discriminação de sexo no emprego — História. 5. Feminismo. I. Maruani, Margaret. II. Fundação Getulio Vargas.

CDD — 331.4

Sumário

Agradecimentos   9

Introdução. O adeus ao trabalho, e aí?   11
Margaret Maruani

Prólogo. Mulheres, raças, classes: desafios para o século XXI   17
Angela Davis

Apresentação à edição brasileira   29
Bila Sorj e Helena Hirata

PARTE I. INFLEXÍVEIS DESIGUALDADES?
Coordenação de Danièle Meulders e Rachel Silvera

Introdução   35
Danièle Meulders e Rachel Silvera

1. As estatísticas nos estudos de gênero: um instrumento revelador?   41
Thomas Amossé

2. Feminismo de mercado e igualdade elitista?   53
Sophie Pochic

3. Levar o direito a sério   66
Marie-Thérèse Lanquetin

4. *Care* e intersecionalidade, uma questão política … 79
Helena Hirata

5. Nos Estados Unidos, um copo meio cheio? … 92
Laura Frader

6. No Brasil, novas perspectivas … 103
Bila Sorj

7. Na Espanha, o tempo das transformações … 114
Carlos Prieto

PARTE II. NOVOS OBJETOS, NOVAS FRONTEIRAS
Coordenação de Catherine Achin e Catherine Marry

Introdução … 133
Catherine Achin e Catherine Marry

8. Mulheres, reestruturações e serviços públicos nas instituições penitenciárias britânicas … 141
Cécile Guillaume e Gill Kirton

9. Acesso ao emprego e violências cometidas contra as mulheres … 154
Iman Karzabi e Séverine Lemière

10. A contribuição das pesquisas sobre o gênero e o trabalho para os estudos chineses sobre a "transição" … 166
Tang Xiaojing

11. Tecer novas histórias: os trabalhos de agulha na escola feminina (França-Argélia colonial) … 179
Rebecca Rogers

12. O sexo das artes: da desconfiança à efervescência … 191
Hyacinthe Ravet

13. Trabalho e gênero: abordagens intersecionais e pós-coloniais … 205
Amélie Le Renard

14. Gênero, trabalho e migrações … 215
Audrey Lenoël e Ariane Pailhé

PARTE III. TRABALHO, GÊNERO E FEMINISMOS
Coordenação de Isabelle Clair e Jacqueline Laufer

Introdução   231
Isabelle Clair e Jacqueline Laufer

15. Sob o rótulo do *care*, o trabalho das mulheres das classes
populares: para uma crítica empírica de uma noção de sucesso   237
Christelle Avril

16. Igualdade profissional, corpo e sexualidade   250
Nathalie Lapeyre

17. Gênero, trabalho e empoderamento: um exemplo na Índia do Sul 263
Kamala Marius

18. Revolução digital: que questões para o trabalho
e para as relações de gênero?   275
Michel Lallement

19. O trabalho, um conceito central para os estudos de gênero?   287
Danièle Kergoat

20. É possível fazer uma sociologia feminista do feminismo?
Da divisão sexual do trabalho ao espaço da causa das mulheres   295
Laure Bereni

Conclusão. Reconfigurações das questões da igualdade
nas sociedades contemporâneas   307
Nicky Le Feuvre

Epílogo. Escrever a história do trabalho das mulheres   319
Michelle Perrot

Centros de pesquisa   327

Autoras e autores   329

AGRADECIMENTOS

Este livro é fruto de um intenso trabalho coletivo realizado por um comitê editorial formado por pesquisadores(as) associados(as) ao Mage, ao qual eu gostaria de prestar homenagem. Para além do trabalho editorial, o comitê foi um lugar de discussões apaixonadas e, creio eu, produtoras de ideias novas.

Gostaria também de apresentar meus agradecimentos a nossas tradutoras (para o francês) Claire Alcaraz, Justine Rochot e Hélène Tronc, bem como às instituições que contribuíram para o financiamento deste projeto: a Association les Ami.e.s du Mage e o Polo HALL da Université Sorbonne-Paris-Cité. Muito obrigada também a Julie l'Azou, que, no Cerlis, contribuiu para a gestão e a organização deste trabalho.

Gostaria, por fim, de expressar toda a minha gratidão a Sile o'Dorchai por seu apoio amigo e eficaz.

Comitê editorial
Catherine ACHIN, cientista política, Université Paris Dauphine-PSL-Irisso
Isabelle CLAIR, socióloga, CNRS-Iris
Anayansi GONZALEZ, socióloga, Université Paris-1 Panthéon-Sorbonne
Helena HIRATA, socióloga, CNRS-Cresppa-GTM

Michel LALLEMENT, sociólogo, Lise-Cnam-CNRS
Jacqueline LAUFER, sociółoga, HEC Paris
Catherine MARRY, sociółoga, CNRS-CMH
Danièle MEULDERS, economista, Université Libre de Bruxelles
Sophie POCHIC, sociółoga, CNRS-CMH
Rachel SILVERA, economista, Université Paris-Nanterre
Pauline VESSELY, sociółoga, Mage-Cerlis

Margaret MARUANI

INTRODUÇÃO
O adeus ao trabalho, e aí?
Margaret Maruani

Trabalho, logo existo, eis nosso refrão há anos. E a ele nós acrescentamos *perspectivas feministas*, uma espécie de nota dissonante e necessária que exprime sem rodeios nossa exigência de um olhar crítico voltado para os mundos do trabalho e para as sociedades contemporâneas.

Nós, sociólogos(as), historiadores(as), economistas, demógrafos(as), geógrafos(as), juristas, cientistas políticos(as), linguistas, psicólogos(as), filósofos(as), que há mais de 20 anos procuramos declinar as diferentes facetas do trabalho e do emprego no masculino e no feminino. Nós, que recusamos categoricamente o masculino neutro, no qual durante muito tempo foram enclausuradas as ciências humanas e sociais. Nós, a rede internacional e pluridisciplinar de pesquisa Marché du Travail et Genre (Mage: Mercado de Trabalho e Gênero), criada em 1995 no Centre National de la Recherche Scientifique (CNRS: Centro Nacional da Pesquisa Científica).[1] Tínhamos e até hoje temos o projeto de

---

[1] Criado em 1995, o Mage foi o primeiro grupo de pesquisa do CNRS voltado para a questão do gênero. A partir de 2011, tornou-se uma rede de pesquisa internacional e pluridisciplinar que hoje reúne 30 centros de pesquisa e universidades de 13 países (Alemanha, Bélgica, Brasil, China, Espanha, Estados Unidos, França, Grécia, Japão, Reino Unido, Suécia, Suíça e Taiwan). O grupo está hoje ligado ao Centre de Recherche sur les Liens Sociaux (Cerlis: Centro de Pesquisa sobre os Laços Sociais) da Université Paris-Descartes-Université Sorbonne-Paris-Cité. Em 2015 o Mage comemorou seus 20 anos na Sorbonne com um seminário intitulado "Je tra-

reunir as pessoas, as disciplinas, as escolas. Perseveramos na vontade de tornar visível a amplitude do trabalho realizado, a riqueza dos debates e a variedade das questões tratadas. Com a ideia de reagir à precariedade dos saberes sobre o gênero. Desejo de integração, portanto, mas sem concessão. O gênero perturba, e é bom que assim seja. Ele obriga a descompartimentar as disciplinas, a reformular as hipóteses, a repensar os paradigmas. Com a condição, é claro, de ser tomado por aquilo que é: uma ferramenta indispensável à inteligência do mundo social e não uma variável facultativa.

Este livro traz uma mensagem tripla. Em primeiro lugar, pretende demonstrar as virtudes heurísticas de uma leitura sexuada do mundo social. O prisma do gênero não é um adendo desnecessário. Ao esquecermos o gênero, não é apenas a informação que perdemos, é o conhecimento que deformamos. Em segundo lugar, tenta mostrar a acumulação de conhecimentos, que é indiscutivelmente um fato. Não podemos decretar de quatro em quatro dias: estudos de gênero, ano zero![2] Finalmente, busca sublinhar a riqueza e a diversidade das pesquisas, a pluridisciplinaridade permanente de nossos debates: tantas foram as pessoas ligadas a disciplinas, origens e horizontes diferentes que se encontraram em torno, a propósito ou a partir de questões ligadas ao trabalho e ao gênero.

Este livro é também uma defesa contra duas inverdades. A primeira contra a qual ele se volta é esta: desigualdades entre homens e mulheres? São residuais, dizem, estamos no bom caminho. Não, é preciso dizer e repetir, não existe um caminho natural em direção à igualdade. É a desigualdade que continua evidente. Suas fronteiras se movem, tudo bem, mas se deslocam mais do que se apagam. Elas se acumulam, entrecruzam-se e recolocam-se. Imediatamente depois, ou antes, temos esta outra inverdade: o trabalho, esse obscuro objeto de pesquisa, teria ficado ultrapassado. Há quase 40 anos eu ouço, ou nós ouvimos essa afirmação, dita com palavras diferentes. E isso sempre me deixa perplexa:

---

vaille, donc je suis" ("Trabalho, logo existo"). Este livro, que não é a ata do encontro, retoma seus(suas) autores(as) e suas ideias para oferecer um conjunto de textos originais.

[2] Ver o emblemático exemplo do seminário do Groupement d'Intérêt Scientifique (GIS) "Institut du Genre" realizado em Lyon em 2014, ingenuamente apresentado como "Primeiro Congresso dos Estudos de Gênero na França". Vocês disseram primeiro...

como podemos viver em sociedades em que o desemprego constitui a principal questão social e afirmar que a reflexão sobre o trabalho e o emprego prescreveu, está ultrapassada, fora da pauta? Existe aí como que uma falha lógica. Mas, além disso, é tão secundário ou acessório tratar do desemprego e do subemprego, da precariedade e da pobreza trabalhadora, das diferenças de salário e de aposentadoria, das reestruturações e de seus cortejos de destruições de empregos e de vidas partidas, das discriminações racistas e do assédio sexual no trabalho? Da evolução das profissões e do futuro do trabalho assalariado? Não achamos que sim. Esses temas estão no âmago da questão social e nos interessam justamente por esse motivo. No fundo, defendemos duas ideias diferentes, porém indissociáveis: a pertinência duradoura do conceito de gênero para a análise do mundo do trabalho, de um lado; a centralidade do trabalho nas ciências humanas e sociais, e especialmente nos estudos de gênero, de outro. O trabalho, o emprego, o desemprego — tudo de que trataremos ao longo das páginas deste livro — não são objetos ultrapassados. São interrogações centrais para quem se interessa pela igualdade entre homens e mulheres, para quem se debruça sobre todas as clivagens sociais: as hierarquias de gênero, de classe, de raça e de nacionalidade que atravessam e moldam nossas sociedades.

Trabalho, logo existo é uma obra coletiva internacional e pluridisciplinar que reúne 33 autores(as) da França, da Bélgica, da Espanha, da Alemanha, da Suíça, dos Estados Unidos, do Brasil, da Índia e da China. O livro se apresenta como um conjunto de contribuições que debatem uma hipótese forte: a análise do lugar das mulheres e dos homens no mercado de trabalho é um fio condutor para entender o estatuto de cada um dos dois sexos na sociedade. O trabalho está no centro das relações de gênero. E, inversamente: as lógicas de gênero são indispensáveis para a compreensão do funcionamento das atividades ligadas ao trabalho.

Essa perspectiva, que foi a posição fundadora do Mage, continua a nos parecer hoje heurística e politicamente pertinente, embora o contexto científico e socioeconômico tenha evoluído profundamente. O lugar do trabalho no campo dos estudos sobre o gênero é menos visível e aparentemente menos central do que há 20 anos, enfrentando a concorrência de novos objetos e o desenvolvimento dos estudos sobre gênero em disciplinas menos diretamente centradas no trabalho (letras, ciências políticas, filosofia, direito etc.). Mas, neste início do século XXI, a incrustação de uma crise econômica de longa duração e a reprodução das desigualdades sociais nos incitam a prosseguir a análise do papel do trabalho nas relações de gênero e do funcionamento sexuado do mercado de trabalho e de emprego.

Este livro começa com um magnífico texto inaugural de Angela Davis, que, melhor que qualquer pessoa, fala-nos das questões de classe, de raça e de sexo que atravessam o mundo do trabalho. E termina com uma contribuição de Michelle Perrot, que, de modo magistral, esclarece-nos o que significa escrever a história do trabalho das mulheres.

Entre os dois textos, *Trabalho, logo existo* apresenta um mosaico de temas borbulhantes que nos levam aos quatro cantos do mundo, na estrada das desigualdades no trabalho e no emprego que ainda e sempre é preciso percorrer. O livro nos transporta na direção de novos caminhos por atalhos promissores. Revela pontes e passarelas insuspeitadas entre campos *a priori* estranhos: mundos do trabalho, da educação, das migrações, das artes e das letras, da era digital, da política, do sindicalismo e do militantismo. É atravessado por interrogações sobre os desafios feministas nas ciências sociais, as lógicas pós-coloniais e a intersecionalidade.

A partir do mundo do trabalho, podemos ver muitas coisas ligadas às violências cometidas contra as mulheres, ao assédio sexual. Afinal, de Dominique Strauss-Kahn a Harvey Weinstein, trata-se sempre de agressões sexuais no âmbito profissional — mesmo que evidentemente camareiras e atrizes de cinema não tenham a mesma posição social nem a mesma capacidade de resistência. Neste livro, ler-se-ão afirmações inteiramente inovadoras sobre as violências cometidas contra as mulheres e suas consequências sobre o acesso ao emprego. De modo totalmente inesperado, as pesquisas cada vez mais numerosas sobre o corpo e a sexualidade encontram seu prolongamento no mundo do trabalho, em meio aos avatares da igualdade profissional. Encontrar-se-ão também novas maneiras de apreender a cultura e as artes sob o prisma do gênero. Se talentos são reconhecidos no caso de dançarinas, músicas e escritoras, o gênio criador continua a ser desesperadamente o apanágio dos machos, de preferência brancos. Num terreno completamente diferente, poder-se-á perceber a renovação do olhar sobre as migrações: enfim, mas há apenas alguns anos, damo-nos conta de que, aqui também, as mulheres não estão apenas seguindo seus cônjuges. Trabalhadoras de todo tipo, as imigrantes não são "mulheres de". Vamos encontrá-las no centro das interrogações sobre o *care*: além dos problemas de ética, existe aí todo um mercado de trabalho das mulheres, pouco valorizado e sub-remunerado, que organiza uma troca bastante desigual entre países do Norte e do Sul.

Em suma, para nós, o trabalho é essa janela aberta para o mundo social, suas hierarquias, suas clivagens e suas tensões, mas também suas mutações e suas transformações. Em meio às questões sociais e às lógicas de gênero, continuaremos "feministas enquanto necessário for".

PRÓLOGO
Mulheres, raças, classes: desafios para o século XXI[*]
Angela Davis[**]

"Trabalho, logo existo." Descartes talvez não apreciasse essa transmutação de sua célebre sentença filosófica, mas aqueles que entendem a centralidade do trabalho em todos os processos sociais sabem que o trabalho e o pensamento estão dialeticamente ligados. Se eu existo porque penso, não posso pensar se não trabalho. Não se trata evidentemente de um processo individual ou individualista, mas sim profundamente social e portanto coletivo. Eu gostaria de agradecer às professoras Margaret Maruani, Danièle Meulders e Jacqueline Laufer por terem me convidado para participar deste importante seminário internacional que comemora o 20º aniversário do Mage, e ao presidente da Université Paris-Descartes por acolher este evento. Fico feliz em me juntar aos(às) vários(as) pesquisadores(as) que falarão hoje, sociólogos(as), economistas, geógrafos(as) e historiadores(as). Parece que sou a única participante que tem formação em filosofia, mas gostaria de sublinhar que meu campo de reflexão, a "teoria crítica", é um campo interdisciplinar, que redireciona as questões e os problemas e que adota as contribuições de várias disciplinas e gêneros.

---

[*] Texto traduzido do inglês para o francês por Hélène Tronc. Depois, foi relido, corrigido e validado por Angela Davis.
[**] Este é o texto integral da conferência inaugural pronunciada por Angela Davis em 4 de dezembro de 2015 em Paris, na Sorbonne, durante o seminário que celebrava os 20 anos do Mage.

Não posso deixar de mencionar, na abertura desta intervenção, que este seminário acontece na cidade de Paris, que se encontra mergulhada num estado de luto coletivo após os ataques ocorridos quase três semanas atrás.[1] Gostaria de acrescentar minhas condolências a todas aquelas apresentadas por tantas pessoas em todo o mundo. Gostaria também de mencionar que na última vez que estive em Paris, na primavera passada, para debater questões ligadas à imigração e à atual crise dos refugiados, a lei sobre informação tinha acabado de ser votada, e lembro-me de ter expressado a esperança de que a França tirasse lições da história muito difícil que se seguiu à aprovação do *Patriot Act* nos Estados Unidos após o 11 de Setembro. Catorze anos depois, continuamos enfrentando as consequências repressivas dessa legislação, e devo dizer que fiquei desolada ao saber que a marcha, a grande marcha e manifestação pedindo que se agisse imediatamente em favor do clima havia sido cancelada, o que levanta esta questão candente: quem são os que mais sofrem com as medidas do estado de emergência, apresentadas como medidas de segurança reforçada? As fileiras de sapatos na Place de la République nos lembram que, mesmo quando procuramos proteger nossas vidas do terrorismo, devemos permanecer vigilantes na proteção de nossos direitos e nossas liberdades, dos direitos e liberdades de todos, aí incluídas pessoas de origem africana, provenientes do Oriente Médio e da Ásia, *a fortiori* neste momento, em que tantos e tantas imigrantes fogem da violência política e econômica de seus próprios países.

Uma das grandes dificuldades que os pesquisadores que trabalham com a atividade econômica das mulheres no mundo têm de enfrentar é que não apenas os dados referentes à presença das mulheres pobres no mercado de trabalho são incompletos, sobretudo no caso dos países do Sul, como os especialistas nas estatísticas do trabalho muitas vezes se veem diante da impossibilidade de levar em conta um grande número de empregos ocupados pelas mulheres fora da economia formal. Historicamente, o trabalho das mulheres foi objeto de uma segregação material e ideológica com relação ao mercado de trabalho. As pesquisadoras feministas tentaram entender esse fenômeno propondo como

---

[1] Em 13 de novembro de 2015, uma série de atentados foi perpetrada em Paris e em Saint--Denis.

grade de análise a distinção público/privado, que nos ajuda a entender por que o poder econômico das mulheres é há tanto tempo confinado à esfera privada. É claro que isso não impediu as mulheres de desempenhar um papel histórico importante na organização de movimentos sindicais na esfera pública, de que se beneficiaram tanto os homens quanto as mulheres. Porém, mesmo quando o trabalho das mulheres ocorre dentro do processo de produção capitalista, ele é percebido como sendo mais próximo de um trabalho reprodutivo do que produtivo. Eu gostaria portanto de centrar minha intervenção no trabalho doméstico e do *care* remunerado, que se torna ainda mais necessário quando as mulheres da classe média entram no mercado de trabalho e são forçadas a empregar outras mulheres para realizar as tarefas domésticas do trabalho reprodutivo. Se escolhi esse tema, não foi apenas porque é um tema de análise feminista há cerca de 40 anos (lembro-me do movimento italiano lutando por um salário que remunerasse o trabalho doméstico nos anos 1970 e das intervenções de Selma James e de Maria Rosa Dalla Costa — mesmo admitindo que eu tendia a ser contra a ideia de remunerar o trabalho doméstico, mas esse é outro debate); se escolhi este tema, foi também porque ele nos permite abordar a racialização do trabalho vinculado ao gênero e, de modo mais geral, requer uma abordagem interdisciplinar e um quadro de análise intersecional.

Por ocasião do Dia Internacional da Mulher deste ano, Guy Ryder, diretor-geral da Organização Internacional do Trabalho (OIT), insistiu neste ponto: "Em escala mundial, só a metade das mulheres faz parte da população ativa, contra quase 80% dos homens, um número que praticamente não mudou nos últimos 20 anos. E a diferença salarial não diminuiu em nada, já que as mulheres continuam a ganhar em média 23% menos que os homens, e que novos estudos mostram que as mães sofrem uma penalidade salarial que muitas vezes vem se somar à diferença de salário homens-mulheres". Ryder continua: "A porcentagem de mulheres que ocupam cargos de direção e de mulheres dirigentes políticas progrediu, e o número daquelas que trabalham por conta própria ou que realizam trabalhos para a família não remunerados diminuiu, mas as mulheres continuam super-representadas entre os baixos salários". Um desses setores fracamente remunerados é o trabalho doméstico. Em escala mundial, cerca de 53 milhões de pessoas trabalham no serviço doméstico, e sem dúvida a maioria delas são mulheres.

Em 1958, o diretor senegalês Ousmane Sembène, um pioneiro, foi tocado pelo destino das empregadas domésticas africanas ao ler um artigo do jornal *Nice Matin* sobre uma empregada africana que havia se suicidado. Em 1972, ele publicou uma novela na coletânea intitulada *Voltaïque: La Noire de... et autres nouvelles*. *La Noire de...* tornou-se também o título de seu primeiro filme, o primeiro longa-metragem da África subsaariana, lançado em 1966. A personagem principal da novela e do filme é Diouana, uma senegalesa que consegue trabalho como empregada doméstica de um casal de franceses brancos que na época vivia em Dakar. Quando voltam para a França, eles propõem a Diouana acompanhá-los. Diouana vê nesse convite para viver numa bela casa na costa do Mediterrâneo, em Antibes, uma oportunidade milagrosa de escapar da pobreza que a aguarda. Mas de fato, após sua chegada, ela entende aos poucos que, como empregada doméstica presa na casa de pessoas cuja atitude em relação aos africanos é inteiramente moldada pelo colonialismo, ela não passa de uma escrava sem meios de escapar de sua situação. Ela está totalmente isolada, longe de sua família, de seus amigos, de todos aqueles que poderiam apoiá-la; decide pôr fim à vida. A especialista em literatura Dayna Oscherwitz sublinha, num ensaio publicado na antologia *Ousmane Sembène and the politics of culture*, que, e passo a citá-la, "na novela, Sembène toma o cuidado de ligar a morte de Diouana ao fim do Império e ao início da Quinta República. A morte de Diouana acontece em Antibes, na costa mediterrânica francesa, três semanas após Charles de Gaulle ter recebido plenos poderes para estabilizar o governo francês depois do aumento da violência na Argélia e do colapso da Quarta República francesa, bem como do referendo sobre a independência colonial. No primeiro parágrafo da novela, o narrador observa que 'nem o destino da República nem o futuro da Argélia, assim como dos territórios sob o domínio dos colonialistas, preocupavam aqueles que invadiam a praia de Antibes'".

Outros acontecimentos históricos importantes estavam ocorrendo na mesma época. Dois anos e meio antes do suicídio da empregada doméstica africana em 1958, no qual Sembène baseou sua história e seu filme, o boicote dos ônibus em Montgomery, no Alabama, catalisado pela ação corajosa de Rosa Parks, que impulsionou Martin Luther King em direção à fama, havia justo terminado. Podemos perceber uma ligação entre o suicídio de uma empregada doméstica africana na França e o êxito do boicote aos ônibus de Montgomery, que provou de modo intenso que os negros nos Estados Unidos estavam prontos para lutar pela justiça e por uma igualdade plena e completa. Essa ligação reside no fato, ainda bastante desconhecido, de que as empregadas domésticas negras desempenharam papel central decisivo no êxito do boicote aos ônibus de Montgomery. Aquelas empregadas domésticas não estavam escondidas, solitárias e isoladas como a personagem de Sembène e como ocorre em geral nesse tipo de emprego. Elas tinham criado, ao contrário, uma poderosa comunidade de luta que constituiu uma etapa importante e crucial do movimento de liberação negra nos Estados Unidos em meados do século XX.

No começo do século XX, as mulheres negras americanas correspondiam a 28% dos empregados domésticos, enquanto nos anos 1950 elas representavam 60% de todo esse contingente nos Estados Unidos. Cerca de 90% das mulheres ativas negras nos estados do sul dos Estados Unidos eram empregadas domésticas. Quase todas as pessoas negras da minha geração nos Estados Unidos podem localizar laços familiares com o trabalho doméstico, que é uma das várias maneiras como a escravidão tentou se reinventar. Minha mãe, por exemplo, não teria tido como pagar seus estudos, no ginásio e na universidade, se não tivesse encontrado trabalho como empregada doméstica. Estudar as ligações entre os esforços das empregadas domésticas para se organizar e lutar e a expansão do movimento de liberação negra nos ajuda a entender melhor não apenas como a luta das trabalhadoras pode melhorar sua própria situação e a de suas irmãs, mas também como a ação daqueles que se encontram no ponto mais baixo da escala econômica pode suscitar mudanças de maior alcance e maior penetração no mundo social. E, quando estudamos o papel do gênero na esfera econômica, é essencial reconhecer que o gênero é sempre também uma questão de classe e de raça. O valor heurístico do que chamamos de "intersecionalidade" não poderia ser subestimado. Se podemos celebrar as espetaculares transformações do trabalho das mulheres ao longo dos últimos 50 anos, a relegação do trabalho doméstico à margem de nossas preocupações com a atividade econômica das mulheres é atravessada por estruturas ao mesmo tempo históricas e contemporâneas de xenofobia, de racismo e de heteropatriarcado.

No livro *Household workers unite: the untold story of African American women who built a movement*, lançado em 2015, a historiadora Premilla Nadasen mostra que é importante apreciar em seu justo valor as empregadas domésticas e seus esforços para se sindicalizar. Isso faz parte da história inédita do movimento sindical nos Estados Unidos. Cito um trecho: "As empregadas domésticas desempenharam papel importante e complexo no boicote de Montgomery. Elas ocupavam inteiramente os bancos nas grandes assembleias, fizeram o papel de soldados para garantir o êxito do boicote e demonstraram liderança ao coletar fundos e mobilizar outras pessoas na comunidade para apoiar a contestação. Puseram suas competências domésticas a serviço do protesto e o peso político proveniente de seu militantismo em defesa dos direitos cívicos a serviço de suas interações cotidianas com seus patrões. As perturbações causadas pelo boicote transformaram suas relações com seus patrões, endurecendo-as e encorajando seu militantismo". Aquelas mulheres utilizaram portanto sua profissão para ajudar o boicote, e o boicote, para conquistar mais poder diante de seus patrões. A história do ativismo das empregadas domésticas foi relegada ao que Foucault denomina "saberes subjugados", de sorte que, a despeito de seus esforços autônomos para fundar sindicatos e apesar de sua participação espetacular em lutas mais gerais, a contribuição das empregadas domésticas foi amplamente ignorada.

Nos Estados Unidos, já em 1881, em Atlanta, na Geórgia, cerca de 20 lavadeiras negras haviam se reunido para criar um sindicato que elas chamaram The Washing Women Society. Aquele foi também o ano em que foi fundada a Federação das Profissões Organizadas e dos Sindicatos nos Estados Unidos e no Canadá, que, cinco anos depois, tornou-se a Federação Americana do Trabalho (AFL-CIO). Como lembra a historiadora Tara Hunter, a Washing Women Society propôs fazer greve para obter salários uniformes, mas também exigia respeito por parte dos patrões. No período de três semanas, e isto está documentado no jornal local de Atlanta, o *Atlanta Constitution*, cerca de 3 mil lavadeiras entraram em greve. Essa greve animou outras empregadas domésticas negras, cozinheiras, arrumadeiras, enfermeiras, empregadas de hotéis etc. Pode-se dizer que essa greve espetacular, sobre a qual existem muito poucos estudos, só recentemente foi abordada, graças ao trabalho de jovens historiadoras que procuram fazer história social partindo de baixo. Essa greve espetacular marcou um momento importante na história das empregadas domésticas e, de modo mais geral, na história do sindicalismo.

Houve muitas iniciativas para sindicalizar as empregadas domésticas nos Estados Unidos, de Dora Lee Jones, que fundou a Domestic Workers' Union no Harlem em 1934, à National Domestic Workers' Alliance, fundada em 2007 e dirigida por Ai-jen Poo. A composição étnica das empregadas domésticas nos Estados Unidos mudou durante a última década, à medida que as afro-americanas, sempre super-representadas nos baixos salários, evoluíam em direção a outros setores da economia. As mulheres negras da classe operária têm agora papel mais importante como dirigentes sindicais e militantes, sobretudo em campanhas como a que visa obrigar a primeira empresa mundial, que sem dúvida é a Walmart, a conceder a seus empregados um salário decente e os benefícios sociais a que eles têm direito. Elas também tiveram papel fundamental nas lutas para instituir um salário mínimo de 15 dólares a hora em todo o país. A dimensão multirracial e multinacional das empregadas domésticas hoje e, de modo mais geral, do que é chamado de economia do *care* reflete a globalização do capital e as ondas migratórias que acompanharam essa evolução. O livro *Disposable domestics: immigrant women workers in the global economy*, de Grace Chang, reeditado em 2016, mostra que análises transnacionais do trabalho reprodutivo são essenciais para entender as problemáticas da raça e do gênero hoje. Eu gostaria também de citar *Servants of globalization: women, migration and domestic work*, de Rhacel Salazar Parreñas, lançado em 2001.

Hoje, nos Estados Unidos, as trabalhadoras domésticas e do *care* são principalmente latinas, americanas de origem asiática e imigrantes recentes vindas da África, do Caribe, da Ásia e da Europa do Leste. Entretanto, os problemas estruturais de racismo, de falta de respeito, que são o corolário destes, e de ausência de proteção social persistem. Como sublinha a Domestic Workers' Alliance, as trabalhadoras domésticas realizam o trabalho em domicílio que torna todas as outras formas de trabalho possíveis. O trabalho doméstico é o trabalho que torna todos os outros possíveis. Uma das três fundadoras do Black Lives Matter também é membro da Domestic Workers' Alliance; seu nome é Alicia Garza. As feministas que se preocupam com a participação das mulheres na população ativa — e, é claro, Engels, tempos atrás, em *A origem da família, da propriedade privada e do Estado*, defendeu a ideia de que este seria um elemento-chave da emancipação das mulheres — também deveriam se preocupar com as mulheres sobre as quais recai a maior parte do trabalho reprodutivo.

Mencionei atrás a perspectiva feminista da intersecionalidade. Costuma-se citar como referências a jurista Kimberlé Crenshaw e a socióloga Patricia Hill Collins, autoras de trabalhos indispensáveis para os estudos feministas, nas origens desse procedimento analítico da intersecionalidade. Mas é importante sublinhar, e essas duas pesquisadoras concordam neste ponto, que as genealogias mais interessantes da intersecionalidade integram o que se pode chamar "epistemologias da práxis" e portanto fazem o nascimento desse conceito remontar às ações militantes, visando tratar em conjunto questões como a raça, a classe, o gênero, a nacionalidade e a sexualidade. E sem dúvida a história da sindicalização das empregadas domésticas ajuda-nos a entender melhor que se tornou necessário interessar-se pelas interconexões entre classe, raça, gênero, sexualidade e nacionalidade.

A significação ideológica do trabalho doméstico como trabalho feminino, e como trabalho reprodutivo, está ligada também ao desenvolvimento histórico do encarceramento como principal forma de punição. Quando as prisões para mulheres foram criadas nos Estados Unidos nos anos 1870, foram apresentadas como reformadoras, lugares onde as criminosas podiam ser reeducadas para se tornarem esposas e mães melhores. Para as mulheres pobres, e sobretudo para as mulheres negras ou de cor, isso significava uma reeducação que passava pela aprendizagem das competências do trabalho doméstico. Enquanto se considerava que os homens podiam ser reeducados para se tornarem cidadãos melhores — e evidentemente as prisões nunca tiveram êxito nesse sentido —, as reformadoras, as feministas reformadoras defenderam que as criminosas que tinham sido consideradas incorrigíveis, inteiramente decaídas, também podiam ser reformadas. Mas essas mulheres foram confinadas à perspectiva de se tornarem não melhores cidadãs, mas melhores esposas, mães e donas de casa. Elas aprendiam assim na prisão a lavar, passar, costurar, cozinhar, e outras competências do lar. Até os anos 1980 e a explosão da economia penitenciária associada à desindustrialização, ao progresso do capitalismo global e, é claro, ao desmantelamento do Estado de bem-estar, a arquitetura das prisões para mulheres refletia ela própria essa orientação doméstica, e a casa de campo era o modelo arquitetônico especificamente feminino utilizado por numerosas prisões em todo o país. As presas deveriam legitimamente fazer parte da população ativa. De fato, os presos, tanto homens quanto mulheres, com frequência trabalham para empresas privadas, e na maioria dos casos, se tivessem podido encontrar empregos gratificantes ou se tivessem tido acesso ao estudo, não seriam tantos a se encontrar na prisão. E, entre parênteses, não devemos esquecer que, ao menos nos Estados Unidos — não sei como é na França —, as estatísticas do desemprego nunca levam em conta os presos.

Hoje, mais de 200 mil mulheres estão presas nos Estados Unidos. Esse número poderia parecer pouco elevado tendo em vista que o total da população carcerária no país chega a quase 2,5 milhões de pessoas, mas nos anos 1970 esse total chegava a cerca de 200 mil pessoas. Há portanto, hoje, tantas mulheres presas quanto havia homens e mulheres presos 40 anos atrás. Penso que vocês já sabem que as práticas de encarceramento nos Estados Unidos levam à prisão de um número maior de pessoas do que em todo o resto do mundo, maior em termos absolutos e maior por habitante. Os Estados Unidos detêm 25% do conjunto da população carcerária do planeta, enquanto representam apenas 5% da população mundial. O que é interessante é que as 200 mil presas dos Estados Unidos representam quase um terço do total das presas no mundo. Um terço de todas as presas do planeta está nas prisões americanas. Os países com os mais altos índices de detentas depois dos Estados Unidos são a China, com 84.600, e a Rússia, com 59 mil. É claro que é impossível entender a dinâmica do aumento fulgurante da população carcerária nos Estados Unidos, tanto entre os homens quanto entre as mulheres, sem levar em conta o impacto do racismo estrutural e os lucros gerados pelo que é denominado "complexo industrial-penitenciário". Somente hoje políticos e políticas de primeiro plano reconhecem, começam a reconhecer, a amplitude da crise penitenciária. Apesar disso, o encarceramento desmedido não é necessariamente reconhecido como uma violência de Estado estrutural. E sua dimensão mercantil não é reconhecida, assim como os assassinatos cada vez mais noticiados de negros pela polícia não são reconhecidos como produto do racismo estrutural do aparelho de Estado repressor. Além disso, muitas vezes se acredita que essas crises afetam principalmente os homens, quando são as mulheres que aumentam mais rápido na população carcerária e são também alvos contínuos da violência de Estado. As mulheres transgênero de cor formam a comunidade mais criminalizada nos Estados Unidos. As mulheres trans, e sobretudo as mulheres trans negras e de cor, são atacadas, mortas e presas com total impunidade. O trabalho doméstico, assim como as práticas carcerárias, é fortemente racializado. A maioria das empregadas domésticas é de mulheres de cor; a maioria é de mulheres, e portanto mulheres de cor. Da mesma forma, as mulheres de cor representam a maioria das presas. Se essa correlação é própria dos Estados Unidos, na Europa, na América Latina e na Austrália encontramos dinâmicas racializadas semelhantes.

O trabalho doméstico e as práticas carcerárias concernentes às mulheres deveriam estar no centro das preocupações feministas no século XXI, mas essas questões na maioria das vezes são ignoradas no esforço das feministas dominantes para garantir a inclusão das mulheres nos processos econômicos e sociais. O trabalho doméstico encarna a relegação histórica e ideológica das mulheres à esfera doméstica; encarna a relegação histórica e ideológica do trabalho das mulheres à esfera privada, porque as economias capitalistas não reconhecem o trabalho reprodutivo que permite o trabalho produtivo. Esse trabalho foi desvalorizado em sua versão tanto não remunerada quanto remunerada. Considerando a história dos Estados Unidos e da Europa, o trabalho doméstico é marcado pela dupla herança da escravidão e do colonialismo e pelas hierarquias raciais que nos lembram que a escravidão e o colonialismo ainda não foram inteiramente relegados ao passado. O sistema penal americano, que serve de modelo para prisões e penitenciárias no mundo inteiro, lembra as práticas violentas e a privação racista de direitos associadas à escravidão. A marginalização sistemática das mulheres presas, que são de modo desproporcional mulheres de cor, deveria ser uma das grandes preocupações das feministas. Entre as numerosas contribuições provenientes da teoria e da prática feministas que podem alimentar nossas estratégias universitárias e militantes, eu gostaria de citar esta para concluir: acontece com frequência de as ideias melhores e mais férteis brotarem de questões que parecem ser as menos graves e as mais marginais. É o caso do trabalho doméstico, sem o qual nenhum outro trabalho seria possível; e é também o caso das mulheres presas, cuja situação revela o fracasso dramático de nossa sociedade capitalista, movida pelo lucro, em garantir o bem-estar de seus cidadãos. Concluirei portanto dizendo que os grandes desafios do século XXI consistem em reconhecer a que ponto o racismo oriundo do colonialismo e da escravidão continua a influenciar as evoluções socioeconômicas contemporâneas, sobretudo no tocante às mulheres, e portanto, paralelamente, em inventar estratégias que enfim nos permitam esboçar o processo durante muito tempo retardado, visando purgar nossas sociedades dos vestígios ainda atuantes do colonialismo e da escravidão.

Apresentação à edição brasileira
Bila Sorj e Helena Hirata

É uma grande satisfação apresentar ao público brasileiro a presente edição, que expressa a atualidade da produção acadêmica sobre gênero e trabalho no mundo. Reunindo contribuições de três dezenas de autoras e autores, que combinam reflexões críticas a partir de perspectivas feministas, os trabalhos oferecem novas abordagens e recortes empíricos que questionam o suposto fim da centralidade do trabalho nas sociedades contemporâneas. Longe disso, os estudos apresentados nos incitam a refletir sobre a relevância e a pertinácia do trabalho na constituição das relações de gênero e das normas de gênero na organização e no funcionamento do mundo do trabalho.

A partir dessa perspectiva e tratando de diferentes temas, os capítulos mostram que as desigualdades de gênero, muitas vezes imbricadas com outros marcadores de diferença como classe, raça, nacionalidade, continuam vigorosas, apesar de expressivas mudanças ocorridas desde meados do século passado na base socioeconômica e nas normas de gênero. O mosaico de situações de trabalho a que somos expostos no livro constata um movimento instável, em que as desigualdades de gênero parecem ora se estreitar, ora se acentuar ou se recompor. Dessa forma, somos levados à conclusão inescapável, sugerida por Margaret Maruani, de que os processos sociais no mundo do trabalho são muito complexos e não há um caminho natural que conduza à igualdade de gênero.

As autoras aqui reunidas participam de uma das mais dinâmicas redes internacionais de pesquisadores sobre gênero e trabalho, Marché du Travail et Genre (Mage), que mantém estreito intercâmbio científico com pesquisadoras de diferentes universidades e institutos de pesquisa do Brasil. Uma primeira publicação no país das pesquisas da rede data de 2003.[1] Dois colóquios internacionais, em 2007 e 2014, seguidos de quatro publicações,[2] atestam a vitalidade dessa relação acadêmica.

Este livro é um convite para novas reflexões e abre as portas para debater os grandes desafios de reconstruir e problematizar a temática de gênero e trabalho na contemporaneidade. A primeira parte trata das desigualdades de gênero, de raça e de classe e suas transformações em países como a França, a Espanha, os Estados Unidos ou o Brasil, analisando ao mesmo tempo a evolução das pesquisas acadêmicas, tanto quantitativas quanto qualitativas, sobre essas desigualdades que são pouco flexíveis, num momento em que se exige flexibilidade em todos os campos.

A segunda parte aborda os novos objetos e as novas fronteiras de pesquisa que surgiram nos últimos 20 anos nos estudos sobre gênero e trabalho: os enfoques pós-coloniais, a questão de atualidade científica e social das migrações internacionais, a violência contra as mulheres no trabalho e as reestruturações e a crise econômica em países do Norte e do Sul.

---

[1] *Novas fronteiras da desigualdade: homens e mulheres no mercado de trabalho*, org. de Helena Hirata e Margaret Maruani (São Paulo: Ed. Senac, 2003); tradução de *Les nouvelles frontières de l'inégalité: hommes et femmes sur le marché du travail*, org. de Margaret Maruani (Paris: La Découverte, 1998).

[2] A partir das apresentações do colóquio de 2007: *Mercado de trabalho e gênero: comparações internacionais*, org. de Albertina de Oliveira Costa, Cristina Bruschini, Bila Sorj e Helena Hirata (Rio de Janeiro: FGV Ed., 2008), e *Travail et genre: regards croisés — France, Europe, Amérique Latine*, org. de Helena Hirata, Maria Rosa Lombardi e Margaret Maruani (Paris: La Découverte, 2008). A partir das apresentações do colóquio de 2014: *Gênero e trabalho no Brasil e na França: perspectivas interseccionais*, org. de Alice Rangel de Paiva Abreu, Helena Hirata e Maria Rosa Lombardi (São Paulo: Boitempo, 2016), e *Genre, race, classe: travailler en France et au Brésil*, org. de Nadya Araujo Guimarães, Margaret Maruani e Bila Sorj (Paris: L'Harmattan, 2016).

A terceira parte examina, a partir da ótica do feminismo, uma série de temas, considerando a dimensão política e a diacronia dos objetos e dos conceitos, como a divisão sexual do trabalho ou o cuidado, o corpo e a sexualidade, a igualdade profissional, o empoderamento e a "revolução digital". Nessa parte, vislumbramos o trabalho como campo de análise, como conceito e como questão epistemológica.

As três partes são atravessadas pelo tema da intersecionalidade, isto é, da interdependência e da imbricação das relações sociais de poder de gênero, de raça e de classe social, que têm claramente um caráter heurístico, conferindo maior complexidade e envergadura aos estudos de gênero e trabalho na atualidade.

Não podemos deixar de citar o prólogo de Angela Davis, sobre as mobilizações das trabalhadoras domésticas negras e as mulheres encarceradas nos Estados Unidos, e o epílogo de Michelle Perrot, sobre a história social e a história das mulheres em constante movimento, a fim de contribuir para extirpar, como diz Angela Davis no prólogo, "nossas sociedades dos vestígios ainda atuantes do colonialismo e da escravidão". Trata-se claramente de uma "perspectiva feminista", conforme o subtítulo do livro, que tem como um de seus objetivos centrais indicar as múltiplas contribuições teóricas e epistemológicas que essa perspectiva nos traz.

PARTE I
Inflexíveis desigualdades?
Coordenação de Danièle Meulders e Rachel Silvera

Introdução
Danièle Meulders e Rachel Silvera

Trabalho, logo existo. Sim, mas em que condições e a que preço para as mulheres? Se sua conquista ainda incompleta de um direito ao trabalho e ao emprego está de fato em curso, isso certamente se dá sob a condição de desigualdades inflexíveis — e ao mesmo tempo que a palavra de ordem daqueles que decidem é, ao contrário, a flexibilidade custe o que custar.

Sem dúvida, as mulheres comprovaram fartamente que muitas vezes podiam concluir suas trajetórias escolares e universitárias melhor que os homens; sem dúvida, elas são uma legião que trabalha ou procura emprego ao mesmo tempo que tem filhos; sem dúvida, assumem (em parte) sua autonomia financeira, ao mesmo tempo que sempre garantem o grosso das tarefas domésticas e familiares. Mas ainda assim continuam desiguais. O Mage propagava, 20 anos atrás, que as "fronteiras da desigualdade" (Maruani, 1998) se deslocam, não param de se recompor, de encontrar outros apoios. Mas o fato é que elas continuam bastante vivas: disparidades no tempo de trabalho, nos salários, no acesso aos empregos qualificados, estagnação do preenchimento misto das profissões, desigualdades nas aposentadorias ou ainda na divisão das tarefas domésticas...

Essas desigualdades resistiram a esses 20 anos de conquistas sociais, de políticas públicas e de textos legislativos. Elas perduram a despeito do desenvolvimento impressionante das pesquisas sobre o trabalho das mulheres, iniciadas principalmente pelo Mage. De fato, o Mage, desde sua criação, concentrou-se justamente nessa desigualdade partindo de sete temáticas que estruturaram sua atividade de publicação e de valorização das pesquisas: o sistema escolar e as diferenças de sexo; a feminização e a masculinização das profissões; a empregabilidade, as qualificações e os salários; o desemprego, a precariedade e o subemprego; as políticas de igualdade profissional e as políticas familiares; e, finalmente, a divisão sexual do trabalho. É surpreendente constatar a que ponto essa grade de análise das pesquisas sobre "gênero e trabalho" desenvolvida pelo Mage permanece totalmente operacional e heurística. É sempre pertinente e necessário se interessar pelo desemprego e pelo subemprego das mulheres, pelas diferenças de salários e pela pobreza trabalhadora, pela precariedade dos empregos, pela igualdade profissional, pela educação, pelas qualificações e competências.

São de fato temas ainda e sempre atuais, porque a crise e numerosas resistências tornam essas problemáticas sempre pertinentes e necessárias.

Inflexíveis desigualdades, porque desse ponto de vista poucas coisas mudaram de fato em 20 anos: as diferenças de salários permanecem estagnadas — em torno de um quarto a menos, de modo geral —, a pobreza trabalhadora continua a ser uma categoria muito feminizada, por menos que se adote uma medida estatística apropriada (Ponthieux, 2011). O caráter não misto das formações e das profissões resiste a várias tentativas reiteradas nesses 20 anos, mesmo que, do lado da administração, progressos tenham sido alcançados (Maruani e Meron, 2012). Sem dúvida, um tema central dos primeiros trabalhos do Mage está hoje em retrocesso: o hiperdesemprego das mulheres. Não se trata aqui de uma conquista no campo das desigualdades, e sim de uma metamorfose. Porque, antes de mais nada, se a diferença entre o desemprego dos homens e o das mulheres diminuiu, foi principalmente devido ao aumento do desemprego dos homens, em torno da crise de 2008, e não a uma verdadeira queda do desemprego feminino. E em segundo lugar porque, se há 20 anos se destacava o superdesemprego feminino como uma das formas mais gritantes dessas desigualdades, hoje, como nos revela Thomas Amossé em sua contribuição, a mulher desempregada de tempo integral cedeu o lugar à mulher precária, de tempo parcial e salário baixo, em suma, uma desempregada de tempo reduzido, quase invisível... Essa invisibilidade se apoia numa "tolerância social" a essas desigualdades, termo utilizado no lançamento do Mage por Teresa Torns (1998) a propósito do desemprego das mulheres espanholas. Essa tolerância social demonstra que a noção de salário complementar continua viva, pois se supõe que atrás de uma mulher que trabalha em tempo parcial forçosamente se esconda um homem para garantir suas necessidades, mesmo quando seu magro salário é vital para seu "lar" (Silvera, 2014).

Desigualdades aqui e alhures

Essas desigualdades são tanto mais inflexíveis quanto mais atravessam os países e os continentes. Em escalas evidentemente diferentes, em contextos singulares, é surpreendente constatar a que ponto elas estão em toda parte. A obra *Travail et genre dans le monde* (Maruani, 2013) mostrou toda a paleta das desigualdades no mundo. Este é também o objeto de algumas contribuições apresentadas nesta parte da obra *Trabalho, logo existo*: quer estejamos na Europa, na França ou na Espanha, ou do outro lado do Atlântico, nos Estados Unidos e no Brasil, as evoluções são paralelas: sem dúvida, progressos incontestáveis são apontados por todos(as) os(as) autores(as), com uma participação cada vez mais forte, em toda parte, das mulheres e das mães no mercado de trabalho. Mas as desigualdades resistem, de diferentes formas: na proporção crescente do tempo parcial e dos baixos salários para as mulheres pouco qualificadas (tema evocado por Thomas Amossé, para a França); na manutenção de um modelo familiar mais tradicional, caracterizado por uma fraca divisão das tarefas familiares, inclusive quando as mães trabalham (Carlos Prieto, para a Espanha). Não podemos esquecer o papel do direito no desenvolvimento da igualdade profissional nem as resistências que sua aplicação pode ter enfrentado (Laufer, 2014). Algumas contribuições destacam os limites da aplicação do direito, a dificuldade para pô-lo em ação, a despeito de um arsenal consequente (Marie--Thérèse Lanquetin, para a França). Laura Frader demonstra, para os Estados

Unidos, que uma legislação favorável não basta, que é também o engajamento individual daqueles e daquelas que a aplicam que conta. Ela denuncia igualmente a fraqueza, mesmo a falta total de políticas sociais em favor da articulação da vida profissional e da vida pessoal.

Novas desigualdades?

A esses campos clássicos das desigualdades se somam novos registros e novos campos. Várias contribuições fazem eco às propostas de Angela Davis na abertura desta obra: a contribuição incontornável de uma abordagem em termos de "intersecionalidade", que permite analisar e cruzar diversas formas de desigualdades, de gênero, de classes sociais e de origem étnica principalmente (Helena Hirata, para a França e o Brasil, Bila Sorj, para o Brasil, Laura Frader, para os Estados Unidos). Se essa realidade não é nova, o que talvez tenha mudado em 20 anos é que de agora em diante a intersecionalidade também é analisada sob a luz do trabalho do *care*. De fato, hoje em dia, uma parte cada vez mais consequente desse trabalho do *care* é garantida por mulheres imigrantes, quer se esteja no Brasil, na França ou alhures. Tudo depende na verdade do modo como nossas sociedades concebem a responsabilidade pelos cuidados familiares (das crianças e pessoas idosas dependentes), favorecendo ou não a igualdade do trabalho das mulheres: para que as mulheres conquistem um lugar pleno (ou quase) no mercado de trabalho, é preciso de fato regular a questão do trabalho doméstico: quem cuida de nossas crianças enquanto trabalhamos? De que forma e em que condições de trabalho? Se algumas sociedades dão mais ênfase a políticas coletivas de cuidado das crianças, outras deixam as famílias decidirem, seja limitando de fato o acesso das mães ao trabalho, seja incitando-as a recorrer a soluções individuais, formais e informais, para o cuidado das crianças, mas também para a execução das tarefas domésticas. Essa temática da domesticidade e das relações de gênero se tornou um verdadeiro campo de pesquisa no Brasil.

Isso abre um novo cenário no *front* das desigualdades: as desigualdades entre as próprias mulheres só fazem aumentar, à medida que algumas obtêm avanços... Uma das cantigas retomadas no Mage para exprimir o estado das desigualdades de gênero é esta: "três passos para frente, dois para trás". Mas, na realidade, podemos pensar que, hoje mais do que ontem, não são as mesmas mulheres que dão esses passos de dança: entre aquelas mais instruídas que têm acesso aos empregos qualificados, mesmo se o teto de vidro subsiste, e aquelas cada vez mais numerosas para quem o emprego, quando existe, é pulverizado, a grande distância não faz senão aumentar. Dito de outro modo, nos últimos 20 anos, como expôs Margaret Maruani (2013:10): "As lógicas de gênero não neutralizaram as lógicas de classes sociais; ao contrário, elas as alimentam e as reforçam".

Essa realidade é ilustrada por vários(as) autores(as) nesta nova obra: para começar, Thomas Amossé nos comprova, apoiado em números, essa grande distância entre o acesso das mulheres aos postos qualificados e aos salários mais altos e, em contraste, a permanência daquelas que veem aumentar o risco de pobreza. Vários indicadores são hoje favoráveis à igualdade: a progressão daquelas que têm diplomas, seu acesso a cargos de chefia ou ainda sua participação no mercado de trabalho e mesmo, de modo discreto, certa divisão das tarefas domésticas... único ponto negro nesse quadro: a parte crescente das mulheres com baixos salários por causa do trabalho em tempo parcial. Dito de outro modo, as desigualdades de gênero perduram sobretudo "na base da escala social". Na outra extremidade da escala social, Sophie Pochic nos alerta para os riscos de uma "igualdade elitista" ou ainda de um "feminismo de mercado". Ela demonstra como os avanços em matéria de igualdade profissional dentro das grandes empresas são monopolizados por um punhado de mulheres executivas, em geral organizadas em redes e cujos objetivos respondem a uma abordagem empresarial de gestão dos altos potenciais femininos, distante dos projetos de luta contra todas as desigualdades, sejam elas a precariedade ou a diferença de remuneração em todos os níveis. Esse perigo é real, mas podemos considerar que essa categoria das mulheres executivas é homogênea? Não existem aí também novas recomposições, entre essa franja de mulheres de "altos potenciais" e uma maioria de mulheres executivas para quem as desigualdades ainda são reais, comparadas com seus homólogos masculinos?

Finalmente, em 20 anos, o paradoxo só fez aumentar: no momento em que a questão dos direitos das mulheres e da igualdade parece ser universal, em que textos legislativos internacionais e europeus garantem mais que nunca a igualdade de direitos em matéria de trabalho e de emprego, as desigualdades na verdade permanecem inflexíveis... e talvez mais invisíveis, mais complexas de analisar. Elas requerem que novos caminhos de conquistas sejam encontrados, para que enfim, como sugere Marie-Thérèse Lanquetin, o direito seja levado a sério e se aplique.

Referências

LAUFER, Jacqueline. *L'égalité professionnelle entre les femmes et les hommes*. Paris: La Découverte, 2014.

MARUANI, Margaret (Org.). *Les nouvelles frontières des inégalités*: hommes et femmes sur le marché du travail. Paris: La Découverte; Mage, 1998.

____. *Travail et genre dans le monde*. Paris: La Découverte, 2013.

____; MERON, Monique. *Un siècle de travail des femmes en France*: 1901-2011. Paris: La Découverte, 2012.

PONTHIEUX, Sophie. Les travailleurs pauvres: comment rendre compte de la situation des femmes? *Documents de travail*, Mage, n. 16, p. 61-68, 2011.

SILVERA, Rachel. *Un quart en moins*: des femmes se battent pour en finir avec les inégalités de salaires. Paris: La Découverte, 2014.

TORNS, Teresa. Chômage et tolérance sociale à l'exclusion. In: MARUANI, M. (Org.). *Les nouvelles frontières des inégalités*: hommes et femmes sur le marché du travail. Paris: La Découverte; Mage, 1998. p. 213-224.

1. As estatísticas nos estudos de gênero: um instrumento revelador?
Thomas Amossé

Os métodos e instrumentos quantitativos mantêm uma ligação de dupla natureza com a realidade, entre realismo e construtivismo, entre saber e poder. Para alguns, as estatísticas são antes de tudo *instrumentos de conhecimento*, que fornecem representações da realidade consideradas objetivas, porque sustentadas por números e construídas por métodos científicos. Para outros, são essencialmente *dispositivos de poder* cuja forma e cujas utilizações revelam as relações de poder existentes na sociedade e a maneira como elas aí se cristalizam. Sem dúvida heurística, essa oposição é evidentemente esquemática: seguindo a sociologia da quantificação de Alain Desrosières (2008), os "dados" estatísticos nunca são puras medidas da realidade; e os dispositivos quantitativos não são simples instrumentos de poder, que teriam conseguido se abstrair plenamente dessa mesma realidade. Aliás, não há por que, certamente, opor por princípio realismo e construtivismo: como observa Michel Gollac (1997), proceder a um exame crítico do caráter construído dos dados estatísticos e daquilo que eles revelam sobre o estado da sociedade é absolutamente necessário; no entanto, contrariamente àquilo que na maioria das vezes é postulado, esse exame não impede o uso da estatística; ele garante mesmo sua pertinência guiando o trabalho, sempre crucial, de interpretação que visa "dar um sentido aos dados".

Voltando-nos nesta intervenção para os laços entre estatística e análises de gênero, retomamos, adaptando-a, essa chave de leitura à maneira de Margaret Maruani e Monique Meron (2012), ainda que para um período bem mais curto. Segundo uma fórmula inspirada em Jean-Claude Passeron (1982), há o que dizem as estatísticas e o que se diz delas. No caso, o que as estatísticas dizem em matéria de gênero, ou seja, o que mostram quando são consideradas instrumentos, é uma marcha decidida em direção à igualdade entre as mulheres e os homens na França ao longo das últimas décadas. Os avanços são sem dúvida parciais, e são socialmente distintivos, como mostraremos na primeira parte. De qualquer forma, os números resultantes das pesquisas feitas em grandes amostras representativas da população certamente e inegavelmente contribuíram para o movimento observado, tornando visíveis ao mesmo tempo os progressos alcançados e as resistências persistentes. Nesse sentido, as estatísticas são instrumentos reveladores, que acompanham as lutas sociais pela evidência das representações que elas mostram, pela amplitude das diferenças que elas estabelecem, pelos grandes números aos quais elas remetem. Contamos, e nos contamos, para contar no debate público.

Há ainda paralelamente o que podemos dizer das estatísticas quando são tomadas como objetos, e não mais somente como instrumentos. Elas então revelam também, mas de outra maneira, não pelos números e sim pela letra das categorizações e formulações guardadas, uma abertura progressiva ainda que por vezes tardia a uma leitura generificada do mundo social. De uma visão inicialmente conservadora, a estatística pública passou assim a uma leitura e a uma representação mais abertas. Há aí sem dúvida uma evolução, sublinhada com menos frequência, não apenas dos métodos e instrumentos quantitativos, mas também do programa dos estudos de gênero, que pode estar associada a ela. Além dos quadros sempre necessários apresentando as estatísticas diferenciadas por sexo para a sociedade em seu conjunto, novas pesquisas permitem investigar os domínios ainda inexplorados e, de maneira mais ampla, entender o caráter sistêmico das desigualdades. Penetrando no âmago das instituições elementares de socialização que são a família, a escola ou a empresa, podemos analisar os processos de negociação ou de conflito, de dominação e de conciliação que levam às diferenças observadas entre gêneros. Faremos isso na segunda parte do texto.

Desigualdades que diminuem, embora de modo parcial e seletivo

Se considerarmos algumas estatísticas simples produzidas a partir das pesquisas *Emploi* e *Emploi du temps* do Institut National de la Statistique et des Études Économiques (Insee) (tabelas 1 e 2), uma primeira constatação de conjunto aparece nitidamente: a situação relativa das mulheres melhorou sensivelmente ao longo das três últimas décadas. Isso pode ser medido primeiro na escola, onde o nível de diplomadas aumentou tanto que hoje ultrapassa o de seus homólogos masculinos. Isso se observa em seguida no mundo do trabalho, onde as posições de executivos e de profissões intelectuais superiores são cada vez menos reservadas aos homens. A participação crescente das mulheres no mercado de trabalho constitui mais amplamente, sem dúvida, a principal evolução de um período que viu convergirem as taxas de atividade (a diferença foi dividida por três entre 1982 e 2012) e se igualarem as taxas de desemprego. Se nos basearmos no tempo médio que lhe é dedicado por dia, o trabalho doméstico parece igualmente mais compartilhado hoje do que ontem. Finalmente, apenas um indicador não comprova uma melhora para as mulheres: a parte dos baixos salários, que continua a ser uma característica forte de sua situação e se explica sobretudo por uma proporção mais elevada de expedientes parciais. Análises mais detalhadas (Insee, 2017) vêm confirmar essas estatísticas, que têm a vantagem da robustez e da simplicidade.

Tabela 1 | As mulheres na elevação do nível de qualificação escolar e profissional (%)

Quantidade de mulheres entre os...	1982	2012
Diplomados além da graduação*	37	53
Executivos ou profissões intelectuais superiores	25	41
Diplomados com um BEP, CAP, certificado de estudos ou não diplomados	51	47
Empregados e operários	45	52

* Equivalente ao mestrado.
Campo: ativos para a primeira e a terceira linhas, 25-59 anos para a segunda e a quarta.
Fonte: Pesquisas *Emploi* (1982, 2012) do Insee.

Tabela 2 | Diferenças de sexo e de classe

		Diferenças entre mulheres e homens			
		De trabalho doméstico* (em horas por dia)	De taxas de atividade (25-59 anos, em pontos)	De taxas de desemprego (ativos, em pontos)	De salários inferiores a 1,4 Smic (funcionários, em pontos)
Conjunto	Ontem (anos 1980)	+2,9	-30	+4	+23
	Hoje (anos 2010)	+1,8	-10	+0,5	+21
No "topo" do espaço social (entre os diplomados dos além da licenciatura para as duas primeiras colunas; entre os executivos para as duas últimas)	Ontem (anos 1980)	+1,9	-13	+1	+11
	Hoje (anos 2010)	+1,1	-7	+1	+5**
Na "base" do espaço social (entre os diplomados no máximo com um CAP-BEP ou um certificado de estudos para as duas primeiras colunas; entre os empregados-operários para as duas últimas)	Ontem (anos 1980)	+2,8	-33	+4	+22
	Hoje (anos 2010)	+1,9	-14	-1	+26

* O trabalho doméstico é definido da mesma maneira que no artigo de Cécile Brousse (2015).
** Além das diferenças entre homens e mulheres, as estatísticas mostram que os baixos salários são minoritários para os executivos (respectivamente 9% e 5% em 2012) e majoritários para os empregados-operários (respectivamente 73% e 47%).
Leitura: ontem, a taxa de desemprego das mulheres era 4 pontos superior à dos homens, ao passo que hoje é apenas 0,5.
Campo: pessoa de referência e eventual cônjuge das casas com um membro ativo.
Fonte: pesquisas *Emploi* (1982, 2012) e *Emploi du temps* (1986, 2010) do Insee.

Com essas mesmas estatísticas elementares, uma segunda constatação ressalta das tabelas. Se as diferenças baseadas no sexo se reduziram significativamente, elas nem por isso desapareceram. A marcha em direção à igualdade permaneceu parcial, tanto por sua amplitude quanto por seu espectro social.

Assim, o nível de diplomação das mulheres, agora ligeiramente superior ao dos homens em média, não lhes permitiu ocupar posições equivalentes nas empresas ou administrações. A constatação vem reduplicar a segregação sempre forte dos empregos femininos e masculinos, que permanecem majoritariamente concentrados em setores longe de ser mistos, enquanto a presença no mercado de trabalho se aproxima, no entanto, da paridade. Essa segregação, observada na maioria dos países (Amossé e Meron, 2013, para uma análise em escala europeia), é acompanhada de uma construção das carreiras que permanece fortemente ligada ao gênero: as mulheres continuam a suspender, às vezes a encerrar, sua atividade quando ocorre um nascimento na família; e são elas que na maioria das vezes adotam o expediente parcial para cuidar dos filhos. Resultam daí salários menores, em nível mensal, mas também horário, com os empregadores investindo visivelmente menos na carreira de suas funcionárias do que na de seus homólogos masculinos.

Os diferentes indicadores aqui apresentados mostram a centralidade sempre atual do trabalho e do emprego na persistência das desigualdades de gênero: os progressos observados na escola, e às vezes na esfera doméstica, visivelmente não foram suficientes para modificar em profundidade os fatores de gênero do funcionamento da economia, que continuam a determinar os papéis sociais das mulheres e dos homens. Essas estatísticas mostram também a ambivalência da situação atual: com a diminuição das diferenças, atenuaram-se os esforços no entanto necessários para fazê-las desaparecer completamente. O risco de uma vigilância menor existe, ainda mais porque certos indicadores, quando considerados isoladamente, podem parecer ambíguos, como a taxa de desemprego cujo nível hoje não difere mais de acordo com o sexo, após décadas de um superdesemprego das mulheres: a situação no mercado de trabalho só pode de fato ser plenamente entendida levando-se em conta um conjunto de dados (taxa de atividade, de desemprego, de subemprego etc.) (Lemière, 2013). A redução da diferença em matéria de trabalho doméstico também é ilusória, já que ela se deve mais ao aperfeiçoamento do equipamento eletrodoméstico e ao desenvolvimento de serviços de assistência pessoal (que contribuiu para a redução do tempo que as mulheres lhe dedicaram) do que a uma participação crescente dos homens (Brousse, 2015).

Com os avanços observados, certas diferenças baseadas no sexo são menos visíveis. Acima de tudo, a reabsorção de certas desigualdades não atinge de maneira idêntica o conjunto do espectro social. Como mostra a tabela 2, as diferenças estão longe de ser as mesmas conforme nos situemos no "alto" ou na "base" do espaço social: elas são nitidamente mais marcantes nos meios populares ou com pouca formação, quer digam respeito à divisão do trabalho doméstico, às taxas de atividade e de desemprego ou, o que é mais esperado, à parte dos baixos salários. Além disso, em evolução, as diferenças se acentuam: se as desigualdades se reduzem de modo geral nas camadas superiores da sociedade, elas se transformam nas camadas populares, com um aumento específico da taxa de desemprego dos homens e da proporção dos baixos salários das mulheres. Mesmo que a fronteira com a inatividade (estatística) permaneça particularmente porosa para as mulheres e a definição dos trabalhadores pobres tenda a invisibilizar sua pobreza trabalhadora, parece que o rosto das diferenças de gênero nos meios populares assume cada vez mais os traços de um homem desempregado e de uma mulher com salário baixo. Essa evolução, que acompanhou a demografia dos grupos sexuados de empregados(as) e de operários(as), sugere um deslocamento das relações entre mulheres e homens dentro dessas famílias. Ela convence, se é que ainda é preciso, da necessidade de analisar especificamente as classes populares sob o ângulo do gênero, ou seja, como andando sobre suas duas pernas, segundo a fórmula de Christian Baudelot e Roger Establet (2005). Esse é precisamente um dos objetivos de um projeto de pesquisa iniciado recentemente, que mistura estatísticas e monografias sobre a vida doméstica (Amossé e Cartier, 2018).

Uma abertura tardia, mas real, das estatísticas à temática do gênero

Os métodos e instrumentos quantitativos são ferramentas reveladoras desde que as categorias que eles manipulam o permitam. As estatísticas não são de fato neutras, dependem das convenções que as fundamentam, portanto das condições sociais, econômicas e políticas que prevalecem no momento de sua definição. Elas são, nesse sentido, reflexos da maneira como o debate público se cristaliza em categorias instituídas. Desse ponto de vista, a estatística pública nem sempre se mostrou aberta à questão das diferenças de sexo, e menos ainda às análises de gênero.

Vários trabalhos mostraram isso — sobretudo no âmbito da rede de pesquisa internacional e pluridisciplinar Mage (por exemplo Fouquet, 2003). Na França, as publicações estatísticas passaram progressivamente, a partir do final dos anos 1970, de uma apresentação separada das situações das mulheres e dos homens, que eram associadas a diferenças de natureza ou de *status*,[1] a uma análise em termos de desigualdades de sexo contra as quais era preciso lutar. Abandonando o forte conservadorismo das origens, essa mudança de olhar comprova, para além dos próprios dados, o movimento em direção à igualdade que a estatística pública seguiu ao longo das últimas décadas. As evoluções da sociedade foram ao mesmo tempo a causa e a consequência disso: a coconstrução das categorias estatísticas e da realidade que elas representam permitiu que as lutas sociais se desdobrassem com mais vitalidade e força. A progressão da atividade das mulheres, evidenciada em meados dos anos 1960, os acontecimentos de Maio de 1968 e o desenvolvimento dos movimentos feministas na década seguinte contribuíram assim, progressivamente, para que a estatística (também) mergulhasse numa nova era. As diferenças de direito entre homens e mulheres começavam enfim a ser combatidas, e as diferenças de fato foram apresentadas como desigualdades que convinha reabsorver.

Várias pesquisas viram assim seu campo e seu questionamento se abrirem. A partir de 1982, a pesquisa *Histoires familiales* deixou de interrogar apenas as mulheres que fazem parte de casais e passou a analisar de modo mais aprofundado as temáticas da atividade feminina e dos modos de cuidar das crianças. Em 1991, a pesquisa sobre as *Conditions de travail* abandonou a orientação operária e industrial de suas primeiras edições para atribuir mais importância à penúria dos empregos domésticos, majoritariamente ocupados por mulheres.

---

[1] As mulheres eram essencialmente destinadas à sua função de esposa e de mãe, com uma invisibilidade de sua posição no mercado de trabalho, então considerada única e eventualmente como a de uma mão de obra de ajuda útil para a reconstrução do pós-guerra.

Em matéria de emprego assim como de emprego do tempo, não foram novas pesquisas que foram elaboradas, e sim uma nova maneira de apresentar os resultados, que se desenvolveu no Insee ao longo dos anos 1980: ela assumiu sobretudo a forma de quadros que comparavam as taxas de atividade ou de desemprego segundo o sexo, de tempo dedicado ao trabalho doméstico, ao lazer etc. Simbolicamente, os "chefes de família" (por definição homens) foram rebatizados como "pessoas de referência" em 1982.

Uma nova transformação do olhar estatístico sobre as respectivas situações das mulheres e dos homens, de agora em diante comparadas e analisadas em termos de gênero, impôs-se no plano internacional ao longo da década seguinte: a temática do *gender mainstreaming*[2] sustentou o programa de ação adotado quando da Conferência Mundial das Nações Unidas sobre as Mulheres, realizada em Pequim em 1995; foi recomendado então que se reforçassem os meios de produção de estatísticas sobre o gênero e que se levassem em conta essas estatísticas na formulação, na adoção e na continuidade das políticas. Na Europa, várias iniciativas institucionais acompanharam esse movimento, em nível tanto continental quanto nacional. Na França, em 8 de março de 2000 foi publicada uma circular que visava adaptar o aparelho estatístico do Estado após um relatório interministerial apontando as lacunas em matéria de estatísticas sexuadas e de análises de gênero.[3] Seguiu-se especialmente a publicação pelo Insee, num ritmo quadrienal a partir de 2004, de uma obra de referência — intitulada *Regards sur la parité* [Olhares sobre a paridade] até 2012, depois *Femmes et hommes, l'égalité en question* [Mulheres e homens, a igualdade em questão] em sua última edição —, assim como de vários fascículos estatísticos sobre campos mais específicos (a educação, a saúde etc.). Mesmo que os avanços permaneçam parciais, como sublinha um relatório recente (Ponthieux, 2013), a evolução da estatística pública mostra uma nova inflexão nos últimos 15 anos. Não se trata apenas de evidenciar as diferenças mais fundamentais por meio de compara-

---

[2] Traduzido em francês como *l'approche transversale, intégrée de l'égalité* [a abordagem transversal, integrada da igualdade].
[3] Ver Catherine Blum (1999), que indica que "cada um produz informações na maioria das vezes sexuadas, mas [que] a preocupação com o gênero é pouco frequente". Assim, mais que de uma falta de dados, as estatísticas sexuadas sofriam de "defeito de encenação".

ções segundo o sexo, mas de expor e entender a persistência de desigualdades de gênero, sua amplitude, sua extensão. As estatísticas pretendem assim contribuir, de agora em diante, para a análise do caráter sistêmico das diferenças entre mulheres e homens, estendendo as constatações ao conjunto das faces da atividade humana e questionando sua construção no seio das instituições elementares de socialização que são a família, a escola ou a empresa.

É com essa última orientação que eu gostaria de concluir este panorama da consideração das diferenças de sexo e desigualdades de gênero pela estatística pública na França. De fato, evoluções técnicas (sobretudo o aumento das capacidades de cálculo) recentemente forneceram novos instrumentos para entender como se constroem, o mais perto possível delas e deles, de modo interativo e dinâmico, as situações (e representações) das mulheres e dos homens. É o caso, especialmente, das pesquisas acopladas, que interrogam ao mesmo tempo indivíduos e/ou os núcleos domésticos a que eles pertencem, ou as classes ou estabelecimentos de ensino onde foram escolarizados, ou as empresas onde trabalham. Às vezes longitudinais (ou seja, reinterrogando os mesmos indivíduos nos núcleos domésticos, nas classes etc.), essas pesquisas permitem ligar de um ponto de vista microestatístico os diferentes níveis de análise (de modo dinâmico quando elas são longitudinais). Desenha-se assim um novo programa de análise, que é capaz, por exemplo, de estimar o efeito da composição sexuada das profissões, das classes ou estabelecimentos de ensino, das empresas etc., sobre a situação dos homens e das mulheres em seu interior. Um eventual papel do sexo dos professores, dos colegas ou dos superiores hierárquicos pode também ser demonstrado. Como se pode ver, a estatística se aventura aqui por um terreno antes reservado aos trabalhos mais qualitativos, sobretudo etnográficos, que pretendem entender como se constroem as representações, as práticas e as relações de gênero. Sem dúvida convém ser comedido com relação aos riscos de um reducionismo quantitativo dessas questões, que precisam de uma construção prudente e controlada das observações e que sejam levadas em conta as condições de pesquisa. Mas sempre ocorre que esses instrumentos fornecem novas armas não apenas para entender, mas também objetivar (aí com o peso do número) o que se passa nos níveis mais elementares da socialização.

Ligadas de maneira mais geral aos trabalhos que tratam da diversidade nos campos escolares ou profissionais, essas pesquisas são particularmente adaptadas a análises que seguem uma perspectiva de gênero quando se referem aos núcleos domésticos. Como mostramos com Gaël de Peretti (2011), foram elaborados no Insee dispositivos recentes de pesquisa, que dão conta da respectiva situação dos diferentes indivíduos (mulheres e/ou homens) que compõem os núcleos domésticos estatísticos: por exemplo, o módulo temático do *Panel européen des ménages* (EU-SILC, 2010), que trata da "divisão dos recursos dentro do núcleo doméstico"; ou o módulo "decisão nos casais" da última pesquisa *Emploi du temps* (2009-2010), que se situa ela própria no prolongamento de interrogações desenvolvidas pela pesquisa *Relations familiales et intergénérationnlles*, do Ined (2005). Esses dispositivos, certamente ainda exploratórios, visam entender a maneira como são tomadas as decisões em matéria de organização financeira do lar, de divisão das tarefas, responsabilidades e decisões no cenário doméstico. Na economia, por exemplo, foram propostos modelos que consideram o comportamento do núcleo doméstico (oferta de trabalho, exigência de bens, atividade doméstica) como a resultante de comportamentos individuais distintos que se combinam e interagem. Trata-se de uma questão de poder entre os membros do núcleo, de negociação, de conflito etc. E as relações de gênero são analisadas de uma nova maneira: trata-se de interrogar a interiorização das normas, de entender os limites do que pode ser negociado ou discutido entre cônjuges. Esse programa de análise é acompanhado de uma redefinição dos contornos da própria noção de núcleo doméstico, que vê se desdobrarem seus diferentes componentes (residencial, orçamentário, familiar, afetivo, sexual), os quais eram antes como que esmagados pela noção de família heterossexual no prolongamento longínquo, mas persistente, do Código Civil. Duas evoluções ilustram aliás a complexificação dos papéis sexuados, e generificados, no interior desse núcleo doméstico estatístico assim redefinido: a possibilidade, aberta somente a partir da metade da década de 2000, de recensear e de pesquisar os casais do mesmo sexo; e a abertura de definições alternativas, desconectadas do sexo, da pessoa de referência conforme se privilegie, por exemplo, uma entrada econômica ou familiar (ela pode ser então o principal provedor de recursos ou o pai/mãe que é o principal responsável pela educação das crianças).

★ ★ ★

Duas conclusões me parecem resultar das reflexões aqui propostas a respeito das ligações entre a estatística e as análises de gênero. De um lado, quando são mobilizados em séries longas, os instrumentos estatísticos constituem recursos inegáveis para atestar o caminho percorrido na França ao longo das últimas décadas na redução das desigualdades entre mulheres e homens. Eles também são úteis para identificar hoje os pontos de resistência, o que convida sobretudo a analisar de modo cruzado gênero e classe social. De outro lado, tomando distância dos dados e nos interessando pela evolução das categorias e métodos de análise, medimos outra faceta dos progressos feitos: deixando a visão conservadora dominante no imediato pós-Segunda Guerra Mundial, a estatística pública forneceu instrumentos capazes de tornar visíveis as diferenças de sexo e, depois, de entender melhor as desigualdades e relações de gênero e a maneira como elas se constroem em interações complexas no seio das instituições que são a família, a escola ou a empresa. Esse programa ainda está apenas no início, mas, é importante notar, constitui um lugar de encontro possível com outras ciências sociais.

Referências

AMOSSÉ, Thomas; CARTIER, Marie (Org.). Les femmes au sein des ménages populaires. *Travail, Genre et Societés*, n. 39, 2018.

____; MERON, Monique. La mixité des métiers en Europe. In: MARUANI, M. (Org.). *Travail et genre dans le monde*: l'état des savoirs. Paris: La Découverte, 2013. p. 269-278.

____; PERETTI, Gaël (de). Hommes et femmes en ménage statistique: une valse à trois temps. *Travail, Genre et Societés*, n. 26, p. 23-46, 2011.

BAUDELOT, Christian; ESTABLET, Roger. Classes en tous genres. In: MARUANI, M. (Org.). *Femmes, genre et sociétés*: l'état des savoirs. Paris: La Découverte, 2005. p. 38-47.

BLUM, Catherine. *Les situations respectives des femmes et des hommes*: statistiques pertinentes. Rapport à la Secrétaire d'État chargée des Droits des Femmes et de la Formation Professionnelle, 1999.

BROUSSE, Cécile. La vie quotidienne en France depuis 1974: les enseignements de l'enquête Emploi du temps. *Économie et Statistique*, n. 478-480, p. 79-117, 2015.

DESROSIÈRES, Alain. *L'argument statistique*. Paris: Presses de l'École des Mines de Paris, 2008. t. I (Pour une sociologie historique de la quantification); II (Gouverner par les nombres).

FOUQUET, Annie. La statistique comme genre. In: MARUANI, M. (Org.). *Le travail du genre*. Paris: La Découverte, 2003. p. 280-298.

GOLLAC, Michel. Des chiffres insensés: pourquoi et comment on donne un sens aux données? *Revue Française de Sociologie*, n. 38-1, p. 5-36, 1997.

INSEE. *Femmes et hommes, l'égalité en question*. Paris, 2017.

LEMIÈRE, Séverine (Org.). *L'accès à l'emploi des femmes, une question de politiques*. Rapport remis à la ministre des Droits des Femmes. La Documentation Française, 2013.

MARUANI, Margaret; MERON, Monique. *Un siècle de travail des femmes en France*: 1901-2011. Paris: La Découverte, 2012.

PASSERON, Jean-Claude. Ce que dit un tableau et ce qu'on en dit: remarques sur le langage des variables et l'interprétation dans les sciences sociales (texte abrégé). *Actes de la Journée d'Études Sociologie et Statistique*. Paris: Insee, 1982. t. 3, p. 13-33.

PONTHIEUX, Sophie. *L'information statistique sexuée dans la statistique publique*: état des lieux et pistes de réflexion. Rapport pour la ministre des Droits des Femmes, 2013.

2. Feminismo de mercado e igualdade elitista?
Sophie Pochic

Um dos fatos marcantes das décadas de 2000 e 2010 é que a igualdade entre as mulheres e os homens tornou-se objeto de investimento das grandes empresas, que fazem dela um elemento de imagem e de atratividade. Tal fato está evidentemente ligado ao impulso das políticas públicas, com leis mais coercitivas sobre a igualdade profissional e a luta contra as discriminações a partir de 2001 na França. Esse avanço se sustenta também na mobilização das próprias mulheres, sobretudo das mais graduadas, que conseguiram fazer das desigualdades no topo e do "teto de vidro" um tema de debate público nos anos 2000, na esteira da lei sobre a paridade na política. As ideias feministas parecem reconquistar terreno na imprensa feminina, e mesmo penetrar na imprensa econômica e no mundo dos negócios. Proponho chamar de feminismo de mercado essa nuvem de mulheres atuantes e de iniciativas privadas que se forma a distância das associações feministas e dos sindicatos, tradicionalmente situados à esquerda. Se essa corrente inegavelmente relançou os debates e as ações ligadas à mistura de gêneros no trabalho, por outro lado ela traz o risco de uma "igualdade elitista" reservada a uma minoria de mulheres de talento, e portanto de que seja acentuada a polarização entre as mulheres.

O feminismo de mercado, uma nova corrente transnacional?

Nos anos 2000, uma mobilização coletiva contra o "teto de vidro" e em defesa da paridade no mundo econômico foi organizada na França. Ela provocou a Lei Zimmermann-Copé de 2011, que pôs fim às cotas de 40% de mulheres nos conselhos de administração e de fiscalização das grandes empresas. Essa mobilização em defesa de uma "representação equilibrada" nos espaços de decisão revelou novos grupos de interesse, as redes femininas (de executivas), grupos esses identificados como "novos atores da igualdade profissional" (Laufer, 2014). Essas redes se estruturaram em torno de grandes empresas e grandes escolas parisienses, por iniciativa de consultoras e de mulheres de negócios (Boni-Le Goff, 2010; Blanchard, Boni-Le Goff e Rabier, 2013). Os êxitos escolares das meninas, especialmente nas escolas de comércio, e sua entrada maciça em profissões qualificadas são uma dimensão explicativa subjacente. Desse modo elas atingiram, e depois ultrapassaram, o limiar numérico de 30%, que lhes permitiu questionar os privilégios do grupo majoritário, se retomarmos a análise de Rosabeth Moss Kanter (1977). Seu acesso privilegiado à mídia e à internet, como protagonistas, testemunhas, ou *experts* da igualdade, contribuiu fortemente para popularizar sua causa. Mas essa intermediação das jornalistas (elas próprias executivas) às vezes leva a superestimar seu peso na população ativa: o número de mulheres que são "executivas e têm profissões intelectuais superiores" sem dúvida está aumentando, mas em 2015 elas ainda representavam apenas 14,7% das mulheres com emprego na França.

Declinando o conceito de "espaço da causa das mulheres" (Bereni, 2015), Marion Rabier chamou essa nuvem reformadora mobilizada em favor da paridade econômica de "espaço da causa das dirigentes". Esse conceito sublinha o aspecto transetorial dessa causa, manifestado por coletivos organizados em nome das e para as mulheres, que circula dentro de polos sociais muitas vezes separados nas pesquisas de ciências sociais: empresas, associações, administrações, partidos políticos e intelectuais (Rabier, 2013). Mas a metáfora espacial leva a pensar que esse espaço é atravessado por argumentações ideológicas variadas. Mais ainda, ela parece subentender que essa causa se limitaria às nossas fronteiras nacionais, quando esse discurso é encontrado em áreas culturais variadas e em nível internacional.

Preferimos chamar essa nuvem de "feminismo de mercado", em diálogo com autoras anglo-saxãs, a fim de sublinhar ao mesmo tempo o substrato ideológico comum e a dimensão transnacional. Os nomes usados por essa corrente diferem dependendo das autoras: "bastardo neoliberal do feminismo" (Fraser, 2011), *managerial feminism* (Eisenstein, 2009), *market feminism* (Kantola e Squires, 2012), *transnational business feminism* (Roberts, 2012) ou "neoliberalização do feminismo" (Prügl, 2015). Essas noções designam discursos pragmáticos e tecnicizados sobre os benefícios econômicos da igualdade entre as mulheres e os homens adotados pelas direções das multinacionais e pelos diretores dos conselhos, retomados por organizações internacionais (Nações Unidas, Fundo Monetário Internacional, Banco Mundial, União Europeia) e transmitidos por organizações não governamentais em países em vias de desenvolvimento. Seja qual for sua definição, esses autores concordam quanto ao fato de que esses discursos têm em comum valorizar o mercado, o empresariado e as capacidades individuais (o empoderamento) como meios de melhorar a condição das mulheres e de negligenciar as causas estruturais e históricas das desigualdades e da divisão sexuada do trabalho.

Chamar essa retórica de "feminismo de mercado" permite, de um lado, sublinhar que ela não comporta nenhuma dimensão crítica em relação aos efeitos sociais do capitalismo financeiro. Os *majors* da consultoria em estratégia e auditoria (Ernst & Young, McKinsey, Accenture, Deloitte) são os veículos dessa ideia de círculo virtuoso: a igualdade seria boa para o mercado, e o mercado seria bom para a igualdade. Esses discursos navegam entre a esfera privada e a esfera pública, dos gabinetes de conselheiros às administrações, e promovem essa "igualdade para o mercado" (Jacquot, 2014) ou essa "igualdade sob condição de *performance*" (Sénac, 2015). Essa *doxa* se apresenta como apolítica, mas legítima, e talvez mesmo incense a ação das grandes empresas, que seriam a vanguarda esclarecida da igualdade entre as mulheres e os homens. Ela não se concebe segundo o modelo da democracia participativa, em que mulheres representando os interesses e as "vozes" de todas, principalmente das menos dotadas, poderiam discutir a orientação das políticas e os resultados das ações. Isso certamente explica por que essa abordagem que faz dos patrões os principais "campeões da mudança" foi desenvolvida sobretudo em países muito liberais, como a Austrália e os Estados Unidos, notadamente por um *think tank* feminista-liberal financiado por multinacionais americanas (Catalyst), e assumida na França pelo comitê "diversidade" do Medef.

Essa corrente prega também técnicas neoliberais de governança (Prügl, 2015). Dispositivos de gestão da diversidade relativamente estandardizados, inventados para multinacionais americanas, são hoje preconizados no mundo inteiro para todas as organizações, públicas ou privadas: *monitoring* (monitoramento por indicadores cifrados), *networking* (redes de mulheres executivas), *mentoring* e *coaching* e finalmente dispositivos de *work-life balance* (horários planificados, participação financeira da empresa nas despesas com cuidadoras ou nas licenças por razões familiares). Essa retórica é compatível com, e mesmo promove, dispositivos individualizados e seletivos para uma minoria de funcionárias ou de empresárias "com potencial", "de talento" ou "de excelência", tratadas separadamente da massa das trabalhadoras comuns. Como empregadores, os *majors* do setor do conselho e da auditoria, confrontados com uma grande perda de mulheres executivas devido a um horário de trabalho extensivo e a uma intensa competição interna, muitas vezes aplicam esses dispositivos a si mesmos (Boni-Le Goff, 2013). Esses gabinetes-conselhos são também os difusores do liberalismo econômico e dos benefícios da globalização e empregam a elite social proveniente das *business schools* de cada país onde estão implantadas (Djelic, 2004). De modo mais geral, as multinacionais cotadas na bolsa devem hoje responder às expectativas do "mercado" quanto à sua responsabilidade social e ambiental (RSE), publicando indicadores quantificáveis de *performance* social e ambiental, entre os quais indicadores sexuados (Bender, Berrebi-Hoffmann e Reigné, 2015).

Essa forma de neoliberalização do feminismo (Prügl, 2015) também pode ser caracterizada por aquilo que ela não autoriza, ou não integra, o que revela indiretamente sua especificidade. De um lado, assume a seletividade social das participantes, com eventos, dispositivos e formações reservadas em locais próprios da burguesia dos negócios. Quase nunca se poderá encontrar um ou uma sindicalista na sala, e sobretudo na tribuna. Se o Women's Forum de Deauville ou o programa Women Leaders and Gender Parity do Fórum de Davos são duas ilustrações emblemáticas disso, a maior parte dos eventos organizados pelas redes femininas e/ou consultoras funciona com base no mesmo princípio de fechamento social das participantes e dos discursos. Esses locais são tanto o meio de conscientizar mulheres executivas superiores e de partilhar num ambiente tranquilo as "boas práticas" entre organizações quanto uma vitrine para valorizar as grandes empresas, suas políticas de recursos humanos e seus produtos. Essa retórica praticamente não inclui pôr em questão regras do jogo do capitalismo financeiro, exceto a de que ele deveria de hoje em diante se vestir de rosa...

Mas é preciso também reconhecer a eficácia prática dessa corrente sustentada por mulheres influentes, algumas delas especializadas em *marketing, lobbying* ou comunicação, e com os recursos das poderosas multinacionais, seus patrões ou colegas. Falar dos benefícios econômicos da igualdade, e não de valores morais, de obrigações legais ou de riscos jurídicos é uma estratégia vitoriosa que conseguiu convencer dirigentes reticentes diante das obrigações ou dos custos que tais ações positivas representam (Bereni, 2009). O contexto de grande crise financeira e econômica a partir de 2008 paradoxalmente favoreceu a recepção dos benefícios do *"management* no feminino" diante das derivas masculinistas viris do mundo das finanças (Blanchard, Boni-Le Goff e Rabier, 2013). Além do mais, o registro diferencialista das "qualidades femininas" permite a patrões se apresentarem como "homens modernos", sem questionar sua posição de dominantes nas relações de poder entre homens e mulheres e poupando um questionamento sobre suas próprias práticas profissionais ou privadas (Connell, 2005). O registro "puro" da *performance* (reforçar o caráter misto das equipes comerciais, de pesquisa e desenvolvimento ou de *design*, em função de seus melhores resultados) seria às vezes o único meio de vencer sem atacar as resistências dos quadros masculinos às ações positivas "para mulheres".

Para além de discursos críticos às vezes moralizadores ou maniqueístas, às vezes tingidos de nostalgia, apresentados por teóricas feministas, parece-me urgente estudar os efeitos concretos dessa retórica que se desenvolve a distância da igualdade negociada e das organizações sindicais.

O enquadramento elitista da "gestão da diversidade"

Quais são os efeitos dessa retórica do "feminismo de mercado" no interior das grandes empresas na França? As redes de mulheres (executivas) e as organizações sindicais podem ser analisadas como grupos de interesse com recursos assimétricos, que não fazem o mesmo enquadramento da igualdade, não têm as mesmas prerrogativas e não representam os mesmos grupos. Na Inglaterra, Cynthia Cockburn sublinha desde os anos 1980 que as políticas de igualdade de oportunidades (*equal opportunity*) podem ter uma ambição transformadora a longo prazo, traço que ela observa mais no setor público: mudar a estrutura do poder e da hierarquia dentro das organizações, com grupos não mistos e sindicatos empenhados nos direitos das mulheres menos dotadas. Essas políticas muitas vezes se restringem a uma versão gerencial leve a curto prazo, apanágio do setor privado: despojar os procedimentos formais de seus vieses discriminatórios e focar a atenção nas mulheres gerentes (Cockburn, 1991). Uma etnografia recente de uma grande empresa nos Estados Unidos (Berrey, 2014) confirma que, para além dos princípios e dos métodos, os programas de gestão da diversidade das grandes empresas são seletivos em termos dos que têm direito. Enquanto a luta contra as discriminações (*equal opportunity*) concerne, em princípio, a todos(as) os(as) assalariados(as), a gestão da diversidade (*diversity management*) é reservada apenas aos "altos potenciais" provenientes de duas categorias: as mulheres e as minorias étnicas. Esse prisma gerencial da diversidade boa para a *performance* produz o efeito de consolidar a hierarquia e de negligenciar os(as) assalariados(as) da base da escala, aqueles que Ellen Berrey chama de "assoalho sujo" (*dirty floor*).

O feminismo de mercado tende portanto a concentrar a ação das direções no topo da hierarquia, com o risco de gerar uma "igualdade elitista" reservada prioritariamente a uma minoria de mulheres muito dotadas (Jacquemart, Le

Mancq e Pochic, 2016). É também muitas vezes uma visão da igualdade estática e numérica, que se preocupa sobretudo com a copresença das mulheres (ou com a ausência) em bastiões profissionais masculinos, negligenciando a dinâmica de produção das desigualdades de percurso e de condição, pelas próprias organizações, ao longo do ciclo de vida profissional. Ela silencia quanto à sua imbricação com outras relações sociais de poder (de classe, de raça e de sexualidade, sobretudo), tende a renaturalizar a categoria das mulheres em torno da experiência compartilhada da maternidade e questiona pouco o "regime de desigualdades" das organizações (Acker, 2009). O feminismo de mercado está portanto muito distante, social e ideologicamente, do feminismo operário-sindical, que justifica os direitos das mulheres em nome da justiça social (Maruani, 1979), ou do feminismo de extrema esquerda, que as anglo-saxãs chamam de *radical feminism*, irrigado pelos movimentos feministas lésbicos e pelo *black feminism* (Bard, 2017). As redes femininas, socialmente seletivas e com registro policiado, são relativamente ouvidas e apoiadas pelas direções das grandes empresas.

Os sindicatos muitas vezes desconfiam das iniciativas tomadas por essas redes de mulheres executivas, raramente sindicalizadas e distantes da negociação coletiva. Na França, eles são muitas vezes criticados por sua distância (recíproca) do movimento feminista e sua relação um tanto defensiva com as questões de igualdade. Mas que margens de manobra os(as) eleitos(as) do comitê de empresa têm para modificar dispositivos propostos pela direção? E de que formação, informações e *expertise* dispõem eles(as) para abrir um debate democrático sobre assuntos complexos e às vezes conflituosos como a igualdade salarial? Os sindicatos franceses são colossos com pés de barro, que funcionam com muito poucos aderentes, poucos direitos sindicais nas pequenas e médias empresas (PME) e em torno de um pequeno punhado de militantes. Estes últimos raramente foram formados para usar "óculos de gênero" para integrar as questões mulheres-igualdade-discriminações no conjunto das negociações, e em geral têm margens de manobra bastante fracas para modificar o próprio conteúdo dos acordos (Laufer e Silvera, 2017). As militantes engajadas na igualdade nem sempre são apoiadas pelos coletivos sindicais mistos (Guillaume, 2018), pois seus colegas sindicalistas estão muitas vezes convencidos pelo mito da "igualdade já existe" (Delphy, 2001). Além disso, elas também podem se decepcionar com o próprio conteúdo dos acordos negociados, relativamente estandardizados, com poucas ações concretas e orçamentos priorizados em torno da promoção das mulheres executivas e do caráter misto das profissões masculinas, em detrimento de outros dossiês, como a precariedade do emprego, a penibilidade do trabalho ou os horários atípicos, e, é claro, as desigualdades salariais em todos os escalões (Charpenel, Demilly e Pochic, 2017). Enfim, os sindicatos podem ser atravessados por debates entre mulheres executivas, agora conscientizadas do sexismo generalizado, e mulheres não executivas que não se sentem discriminadas "como mulheres" em serviços majoritariamente femininos.

Jogos de escala em torno da dualização do mercado de trabalho feminino

Quando uma multinacional divulga o caráter misto de sua direção, útil para sua imagem de marca e sua cotação social, ela não diz nada sobre as condições de trabalho e de vida no trabalho, sobretudo das mulheres que não são executivas (Kirton e Greene, 2005). A hipótese de "dualização" ou "polarização" do mercado de trabalho sustentada pela rede de pesquisa internacional e pluridisciplinar Mage desde sua criação é de uma espantosa atualidade. Enquanto as empresas e administrações são marcadas por reorganizações e reestruturações perpétuas, reduções de efetivos e de meios, que se aceleraram a partir da grande recessão de 2008, as mudanças organizacionais (externalizações, aquisições-fusões, relocalização ou transferências de atividades) são pouco aprendidas sob a luz de seu impacto sobre as desigualdades (Bory e Pochic, 2014). Os temas das discriminações e das reestruturações são raramente examinados em conjunto. Ora, essas decisões têm impacto desproporcional sobre os percursos e as condições das mulheres, sobretudo as empregadas e operárias. Estas, na maioria das vezes membros de minorias étnicas, são cada vez menos funcionárias dos grandes grupos, e sim relegadas à sua periferia, junto aos subcontratados ou às filiais, com estatutos precários e "uma fraca presença sindical" (Guillaume, 2018). E enquanto a função pública é um setor de emprego bastante feminizado, sobretudo na base (perto de 70% das categorias C são feminizadas na França), a redução do emprego público e as reformas inspiradas pela nova gestão pública restringem as oportunidades de promoções internas e degradam as condições de trabalho e de emprego dos serviços em nome de uma "boa gestão" em período de austeridade.

Se as mulheres dirigentes, do público assim como do privado, brancas e diplomadas, estão hoje mais atentas à igualdade e ao sexismo para elas e suas irmãs, muitas vezes são menos sensíveis às dificuldades daquelas que elas comandam. Elas podem mesmo ser agentes zelosas das reorganizações, que recriam desigualdades na base da escala e na periferia das organizações. As reestruturações financeiras podem abrir oportunidades para aquelas que trazem a "lógica do mercado", sem se abalar com o elevado custo social dessa política de racionalização dos custos. Encontramos aqui a análise de Judy Wajcman (1998); a *performance* de gênero das mulheres executivas superiores nas reestruturações revela-se na prática muito distante da retórica do *"management* no feminino", que seria caracterizado pela escuta, pela proximidade, pela amabilidade e pela atenção ao outro. A "indiferença dos privilegiados" (Tronto, 2009) não se exerce apenas com relação ao seu pessoal doméstico, ou às trabalhadoras ligadas às funções de cuidadoras, muitas vezes estrangeiras, ou não brancas. Também a encontramos, de outra forma, dentro de suas empresas, sobretudo no tocante às mulheres não executivas, entretanto muitas vezes diplomadas, mas não tendo o mesmo "potencial" ou "talento", sobretudo se realizam sua atividade de trabalho a distância da sede. Como a origem popular, a "feminidade respeitável" pode se tornar um recurso no meio profissional, com a condição de ter integrado todos os códigos dos grandes patrões, sobretudo a ideologia neoliberal, o carreirismo, o sobretrabalho e as redes de influência (Naudet, 2012). Assim fazendo, as mulheres participam da ilusão da meritocracia e da defesa dos privilégios, já que a feminidade só pode se tornar um recurso para uma pequena elite de mulheres cooptadas.

A feminização da direção das grandes organizações não tem portanto efeitos cascata sobre a promoção das mulheres dos estágios inferiores. A teoria do *role model* (segundo a qual um dos freios às carreiras das mulheres seria a ausência de referência inspiradora) só funciona quando as pessoas podem se identificar com suas superiores e estão diante da mesma estrutura de oportunidades (Kanter, 1977). As mulheres não executivas, concentradas em serviços terciários ou isoladas em unidades técnicas, e que não são associadas a uma formação ou evento organizados com base na igualdade, na parentalidade ou na mistura de gêneros, revelam-se às vezes menos "conscientizadas" a respeito do assunto do que suas chefes. Sobretudo quando não são sindicalizadas, raramente utilizam esse prisma das relações de gênero ou do sexismo para entender os obstáculos profissionais que encontram. No entanto, encontram dificuldades de progressão interna, carreiras planas e às vezes caóticas, e o "teto de vidro" da passagem para o estatuto de executiva é ainda mais claro para elas. O fato de a estratégia financeira e as decisões de reorganização passarem hoje por chefes mulheres contribui sem dúvida para embaralhar a apreensão das relações sociais de dominação. Isso perturba a "classe de sexo", ao mesmo tempo que torna mais perceptíveis as divisões de classe que se acentuam dentro das grandes empresas, e mais ainda dentro da faixa trabalhadora.

★ ★ ★

Se a comparação com outros países é essencial, a mim parece que nossos quadros de análise não devem mais ser cercados por fronteiras nacionais para melhor integrarem os efeitos da globalização econômica. Nesse campo, os sociólogos do trabalho e do gênero avaliam progressivamente o papel primordial das multinacionais na divisão internacional do trabalho e na externalização das desigualdades "para baixo", fora de seu perímetro jurídico, na direção de suas subcontratadas e suas filiais, do Norte em direção aos países do Leste ou aos do Sul, territórios onde o custo salarial é bem mais baixo, os contextos legais são menos restritivos, e os sindicatos, menos bem implantados. As raras pesquisas existentes permitem esclarecer uma estratégia que as grandes empresas raramente conceitualizam dessa forma, a dos benefícios econômicos da desigualdade sexuada e da subvalorização do trabalho feminino (Falquet et al., 2010). O ideal seria evidentemente poder fazer pesquisas multissituadas no interior das multinacionais, para ver como, no interior de um mesmo grupo ou ao longo da "cadeia de produção", as questões da igualdade e dos direitos das mulheres são conduzidas em função dos contextos culturais e legais. O desafio científico e político é ver como, e em que condições, normas de igualdade podem circular (ou não) nesses espaços transnacionais e identificar as zonas prioritárias de ação para absorver essas desigualdades sexuadas produzidas *pelo* mercado.

Referências

ACKER, Joan. From glass ceiling to inequality regimes. *Sociologie du Travail*, n. 51, p. 199-217, 2009.

BARD, Christine. Féminisme radical. In: BARD, C. (Org.). *Dictionnaire des féminismes, France, XXVIIIe-XXIe siècle*. Paris: PUF, 2017.

BENDER, Anne-Françoise; BERREBI-HOFFMANN, Isabelle; REIGNÉ, Philippe. Les quotas de femmes dans les conseils d'administration. *Travail, Genre et Sociétés*, n. 2, p. 169-173, 2015.

BERENI, Laure. Faire de la diversité une richesse pour l'entreprise: la transformation d'une contrainte juridique en catégorie managériale. *Raisons Politiques*, n. 35, p. 87-105, 2009.

____. *La bataille de la parité*: mobilisations pour la féminisation du pouvoir. Paris: Economica, 2015.

BERREY, Ellen. Breaking glass ceiling, ignoring dirty floor: the culture and class bias of diversity management. *American Behavioral Scientist*, v. 58, n. 2, p. 347-370, 2014.

BLANCHARD, Soline; BONI-LE GOFF, Isabel; RABIER, Marion. Une cause de riches? L'accès des femmes au pouvoir économique. *Sociétés Contemporaines*, n. 89, p. 101-129, 2013.

BONI-LE GOFF, Isabel. Au nom de la diversité: analyse écologique du développement des réseaux de femmes cadres en France. *Sociologies Pratiques*, n. 21, p. 83-95, 2010.

____. *Le sexe de l'expert*: régimes de genre et dynamique des inégalités dans l'espace du conseil en management. Tese (sociologia), Paris, EHESS, 2013.

BORY, Anne; POCHIC, Sophie (Org.). Dossier: une crise sans précédent? Expériences et contestations des restructurations (I et II). *Travail et Emploi*, n. 137-138, 2014.

CHARPENEL, Marion; DEMILLY, Hélène; POCHIC, Sophie. Égalité négociée, égalité standardisée. *Travail, Genre et Sociétés*, n. 37, p. 169-173, 2017.

COCKBURN, Cynthia. *In the way of women*: men's resistance to sex equality in organizations. Basingstoke: Macmillan, 1991.

CONNELL, Raewyn. Change among the gatekeepers: men, masculinities and gender equality in the global arena. *Signs*, v. 30, n. 3, p. 1801-1825, 2005.

DELPHY, Christine. *L'ennemi principal*. Paris: Syllepse, 2001. t. 2: Penser le genre.

DJELIC, Marie-Laure. L'arbre banian de la mondialisation. *Actes de la Recherche en Sciences Sociales*, n. 1, p. 107-113, 2004.

EISENSTEIN, Hester. *Feminism seduced*: how global elites use women's labor and ideas to exploit the world. Boulder: Paradigm, 2009.

FALQUET, Jules et al. *Le sexe de la mondialisation*: genre, classe, race et nouvelle division du travail. Paris: Presses de Sciences Po, 2010.

FRASER, Nancy. Féminisme, capitalisme et ruses de l'histoire. *Cahiers du Genre*, n. 1, p. 165-192, 2011.

GUILLAUME, Cécile. *Syndiquées*: défendre les intérêts des femmes au travail. Paris: Presses de Sciences Po, 2018.

JACQUEMART, Alban; LE MANCQ, Fanny; POCHIC, Sophie. Femmes hautes fonctionnaires en France, l'avènement d'une égalité élitiste? *Travail, Genre et Sociétés*, n. 35, p. 27-45, 2016.

JACQUOT, Sophie. *L'égalité au nom du marché?* Émergence et démantèlement de la politique européenne d'égalité entre les hommes et les femmes. Bruxelas: Peter Lang, 2014.

KANTER, Rosabeth Moss. *Men and women in the corporation*. Nova York: Basic Books, 1977.

KANTOLA, Johanna; SQUIRES, Judith. From state feminism to market feminism? *International Political Science Review*, v. 33, n. 4, p. 382-400, 2012.

KIRTON, Gill; GREENE, Anne-Marie. *The dynamics of managing diversity*: a critical approach. Oxford: Elsevier Butterworth-Heinemann, 2005.

LAUFER, Jacqueline. *L'égalité professionnelle entre les hommes et les femmes*. Paris: La Découverte, 2014.

____; SILVERA, Rachel. Controverse: des lois à la négociation... Quoi de neuf pour l'égalité? *Travail, Genre et Sociétés*, n. 37, p. 129-169, 2017.

MARUANI, Margaret. *Les syndicats à l'épreuve du féminisme*. Paris: Syros; CNRS, 1979.

MEYNAUD, Hélène-Yvonne; FORTINO, Sabine; CALDERON, José (Org.). Dossier: La mixité au service de la performance économique. *Cahiers du Genre*, n. 47, 2009.

NAUDET, Jules. *Entrer dans l'élite*: parcours de réussite en France, aux États-Unis et en Inde. Paris: PUF, 2012.

PRÜGL, Elisabeth. Neoliberalising feminism. *New Political Economy*, v. 20, n. 4, p. 614-631, 2015.

___; TRUE, Jacqui. Equality means business? Governing gender through transnational public-private partnerships. *Review of International Political Economy*, v. 21, n. 6, p. 1137-1169, 2014.

RABIER, Marion. *Entrepreneuses de cause*: contribution à une sociologie des engagements des dirigeantes économiques en France. Tese (sociologia), Paris, EHESS, 2013.

ROBERTS, Adrienne. Financial crisis, financial firms... And financial feminism? The rise of "transnational business feminism" and the necessity of marxist-feminist IPE. *Socialist Studies/Études Socialistes*, v. 8, n. 2, p. 85-108, 2012.

SÉNAC, Réjane. *L'égalité sous conditions*: genre, parité, diversité dans une République néo-libérale. Paris: Presses de Sciences Po, 2015.

TRONTO, Joan. *Un monde vulnérable*: pour une politique du care. Paris: La Découverte, 2009.

WAJCMAN, Judy. *Managing like a man*: women and men in corporate management. University Park: Pennsylvania State University Press, 1998.

3. Levar o direito a sério
Marie-Thérèse Lanquetin

A questão do direito é essencial para entender as relações das mulheres no trabalho e na própria existência. No Código Civil de 1804 não se tratava nem de liberdade, nem de igualdade, já que o trabalho era proibido para as mulheres casadas. Seu lugar era dentro da família, com o casamento garantindo a filiação e fazendo os pais. O código garantia por isso mesmo a manutenção do patrimônio e sua transmissão aos filhos. A Revolução de 1789 tinha marcado o fim de uma organização social baseada nos laços familiares e a emergência de uma sociedade baseada numa concepção liberal do indivíduo cidadão e detentor de um patrimônio. Só que as mulheres casadas não eram indivíduos.

Esse modelo impregnou o século XIX; a dominação das mulheres, a apropriação de seu corpo devido a seu poder de procriar, o valor diferencial dos sexos eram então dominantes. Esse modelo foi contestado, e a exigência de um patrimônio cedeu lugar ao reconhecimento do trabalho assalariado e à sua dimensão solidária e coletiva (Castel e Haroche, 2001). A exigência de igualdade foi reivindicada, mas o princípio da igualdade entre homens e mulheres foi dificilmente admitido. De que igualdade se está falando? De uma igualdade na diferença, ou seja, da manutenção dos papéis sociais diferenciados; da igualdade, valor universal, direito fundamental implicando um novo equilíbrio? Este seria impulsionado pelo direito internacional e especialmente pelo direito da União Europeia.

Hoje o sexismo continua atuando, apesar da evolução do direito da família e das relações de trabalho. A "governança pelos números", ou seja, o império da economia, opõe-se ao governo pelo direito (Supiot, 2015).

Trabalho e negação de si

O Código Civil de 1804 negou às mulheres casadas o direito de exercer uma atividade profissional, restringindo-as à esfera doméstica. Era um código de proprietários. Tinha como objeto principal a propriedade e sua transmissão. Organizava nesse sentido as relações entre maridos e mulheres. O marido era investido do poder marital herdado sobretudo do direito romano. O código era um instrumento de autoridade nas mãos do marido, correlativo ao regime matrimonial da comunidade de interesses entre os esposos. Esse poder era analisado ao mesmo tempo como um socorro em proveito da mulher e como uma medida de proteção "necessária" a seu sexo, do qual eram invocadas a imprudência, a fragilidade... Assim, a mulher casada era atingida por uma incapacidade geral de exercer seus direitos civis. Os autores falavam, a propósito do casamento, em uma "livre adesão [da mulher casada] à sua própria incapacidade" (Bordeaux, 1989). O exercício de uma profissão corria o risco de interferir na gestão do patrimônio e de prejudicá-la. Era uma questão de segurança para o marido, sobretudo em caso de falência privativa de cidadania.

A recusa da autonomia para as mulheres casadas acarreta o fechamento numa visão essencialista e biológica. Elas não têm existência própria fora da esfera doméstica. A mulher casada não era nem cidadã nem trabalhadora, e a concepção *institucional* da família impregnava o estatuto civil das mulheres e modelava, pela submissão, a aceitação do estatuto da mulher objeto (Arnaud, 1973).

Entretanto, a Declaração dos Direitos do Homem e do Cidadão foi proclamada em 1789. Mas essa afirmação dos direitos não concernia a todos os homens (era preciso pagar o censo) e menos ainda às mulheres casadas.

O homem e a mulher formam uma união numa lógica estranha aos direitos do homem. A cidadania é correlativa à propriedade de sua pessoa. É a propriedade que dá base ao indivíduo, e é essa concepção do indivíduo proprietário que funda diretamente o regime político moderno, a república dos cidadãos.

Como existem os indivíduos que não são proprietários, cada vez mais numerosos no século XIX? Indivíduos livres e iguais em direitos coexistem com trabalhadores não proprietários excluídos duramente da cidadania, mas igualmente da vida. A propriedade deve deixar de ser o único suporte do reconhecimento da cidadania e da segurança. Como garantir a segurança na ausência de patrimônio ou de capital?

O trabalho se torna então um valor não apenas econômico, mas identitário e político. Os homens reivindicavam a propriedade de seu trabalho. Verifica-se a mutação da segurança/propriedade para a segurança/direito do trabalho (Hatzfeld, 1971). Os homens têm sua cidadania reconhecida em 1848. No discurso dos republicanos, o trabalho garante a liberdade e a igualdade de todos. Associado ao conhecimento dos direitos e dos deveres, ele pode se tornar a essência do sentimento de cooperação e de solidariedade: em uma palavra, a fraternidade inscrita na divisa republicana em 1848. Esse cidadão "novo" é igualmente pai e chefe de família e representa aqueles que dependem dele: sua mulher e seus filhos. No espírito dos republicanos, a atividade pertence ao homem. As mulheres só podem ter um papel passivo, que é conveniente proteger, inclusive no trabalho. É o que vai consagrar a legislação protetora das mulheres maiores, já que as mulheres, apesar de tudo, sempre trabalharam e que a natalidade está em jogo. Era preciso intervir no contrato de locação de serviços para proteger as mulheres, ou, mais exatamente, a natalidade? A "autonomia da vontade", princípio herdado da Revolução, implicava uma resposta negativa. Tais legislações foram contudo adotadas após vários anos de debates, no plano tanto nacional quanto europeu, num contexto de gestão concorrencial da mão de obra em período de crise econômica, sendo os salários das mulheres particularmente baixos.

A concentração dos poderes nas mãos do marido resultava em dificuldades práticas da própria divisão dos papéis por gênero. A doutrina jurídica velava de fato pela fidelidade aos princípios do Código Civil que ela considerava exemplar, mesmo que ao longo de todo o século XIX críticas tenham vindo de horizontes diversos. Afora os movimentos feministas, reivindicando o "livre salário da mulher casada", a Academia das Ciências Morais e Políticas se preocupou em três ocasiões com a "emancipação da mulher".

Foi preciso recorrer a subterfúgios para que o modelo fosse de alguma forma viável.

O regime do Código Civil se transformou pouco a pouco com o advento da democracia parlamentar. A jurisprudência e depois a lei recorreram à teoria do "mandato tácito" ou do mandato doméstico para justificar os atos domésticos da mulher. Seu papel na poupança, na prevenção, nos recolhimentos para enfrentar a doença, o desemprego, a velhice foi destacado, a fim de assegurar a ordem, a paz social. Essas disposições concernem à família operária, em que se encontram as maiores proporções de mulheres casadas que trabalham. Estas aparecem como a encarnação da sabedoria e da providência do lar (Lenoir, 2003). São o alvo do legislador numa preocupação moralizadora, a fim de integrar a família operária na ordem social. Mas as mulheres operárias resistiram a essa solicitação do poder (Perrot, 1979).

Tentou-se recolocar em causa essas concepções por ocasião da adoção da Lei de 13 de julho de 1907, relativa ao salário da mulher casada, após 20 anos de discussões. Essa lei foi pouco e mal aplicada, pois, se as mulheres podiam receber suas remunerações e seus salários, permanecia a questão de seus reais poderes sobre seus bens "reservados" adquiridos com seu salário. Os terceiros na maioria dos casos se recusavam a tratar com a mulher sem o concurso do marido. Se ela reivindicava um bem, devia provar que ele provinha de seu trabalho pessoal.

Essas tentativas se inscreviam no contexto natalista e familiarista do fim do século XIX. Duas tendências continuavam presentes: o familiarismo de Estado transmitido pelos republicanos se opunha ao da Igreja Católica, que se recusava a reconhecer os direitos do indivíduo e reconhecia apenas os direitos da família; a lógica dos direitos do homem oposta à da família, célula básica da sociedade.

Trabalho e individuação?

O processo de individuação, ou seja, o reconhecimento dos direitos de cada um(a), aqui das mulheres, como "indivíduo" leva tempo: são reconhecidos a capacidade civil da mulher casada (1938), seu papel na gestão do patrimônio (1942) e depois a cidadania (direito de voto em 1944). O Preâmbulo da Constituição francesa de 1946 afirma que, "entre os princípios especialmente necessários ao nosso tempo, a lei garante à mulher em todos os campos direitos iguais aos do homem". Igualdade de tratamento, portanto. Mas é preciso aguardar a decisão do Conselho Constitucional de 1971 para que o valor constitucional desse Preâmbulo seja reconhecido.[1] A liberdade das mulheres casadas de exercer uma atividade profissional continuava a não ser admitida. Um direito de oposição substituiu a autorização e só foi suprimido em 1965.

Se esse direito de oposição foi objeto de poucos contenciosos, ele esteve presente nos fatos. As visões hierárquicas e igualitárias da família se opunham. O papel atribuído ao marido foi mantido e definido como uma *função*, exercida no interesse comum do lar e das crianças, e a noção de "chefe de família", que subsistiu até 1970, foi acrescentada ao Código Civil. A visão hierárquica permanecia em razão da necessidade de uma direção que a tradição (cristã) e a natureza das coisas (a biologia) atribuíam ao marido (Rochefort, 2005).

Sob o regime de Vichy, a proibição da contratação das mulheres no serviço público endureceu essas posições. A noção de "interesse da família", entendida como o "interesse da criança", pelo qual a mãe é a única responsável, foi sublinhada. Não era mais uma noção abstrata. O marido, único juiz desse interesse, podia entretanto ver sua apreciação reconsiderada, se levarmos em conta que ele é guiado por motivos autoritários e vexatórios.

As evoluções significativas em matéria de direito da família ocorreram a partir dos anos 1960-1970. A onda legislativa reconheceu então, para as famí-

---

[1] Decisão de 16 de julho de 1971 integrando ao Bloco de Constitucionalidade (conjunto dos textos constitucionais integrados à Constituição de 1958 desde a Declaração de Direitos de 1789) o Preâmbulo de 1946, que enumera os "princípios particularmente necessários a nosso tempo".

lias, "o poder extraordinário de criar seu próprio direito, vivendo-o" (Carbonnier, 1981).

A igualdade das remunerações entre homens e mulheres

A primeira consequência da afirmação da igualdade de tratamento foi a supressão em 1946 da noção de salário feminino, ou seja, do abatimento legal que os salários das mulheres sofriam (Lanquetin, 2006). No entanto, a revisão dos empregos femininos e masculinos prevista pelas classificações profissionais fracassou. A lei de 11 de fevereiro de 1950 restabeleceu a liberdade de fixação dos salários por meio da negociação coletiva sob a condição de que fosse respeitado o salário mínimo fixado pela lei. As negociações só trataram então das taxas mínimas de salário fixadas para o ramo, o que se traduziu por uma gestão diferenciada da mão de obra. A liberdade do chefe da empresa, seu direito de propriedade, permaneceu assim no centro do sistema de interpretação do princípio de igualdade das remunerações entre homens e mulheres. Em 1972, o problema continuava, apesar da adoção da lei que transpôs a Convenção 100 da Organização Internacional do Trabalho (OIT) em 1951.

O patrão se contentou em respeitar o salário mínimo. No mais, tinha toda a liberdade, apresentando sobretudo o argumento do aumento da mão de obra que as mulheres representavam.

Sem dúvida, a regra "para trabalho igual, salário igual" era obrigatória nas convenções coletivas, mas o patrão continuava a ser o único juiz das competências de seus(suas) empregados(as), ou seja, do caráter igual do trabalho.

A proteção das mulheres e a divisão dos papéis sociais
ou a visão diferencial dos sexos

Na época da Liberação, as correntes familiaristas e natalistas continuavam influentes junto aos políticos e na sociedade francesa. Assim, "foi instituída uma organização de seguro social destinada a garantir os trabalhadores e suas famílias contra todos os tipos de riscos suscetíveis de reduzir ou suprimir sua capacidade de ganho, a cobrir os encargos de maternidade e os encargos de família que aqueles pressupõem".[2] Essa concepção se baseava numa visão que dava à família um papel transcendente com relação ao indivíduo. A família era a unidade de base em favor da qual se operava a maior parte das transferências sociais. O direito de um indivíduo à proteção do seguro social decorria não de sua cidadania, mas de suas ligações com o mercado de trabalho, sendo dependente sua família, ou seja, mulher e filhos (Cuvillier, 1977).

Entretanto, a mulher "trabalhadora" podia ser também "ganha-pão", o que acompanhou o forte crescimento do emprego das mulheres e as evoluções do direito civil. A situação da esposa "inativa" permanecia fragilizada em caso de separação,[3] o que exigia uma visão mais universal do seguro de saúde.

O direito fiscal continuou marcado por uma concepção familiarista: o quociente conjugal se baseava num princípio que não deixava de incidir sobre a atividade profissional das mulheres casadas, situação regularmente denunciada em razão de seu efeito desestimulante sobre o trabalho das mulheres, visto como segunda fonte de renda, sobretudo quando seus salários eram bem inferiores aos de seus maridos. A individuação pressupõe direitos, ou seja, uma tributação separada.

Enfim, o familiarismo impregnou o direito do trabalho. A mãe, protegida em seu papel de mãe, tinha vantagens especiais concedidas nas convenções e acordos coletivos para cuidar dos filhos doentes, assim como bônus para creches e vantagens familiares para as aposentadorias.

Essa concepção dos direitos prosperou e permaneceu em vigor por muito tempo. A questão da natureza jurídica dessas vantagens se coloca em vista do princípio de igualdade do direito francês.

---

[2] Artigo 1º do decreto de 4 de outubro de 1945 que criou o seguro social.
[3] A lei de 27 de julho de 1999 que criou a Couverture Maladie Universelle (CMU), ou Seguro de Saúde Universal, falava em "tendo direito autônomo"! (Lei modificada em 1º de janeiro de 2016.) Trata-se de uma lógica de extensão, e não de universalidade.

Concepção francesa da igualdade jurídica

A igualdade jurídica é construída com base no princípio da igualdade diante da lei. "Os homens nascem e permanecem livres e iguais em direitos. As distinções sociais só podem ser baseadas na utilidade comum." Essa afirmação de 1789 concernia também às mulheres, já que esse texto está incluído no "bloco de constitucionalidade". E que a lei, expressão da vontade geral, "é a mesma para todos". Desde a criação em 1958 do Conselho Constitucional, essa igualdade jurídica passou por uma evolução, a fim de proteger os direitos fundamentais contra a lei. A proteção das liberdades pela lei foi substituída pela proteção das liberdades e direitos fundamentais contra a lei, já que tais direitos não podem mudar com as maiorias políticas.

O princípio de igualdade jurídica se aplica, desde então, a pessoas semelhantes ou que se encontram em situações idênticas. Segundo a formulação do Conselho Constitucional, trata-se de um princípio que é possível infringir: "O princípio de igualdade não se opõe nem a que o legislador regule de modo diferente situações diferentes nem a que ele infrinja a igualdade por razões de interesse geral, contanto que, tanto num caso quanto no outro, a diferença de tratamento daí resultante tenha a ver com objeto da lei que o estabelece". O princípio não é portanto uma obrigação.

Foi em nome do interesse geral que disposições familiaristas foram adotadas? Essa concepção da igualdade interroga obrigatoriamente a concepção natalista e familiarista dos direitos. É na realidade uma concepção antinômica da igualdade e da liberdade das mulheres de exercer uma atividade profissional tendo direito a vantagens especiais.

A concepção universalista da igualdade estava em questão, já que ela aceita ao mesmo tempo uma divisão dos papéis familiares em nome da proteção das mães, na realidade da família e da natalidade. O direito internacional dos direitos do homem recoloca em perspectiva essas concepções.

Trabalho e existência de si

A mudança se opera pelo direito internacional: o direito é mais que a lei

O princípio de igualdade entre homens e mulheres se encontra enfim reforçado pelo direito internacional dos direitos do homem. À afirmação nacional da liberdade do patrão, "único juiz" das qualificações dos(as) funcionários(as), o Tribunal de Cassação declarou em meados dos anos 1990 que "só o juiz é juiz". Ele assim o fez porque esse princípio de igualdade foi afirmado no plano internacional pela OIT, pela Convenção Europeia dos Direitos do Homem do Conselho da Europa, pelas Convenções da Organização das Nações Unidas, convenções essas que o juiz da União Europeia contribuiu para implementar.

Alguns(mas) rejeitaram o papel de um tratado econômico na promoção da igualdade entre homens e mulheres sem se perguntar sobre o papel do Tribunal de Justiça. Esse papel é o de "garantir o respeito do direito pela interpretação e pela aplicação do tratado". O direito é mais que o tratado, mais que a lei. E o Tribunal de Justiça zelou pelo respeito ao direito, recorrendo sobretudo ao respeito aos direitos fundamentais reconhecidos no direito internacional dos direitos do homem. Em suas primeiras sentenças, ele faz referência a tal ou tal texto internacional até que os direitos sociais se tornem objeto de uma carta e, depois, que a carta comunitária dos direitos fundamentais seja adotada e integrada ao tratado.

A implementação do direito implica uma interpretação em conexão com seu enunciado, a busca de seu sentido num contexto dado. O controle jurisdicional do Tribunal de Justiça contribui para a realização do objetivo almejado.

Assim, após ter afirmado que a igualdade das remunerações devia ser aplicada diretamente nos Estados-membros mesmo na ausência de lei nacional, o tribunal afirmou que esse princípio prevalecia sobre sua dimensão econômica. A renovação mais importante das categorias de pensamento ligava-se sem dúvida à gravidez ou à maternidade. Considerada no direito francês uma exceção à igualdade de tratamento entre homens e mulheres, já que os homens estão numa situação diferente, o tribunal decidiu que se tratava de uma condição da igualdade de tratamento e que levar em consideração a gravidez para tratar de maneira diferente as mulheres constituía uma discriminação direta sem justificação possível. O que implicou uma "recuperação", ou seja, a volta ao emprego se a assalariada assim o desejar.

Esses exemplos levam a nos interrogarmos sobre a oposição entre a ordem jurídica nacional e a ordem jurídica da União Europeia.

Ordem jurídica nacional e ordem jurídica europeia

Enquanto a França tem uma concepção formal e universalista da igualdade, o direito internacional e o direito da União Europeia operam uma alteração da problemática.

Para o direito francês, o ponto de partida implícito do raciocínio era a liberdade do empresário, seu poder de direção e de organização. Desse ponto de vista, a diferenciação operada era em princípio lícita. Ele raciocina a partir do princípio de igualdade de tratamento e dele deduz seu respeito ou não com relação à noção de discriminação direta. Ele não considera a diferença de situação eventual, já que apenas o interesse geral encarnado pelo Estado poderia ser levado em consideração. Sua forma de raciocínio é dedutiva.

O Tribunal de Justiça da União Europeia parte dos fatos, da constatação da diferença operada entre homens e mulheres, pois essa situação é *a priori* suspeita. Trata-se de realizar a igualdade "de fato e de direito". O tribunal considera que o princípio de igualdade é violado "a menos que a empresa estabeleça que a dita medida se explica por fatores objetivamente justificados e alheios a qualquer discriminação baseada no sexo". Há uma relação estreita entre não discriminação e igualdade de tratamento. O que implica uma proibição de fazer distinções com referência não apenas ao sexo, mas à situação familiar ou matrimonial. Seu método de raciocínio é indutivo.

A realização da igualdade de tratamento implica para o Tribunal de Justiça uma apreensão ampla dos fatos à procura de discriminação. Esta é direta ou indireta. Nesse caso, trata-se de uma medida aparentemente neutra que leva ao mesmo resultado que uma discriminação direta. Trata-se de uma discriminação disfarçada. O autor da medida deve então justificá-la de modo objetivo e proporcional a seu objetivo. O deslocamento do ônus da prova é então deduzido, senão a pessoa vítima de uma discriminação aparente não poderia fazer valer seus direitos. O juiz raciocina com relação à finalidade do texto.

Para o tribunal, a igualdade entre homens e mulheres é um direito fundamental reforçado por sua inscrição no Tratado Constitucional. Sua jurisprudência exerce papel determinante para qualificar as legislações ditas "particulares" de discriminatórias, exceto em matéria de maternidade (artigo 8º da Convenção da Organização das Nações Unidas).

A ordem jurídica comunitária se impõe à ordem jurídica nacional. O juiz examina o respeito ou não às obrigações do direito comunitário. Seu controle é um controle aprofundado.

A França se considerava adiantada em relação aos outros países da Comunidade Europeia quanto à questão dos direitos sociais relativos ao trabalho das mulheres. Condenada duas vezes em 1988, contestou as sentenças, alegando o papel fundamental que as mães têm na França na educação dos filhos: "Nosso país, e podemos nos orgulhar disso, está muito claramente avançado no plano social em comparação com os outros países da Comunidade Europeia".[4] De modo geral, a França acreditava numa harmonia preestabelecida entre as exigências comunitárias em matéria de igualdade homens/mulheres e o direito francês.

O encontro da ordem jurídica nacional com a do direito internacional ou europeu traduz-se em dificuldades. O princípio de não discriminação tem valor normativo mais forte do que o princípio de igualdade e deveria permitir perceber sobretudo discriminações indiretas representadas pelas formas de precariedade do emprego. O princípio de igualdade trata mais das desigualdades e leva a pensar que a igualdade profissional não é "aplicada". Alain Supiot (2015) observa, a respeito da obrigação de negociar nas empresas com mais de 300 funcionários, que existe confusão entre objetivos determinados e indicadores que medem a *performance*, ou seja, uma representação quantificada. A he-

---

[4] HUBERT, Élisabeth. Debates na Assembleia Nacional, segunda sessão, 22/6/1989 (*Jornal Oficial*, 23 jun. 1989, p. 2427).

teronomia do direito é tratada como um produto em competição no mercado das normas. Assim, a constatação de diferenças de remunerações pode ser fruto de um escalonamento no tempo ou constitui uma discriminação (a remuneração maior sendo substituída pela remuneração menor)? Para alguns, a negociação permitiria regulamentar um conjunto de situações, mas o contencioso fixa o sentido e abre um debate contraditório, democrático, permitindo revelar o sexismo em ação.

A existência de si

A existência de si baseia-se no modelo da independência, e não da dependência. Ela pressupõe portanto a liberdade de exercer uma atividade profissional sem que esta seja condicionada pela situação matrimonial ou familiar. Implica também uma igualdade sem discriminação. A força normativa da igualdade entre homens e mulheres em suas duas acepções, de igualdade de tratamento e de não discriminação, opõe-se às diferentes formas de trabalho que tentam reconduzir as mulheres a uma ordem antiga. O direito que se construiu responde a um princípio de justiça. Ele soube opor uma concepção mais objetiva e colocar a questão do que está ligado ao papel dos pais e o que é próprio da mãe.

É sobretudo um direito para a ação. Sua prática implica a intervenção do Estado-providência diante dos riscos ligados ao trabalho e aos encargos de família (os tempos escolares!) (Esping-Andersen e Palier, 2008). Ora, se as políticas públicas podem trazer respostas à "articulação da vida familiar e da vida profissional", considerada pelo Tribunal de Justiça um "corolário da igualdade de tratamento", permanecem dificuldades concernentes às discriminações indiretas.

Referências

ARNAUD, André-Jean. *Essai d'analyse structurale du Code Civil français*. Paris: LGDJ, 1973.

BORDEAUX, Michèle. In: AAVV [vários autores]. *La famille, la loi, l'État*: de la Révolution au Code Civil. Centre de Recherche Interdisciplinaire de Vaucresson, Imprimerie Nationale, 1989. p. 104.

CARBONNIER, Jean. *Essai sur les lois*. Paris: Rép. Defrénois, 1981.

CASTEL, Robert; HAROCHE, Claudine. *Propriété privée, propriété sociale, propriété de soi*: entretiens sur la construction de l'individu moderne. Paris: Fayard, 2001.

COTTERAU, Alain. *Préface à* Le sublime *de Denis Poulot*. Paris: Maspero, 1980.

CUVILLIER, Rolande. L'épouse au foyer, une charge injustifiée pour la collectivité. *Droit Social*, p. 427-437, 1977.

DAUNE-RICHARD, Anne-Marie. Homme, femme, individualité et citoyenneté. *Recherches Féministes*, v. 21, n. 1, p. 39-50, 2008.

DES LOIS À LA NÉGOCIATION... Quoi de neuf pour l'égalité professionnelle? *Travail, Genre et Sociétés*, n. 37, p. 129-170, 2017.

ESPING-ANDERSEN, Gosta; PALIER, Bruno. *Trois leçons sur l'État providence*. Paris: Seuil, 2008.

HATZFELD, Henri. *Du paupérisme à la sécurité sociale*. Paris: Armand Colin, 1971.

LANQUETIN, Marie-Thérèse. Chronique juridique des inégalités de salaires entre les femmes et les hommes. *Travail, Genre et Société*, n. 15, p. 69-82, 2006.

LENOIR, Remi. *Généalogie de la morale familiale*. Paris: Seuil, 2003.

PERROT, Michelle. La femme populaire rebelle. In: DUFRANCATEL, C. et al. *L'histoire sans qualités*. Paris: Galilée, 1979. p. 123.

ROCHEFORT, Florence. Laïcisation des moeurs et équilibres de genre. *Vingtième Siècle*, v. 3, n. 87, p. 129-141, 2005.

SUPIOT, Alain. *La gouvernance par les nombres*. Paris: Fayard, 2015.

THÉRY, Irène; BIET, Christian. Portalis ou l'esprit des siècles, la rhétorique du mariage dans le discours préliminaire au projet du Code Civil. In: AAVV [vários autores]. *La famille, la loi, l'État*: de la Révolution au Code Civil. Centre de Recherche Interdisciplinaire de Vaucresson, Imprimerie Nationale, 1989. p. 432.

4. *Care* e intersecionalidade, uma questão política
Helena Hirata

Entre o momento da criação, em 1995, da rede de pesquisa internacional e multidisciplinar Mage e seus 20 anos completados em 2015, um tema de pesquisa emergiu com força: o trabalho do *care* e sua profissionalização. No mesmo período, a discussão em torno de uma abordagem epistemológica e teórica que havia surgido antes da criação do Mage, a da imbricação entre sexo, raça e classe, adquiriu grande atualidade, sob o nome de intersecionalidade. Este capítulo apresenta, para começar, o debate sobre intersecionalidade e/ou consubstancialidade das relações sociais; em seguida, trata do trabalho do *care* sob a luz dessa abordagem integrando estreitamente gênero, raça e classe social; por fim, considera que essa abordagem pode ser um instrumento de luta política.

Do *black feminism* à intersecionalidade

A necessidade política de uma abordagem intersecional e o interesse jurídico em articular sexo e raça foram enunciados e desenvolvidos por Kimberlé Crenshaw (1989), mas podemos encontrar as origens do paradigma intersecional no *black feminism*. As integrantes do Combahee River Collective (2008), Patricia Hill

Collins (1990), Audre Lorde (1980), Angela Davis (1981), bell hooks[*] (2015), são todas teóricas e militantes negras que afirmaram, desde o fim dos anos 1970 e o início dos anos 1980, a "natureza intersecional da opressão das mulheres negras" (Collins, 2015:23). Mas foi uma jurista negra, Kimberlé Crenshaw, quem elaborou esse conceito para atingir o seguinte objetivo: formular melhor os termos da ação jurídica para defender as mulheres negras contra as discriminações de raça e de sexo. O caso da General Motors é um exemplo marcante do interesse de uma perspectiva intersecional. As discriminações de raça e de sexo não eram reconhecidas pela empresa, que dizia empregar mulheres e negros. O problema é que os negros empregados pela General Motors não eram mulheres, e as mulheres recrutadas não eram negras (Crenshaw, 2010). Havia claramente uma dissociação da discriminação de gênero e de raça nas palavras da General Motors, discriminação que só se tornava visível a partir da perspectiva intersecional.

A partir da afirmação da interdependência das relações de poder de raça, sexo e classe, o *black feminism* criticou o feminismo branco, oriundo das classes médias e heteronormativo. Foi com base nessa herança do *black feminism* que a problemática da intersecionalidade foi desenvolvida nos países anglo-saxões desde o início da década de 1990 por pesquisadoras britânicas, americanas, canadenses, alemãs e, a partir de 2005, por pesquisadores(as) franceses(as). Kimberlé Crenshaw se interessa sobretudo pelas interseções entre raça e gênero, trabalhando de maneira periférica ou parcial a dimensão de classe.

Críticas da intersecionalidade

A crítica do conceito de intersecionalidade foi feita explicitamente por Danièle Kergoat pela primeira vez no segundo congresso da Association Française de Sociologie em Bordeaux, em 8 de setembro de 2006, e publicada sob forma de artigo em 2009. Nesse texto, ela critica a noção "geométrica" de interseção:

---

[*] Pseudônimo, com letras minúsculas intencionais, de Gloria Jean Watkins. (N.E. br.)

"Pensar em termos de cartografia significa congelar as categorias, naturalizá-las". Dito de outra forma, "a multiplicidade das categorias mascara as relações sociais. [...] Ora, as 'posições' não são fixas, estão em perpétua evolução, renegociação, inseridas como são em relações dinâmicas" (Kergoat, 2009:117).

Essa crítica é aprofundada na introdução de seu livro *Se battre, disent-elles* (Kergoat, 2012). Três pontos, principalmente, são aí levantados. Para começar, ela observa que a multiplicidade das categorias (casta, religião, região, etnia, nação etc., e não apenas raça, gênero, classe) pode levar a uma fragmentação das práticas sociais e à dissolução da violência das relações sociais, com o risco de contribuir para sua reprodução. Em segundo lugar, afirma que não é certo que todos esses pontos remetam a relações sociais propriamente ditas e que talvez não seja pertinente colocá-los todos no mesmo plano. Enfim, os(as) teóricos(as) da intersecionalidade tendem a raciocinar em termos de categorias, e não de relações sociais, privilegiando uma ou outra categoria, como a nação, a classe, a religião, o sexo, a casta etc., sem historicizá-las e às vezes sem levar em consideração as dimensões materiais da dominação (Kergoat, 2012:21-22).

De maneira mais global, creio que a controvérsia central sobre os termos "intersecionalidade" e "consubstancialidade" se refere ao que chamo de "intersecionalidade de geometria variável". Para Danièle Kergoat (apud Molinier, Laugier e Paperman, 2009), existem três relações sociais transversais: o gênero, a raça e a classe. Para Sirma Bilge (2009:70), os grandes eixos da diferenciação social são as categorias de sexo/gênero, classe, raça, etnicidade, idade, *handicap* e orientação sexual: "A intersecionalidade remete a uma teoria transdisciplinar, visando apreender a complexidade das identidades e das desigualdades sociais por uma abordagem integrada. Ela refuta a separação e a hierarquização dos grandes eixos da diferenciação social que são as categorias de sexo/gênero, classe, raça, etnicidade, idade, *handicap* e orientação sexual".

Penso que gênero e sexualidade são dimensões indissociáveis e que a sexualidade também deve ser levada em consideração em sua imbricação com a raça e com a classe social.

Na França, hoje, podemos observar uma forte tensão entre as *black feminists* e as *white feminists* em torno da noção de intersecionalidade. Remeto ao prefácio de Amandine Gay para a recente edição francesa do livro de bell hooks *Ain't I a woman?*: "Como explicar que o conceito de 'consubstancialidade' — de uma proximidade confundível com o conceito de intersecionalidade — desenvolvido por Danièle Kergoat seja plebiscitado principalmente por pesquisadores(as) brancos(as)? Como não nos indagarmos sobre as verdadeiras motivações desses(as) universitários(as) brancos(as) que utilizam o materialismo (a primazia das relações de classe) para desacreditar a pertinência da raça na intersecionalidade?" (Gay, 2015:23-24).

Essa crítica feita a Danièle Kergoat e, mais adiante nesse texto, a Roland Pfefferkorn mostra, em nome do *black feminism*, um desprezo pela elaboração teórica destes últimos. A coerência e a solidez teórica das *black feminists* dos anos 1960-1970 (Dorlin, 2008:9-42) parece faltar às *black feminists* francesas contemporâneas.

A perspectiva "intersecional", entendida no sentido de que as relações sociais de raça, de gênero e de classe se coconstroem de maneira dinâmica (Cervulle e Testenoire, 2012), está bastante presente em algumas teóricas da intersecionalidade, como Patricia Hill Collins, e no conceito de consubstancialidade, elaborado por Danièle Kergoat nos anos 1970. Se todas as pesquisas que utilizam o conceito de intersecionalidade não mobilizam a categoria de relações sociais, penso que podemos utilizar "intersecionalidade" ou "consubstancialidade" como sinônimos quando se trata de uma análise em termos de relações sociais de poder imbricadas e não hierarquizadas. O princípio que está na base do conceito de intersecionalidade é a não hierarquização das diferentes dimensões da opressão (*versus* contradição "principal" e "secundária", "infraestrutura" e "superestrutura" do marxismo ortodoxo).

Duas imagens que reduzem o feminismo ao "gênero feminino" mostram o interesse da crítica do gênero como única categoria de explicação e de ação. No caderno "Moda" do jornal *Le Monde* de 3 de março de 2017, a foto de uma mulher branca, loura, burguesa — vestida por Valentino, Dior e Giorgio Armani — é apresentada com o título "Feminismo, a nova moda". Da mesma forma, na capa da revista *Elle* datada do mesmo dia, outra mulher branca, loura, jovem e descontraída — vestindo uma calça *jeans* Levi's e uma *t-shirt* Dior com a inscrição *"We should all be feminists"*[1] — ilustra uma matéria intitulada "Pop, leve, descontraída... o novo impulso feminista". Numa revista que custa 2,20 euros, pode-se imaginar que essa mensagem pode atingir amplas camadas de mulheres. Essas duas ilustrações nos convidam a não isolar a opressão das mulheres e as discriminações de gênero das outras opressões de raça e de classe social.

Migrações em todos os gêneros

O *care* requer a migração das trabalhadoras, das cuidadoras, das acompanhantes e das babás originárias da Ásia, da África, da América Latina, das Caraíbas e da Europa Oriental para os Estados Unidos, o Canadá, a Europa Ocidental, o Japão. Mais recentemente, constatam-se também migrações Sul-Sul. É o caso das babás filipinas no Brasil, recrutadas pela burguesia dos grandes centros urbanos como São Paulo, para que as crianças aprendam inglês e ao mesmo tempo tenham quem se encarregue de seus cuidados cotidianos. É preciso observar também que há um movimento do capital em direção a zonas rentáveis onde existem beneficiários potenciais do *care* que não podem ser deslocados: grupos internacionais têm empresas de hospedagem de pessoas idosas dependentes e atualmente criam filiais não apenas na Europa, mas também na América Latina.

Podemos também constatar uma nova divisão internacional do trabalho ao integrar a dimensão racial/étnica: citemos, por exemplo, a divisão internacional e étnica do trabalho de fabricação de alimentos preparados no Reino Unido, tal como analisada por Miriam Glucksmann (2010). Da mesma forma, a comparação entre o Brasil, a França e o Japão no setor do *care* mostra o interesse e a importância de integrar a dimensão racial e étnica à análise da divisão internacional para compreender o processo de repartição do trabalho do *care*. Na França, mais de 90% das funcionárias domésticas em Paris e na Île-de-France são imigrantes. No Japão, a despeito dos acordos de cooperação econômica com a Indonésia e as Filipinas, há poucas acompanhantes e cuidadoras originá-

---

[1] "Devemos todas ser feministas."

rias desses países nos estabelecimentos por causa das exigências de domínio da língua impostas pelas autoridades japonesas. Quanto ao Brasil, o movimento de migração internacional no setor do *care* é ainda muito recente, mas ocorrem migrações internas de funcionárias domésticas e de acompanhantes do Nordeste e do Norte para o eixo São Paulo-Rio de Janeiro, por exemplo. Trata-se aí de um movimento de migração interna semelhante ao das empregadas domésticas na China contemporânea (Shuang, 2009).

A divisão sexual do trabalho profissional e doméstico sofreu fortemente o impacto da crise econômica e social, assim como da precarização do trabalho que se instalou a partir dos anos 1990. Observou-se a partir dessa época uma convergência das situações de trabalho precário e informal nos países do Sul e do Norte (Hirata, 1998:383-384). O desenvolvimento intensificado de duas modalidades de atividade — o emprego doméstico e o trabalho do *care*[2] —, ligado às políticas públicas na França (Lei Borloo[3]), não se deveu apenas ao aumento do contingente assalariado feminino ou ao envelhecimento da população nos países industrializados, como muitas vezes se afirma, mas é também consequência da precarização do trabalho. Um caso emblemático: a inserção dos homens japoneses no trabalho do *care* após a crise de 2008 e o aumento do desemprego.

Precarização, emprego feminino e aumento das desigualdades

As trabalhadoras do *care* que migram do Sul para o Norte, dos países pobres para os países ricos, chegam em situação de precariedade — muitas vezes elas "não têm papéis" — e se inserem no mercado local do emprego doméstico e dos serviços pessoais. O tema da precariedade do trabalho feminino foi uma constante nas pesquisas do Mage nos últimos 20 anos e continua atual em 2019.

---

[2] Os serviços pessoais compreendem tanto o trabalho doméstico quanto o do *care*, ou seja, o atendimento domiciliar para as pessoas idosas e/ou deficientes ou o cuidado das crianças.
[3] A Lei Borloo, de 25 de julho de 2005, está ligada ao desenvolvimento dos serviços pessoais. Ela tinha como objetivo a criação de empregos para diminuir a taxa de desemprego. O "Plano Borloo" visava desenvolver os serviços de auxílio doméstico, de assistência aos doentes, de ajuda às pessoas idosas, de apoio escolar e de cuidado das crianças. O objetivo inicial era criar 500 mil empregos em três anos.

De fato, é levando em consideração a precarização do trabalho — assim como a imbricação das relações de sexo, raça e classe — que conseguimos ver o paradoxo criado pela simultaneidade de dois fenômenos: de um lado, uma maior igualdade entre homens e mulheres em certos campos, como nas profissões mais qualificadas e na população ativa mais jovem, o que é revelado por pesquisas recentes (Maruani e Meron, 2016:80); de outro, simultaneamente, a constatação de uma maior desigualdade (Falquet et al., 2010).

Os conceitos de precarização, de trabalho informal e de vulnerabilidade são centrais para explicar o trabalho do *care*. Proponho associar às duas explicações habituais da expansão do trabalho do *care* — o aumento do trabalho assalariado das mulheres e o envelhecimento acelerado das populações — o desenvolvimento atual da precariedade do emprego e o impacto do desemprego.[4]

Care, racismo e sexismo

As características do trabalho do *care* — trabalho físico, cognitivo, sexual, relacional, emocional (Soares, 2012) —, vistas numa perspectiva de gênero, convidam, de um lado, a levar em conta principalmente as dimensões subjetiva e sexual da atividade e, de outro, a repensar as condições da mercantilização do trabalho não remunerado das mulheres, mercantilização que se opera em ritmos desiguais conforme se trate do Japão, da França ou do Brasil em razão dos aspectos sócio-históricos das diferenças nas políticas públicas.

---

[4] Na indústria, assiste-se também a uma transformação do emprego feminino com sua crescente precarização. Para Fanny Gallot (2015:244), a precarização marca a manutenção das operárias no espaço industrial, mas marca ao mesmo tempo uma profunda transformação de seus estatutos: "Seria a última geração das operárias da indústria? Sim e não. Não, porque se a contratação em contrato de duração indeterminada (CDI) cessou nas fábricas da Moulinex e da Chantelle no início dos anos 1980, foram os contratos precários ou temporários que surgiram na Moulinex. Sim, se entendermos isso como um percurso profissional efetuado na mesma fábrica".

Subjetividade e sexualidade[5] são indissociáveis na análise desse trabalho material, técnico, relacional e psicológico, da mesma forma como são indissociáveis as características das pessoas que fazem esse trabalho. Como diz Joan Tronto (2009), são mulheres, imigrantes, proletárias; mulheres, negras e pobres... Imbricação e complexidade das relações de dominação que em grande parte ainda estão por ser analisadas.

A intersecionalidade ou a consubstancialidade (usamos essas duas denominações como sinônimas, ver anteriormente) é uma categoria heurística para a comparação entre o Brasil, a França e o Japão no tocante ao trabalho do *care*, entendido como um conjunto de atividades materiais, técnicas e relacionais que consistem "em trazer uma resposta concreta às necessidades dos outros" (Molinier, Laugier e Paperman, 2009). Podemos também defini-lo como uma relação de serviço, "de apoio e de assistência" que implica a responsabilidade com relação à vida e ao bem-estar de outrem (Molinier, Laugier e Paperman, 2009:20). Segundo Danièle Kergoat (2016:11), a consubstancialidade pode ser um instrumento para pensar "a complexidade do *care* e as relações sociais nas quais ele se insere", porque o *care* se situa no cruzamento das relações sociais de classe, de sexo e de raça. Com efeito, nossa pesquisa[6] mostra que ele envolve as mulheres, as camadas sociais mais modestas, as migrantes internas (Brasil) ou externas (França). Elas são majoritariamente as mais pobres e as menos qualificadas das classes subalternas. Isso confirma a tese de Joan Tronto (2009), segundo a qual as trabalhadoras do *care* são quase sempre mulheres, pobres, migrantes, tese esta compartilhada por Evelyn Nakano Glenn (2010): as *care*

---

[5] Sobre a importância da dimensão sexual no trabalho do *care*, ver Hirata (2016). Ver também as pesquisas de Pascale Molinier (apud Molinier, Laugier e Paperman, 2009) nas instituições que acolhem pessoas idosas dependentes, que mostram a que ponto a dimensão sexual faz parte da atividade de trabalho e das competências profissionais das acompanhantes e das cuidadoras.

[6] Trata-se da pesquisa "Teorias e práticas do *care*: comparações entre Brasil, França, Japão", realizada entre 2009 e 2012 com trabalhadoras e trabalhadores do *care* nas instituições e em domicílio nesses três países. Acompanhantes, ajudantes domésticos(as), auxiliares e assistentes médico-psicológicos(as), cuidadores(as), enfermeiros(as) foram entrevistados(as), num total de 330 entrevistas semidiretivas. Nos três países, a maioria dessas trabalhadoras e trabalhadores do *care* eram mulheres e, no caso de Paris e da Île-de-France, muito majoritariamente (mais de 90%), mulheres imigrantes.

workers nos Estados Unidos são mulheres subalternas, muitas vezes negras e/ou de origem hispânica.

São mulheres, ou homens em situação precária ou sem emprego, imigrantes estrangeiros(as) (França) ou migrantes internos(as) (Brasil), que fazem o trabalho do *care* nas instituições de abrigo das pessoas idosas dependentes ou em domicílio, muitas vezes sem carteira e sem direitos sociais. Na França, dos(as) 94 entrevistados(as), 29 tinham nascido na França, e 65, em outro país; no Japão, de um total de 85, apenas dois haviam nascido em outro país; no Brasil, de 86, 44 trabalhavam fora da região onde haviam nascido.

Imigrantes vindos(as) de países da África com um diploma de médico(a) ou de enfermeiro(a) não reconhecido na França são sistematicamente recrutados(as) na França pelas instituições de abrigo das pessoas idosas dependentes como acompanhantes ou cuidadores(as), auxiliares médico-psicológicos(as) ou vigilantes noturnos(as), profissões que em geral não precisam de mais de um ano de formação e não correspondem a suas qualificações. A presença de profissionais altamente qualificados(as), em horários em que a direção e o corpo médico estão ausentes (de noite, por exemplo), é um trunfo incontestável para a instituição. Em nossa pesquisa de campo, encontramos seis médicos, metade dos quais fora recrutada como enfermeiros(as), e a outra metade, como cuidadores(as).

M., "vigilante noturno" de 33 anos, do sexo masculino, recrutado como cuidador numa instituição de abrigo de pessoas idosas dependentes, veio da Guiné em 2004. Sua formação de médico em seu país de origem levou-o a fazer estágios no Institut National de la Santé et de la Recherche Médicale (Inserm) e um mestrado em saúde pública em Paris, com uma especialização em medicina tropical. Seu salário mensal, no momento de nossa pesquisa, era de 1.500 euros líquidos, às vezes um pouco mais, quando fazia horas suplementares. Segundo ele, existem pessoas idosas que recusam que ele tome conta delas porque ele é negro — chegando mesmo ao ponto lhe dizer "me deixa em paz". Ele obteve seu emprego por meio da Agence Nationale pour l'Emploi (Anpe), hoje Pôle Emploi, e seu projeto é retornar a seu país para aí exercer a profissão de médico.

A experiência da discriminação e do racismo é vivida pelos trabalhadores do *care* na França. Declarações racistas foram relatadas por vários cuidadores de uma associação. O relato de um trabalhador do *care* de 45 anos de idade e não francês, reproduzindo as declarações de pessoas idosas numa instituição, é especialmente pungente. Ele exprime sofrimento e revolta diante do racismo expresso por aquelas pessoas residentes num abrigo público: "O que é que você faz no meu país? Quando é que você vai embora?". Ele também conta o caso de uma pessoa idosa que assim se dirige a um cuidador negro nascido na França: "Vai para o seu país"; ou o caso de uma mulher idosa que vai procurar uma estagiária branca para lhe dar conselhos: "Não faz esse trabalho, deixa esse trabalho para os 'outros'", a mesma mulher que escondia sua caixa de chocolate para oferecê-la somente aos(às) empregados(as) brancos(as). Como mostram esses exemplos, o fato de ser um homem não protege nem do desprezo nem da discriminação quando a pessoa é de cor e subalterna. No caso dos trabalhadores e das trabalhadoras do *care* que estudamos, a despeito da existência de seções sindicais e de coletivos de trabalhadores nas instituições de abrigo de pessoas idosas na França, as ações em torno do racismo e do sexismo não foram objeto de relatos das pessoas entrevistadas.

A intersecionalidade pode ser vista como uma das formas de combate das opressões múltiplas e imbricadas, e portanto como instrumento de luta política. É nesse sentido que Patricia Hill Collins (2015; Collins e Bilge, 2016) considera a intersecionalidade ao mesmo tempo um "projeto de conhecimento" e uma "arma política". Podemos lembrar como exemplo de luta intersecional a mobilização das arrumadeiras que se manifestaram perante o tribunal de Nova York contra a violência de classe, sexista, machista e racista no "caso DSK" (Dominique Strauss-Kahn). No mesmo registro, podemos citar as lutas das arrumadeiras imigrantes na hotelaria de Paris a partir dos anos 2000 (Puech, 2004; Ferreira de Macedo, 2003).

Referências

BILGE, Sirma. Théorisations féministes de l'intersectionnalité. *Diogène*, v. 1, n. 225, p. 70-88, 2009.

CERVULLE, Maxime; TESTENOIRE, Armelle. Du sujet collectif au sujet individuel, et retour. Introduction aux *Cahiers du Genre*, n. 53, p. 5-17, 2012.

COLLINS, Patricia. *Black feminist thought*: knowledge, consciousness, and the politics of empowerment. Nova York; Londres: Routledge, 1990.

____. Toujours courageuses (brave)? Le féminisme noir en tant que projet de justice sociale. *Les Cahiers du Cedref* (Dossier: intersectionnalité et colonialité. Débats contemporains), n. 20, p. 19-38, 2015.

____; BILGE, Sirma. *Intersectionality*. Cambridge: Polity, Key, 2016. Concepts Series.

COMBAHEE RIVER COLLECTIVE. Déclaration du Combahee River Collective [1978]. In: DORLIN, E. (Org.). *Black feminism*: anthologie du féminisme africain-américain, 1975-2000. Paris: L'Harmattan, 2008. p. 59-73. Bibliothèque du féminisme.

CRENSHAW, Kimberlé W. Demarginalizing the intersection of race and sex: a Black feminist critique of discrimination doctrine, feminist theory and antiracist politics. *University of Chicago Legal Forum*, p. 139-167, 1989.

____. Mapping the margins: intersectionality, identity politics and violence against women of color. In: ALBERTSON FINEMAN, M.; MYKITIUK, R. (Org.). *The public nature of private violence*. Nova York: Routledge, 1994. p. 93-118. [Também em: *Stanford Law Review*, v. 43, n. 6, p. 1241-1299, jul. 1991. Em francês: Cartographies des marges: intersectionnalité, politique de l'identité et violences contre les femmes de couleur. *Cahiers du Genre*, n. 39, p. 51-82, 2005.]

____. Beyond entrenchment: race, gender and the new frontiers of (un)equal protection. In: TSUJIMURA, M. (Org.). *International perspectives on gender equality & social diversity*. Sendai: Tohoku University Press, 2010. p. 87-98.

DAVIS, Angela. *Women, race and class*. Nova York: Vintage Books, 1981.

DORLIN, Elsa. Introduction. In: DORLIN, E. (Org.). *Black feminism*: anthologie du féminisme africain-américain, 1975-2000. Paris: L'Harmattan, 2008. p. 9-42. Bibliothèque du féminisme.

FALQUET, Jules et al. *Le sexe de la mondialisation*: genre, classe, race et nouvelle division du travail. Paris: Presses de Sciences Po, 2010.

FASSA, Farinaz; LÉPINARD, Éléonore; ROCA I ESCODA, Marta (Org.). *L'intersectionnalité*: enjeux théoriques et politiques. Paris: La Dispute, 2016. Le genre du monde.

FERREIRA DE MACEDO, Maria Bernardete. Femmes de ménage et veilleurs de nuit: une approche sexuée du travail précaire dans un hôtel en France. *Cahiers du Genre*, v. 2, n. 35, p. 189-208, 2003.

GALLOT, Fanny. *En découdre*: comment les ouvrières ont révolutionné le travail et la société. Paris: La Découverte, 2015.

GAY, Amandine. Lâche le micro! 150 ans de luttes des femmes noires pour le droit à l'auto-détermination. In: HOOKS, b. *Ne suis-je pas une femme?* Femmes noires et féminisme. Paris: Cambourakis, Sorcières, 2015. Prefácio, p. 9-32.

GLUCKSMANN, Miriam. Les plats cuisinés et la nouvelle division internationale du travail. In: FALQUET, J. et al. *Le sexe de la mondialisation*: genre, classe, race et nouvelle division du travail. Paris: Presses de Sciences Po, 2010. p. 85-98.

HIRATA, Helena. Restructuration industrielle et division sexuelle du travail: une perspective comparative. *Revue Tiers Monde*, t. XXXIX, n. 154, p. 381-402, abr./jun. 1998.

____. Gênero, classe e raça: interseccionalidade e consubstancialidade das relações sociais. *Tempo Social*, v. 26, p. 61-74, nov. 2014.

____. Le care à domicile en France et au Brésil. In: GUIMARÃES, N. A.; MARUANI, M.; SORJ, B. (Org.). *Genre, race, classe*: travailler en France et au Brésil. Paris: L'Harmattan, 2016. p. 237-248.

HOOKS, bell. *Ne suis-je pas une femme?* Femmes noires et féminisme. Paris: Cambourakis, Sorcières, 2015. [*Ain't I a woman?* Black women and feminism. Boston: South End, 1982.]

KERGOAT, Danièle. Dynamiques et consubstantialité des rapports sociaux. In: DORLIN, E. (Org.). *Sexe, race, classe*: pour une épistémologie de la domination. Paris: PUF, 2009. p. 111-125. Actuel Marx confrontations.

____. *Se battre, disent-elles*. Paris: La Dispute, 2012.

____. Le care et l'imbrication des rapports sociaux. In: GUIMARÃES, N. A.; MARUANI, M.; SORJ, B. (Org.). *Genre, race, classe*: travailler en France et au Brésil. Paris: L'Harmattan, 2016. p. 39-51.

LORDE, Audre. *Age, race, class and sex*: women redefining difference. Copeland Colloquium, Amherst Collegue, abr. 1980.

MARUANI, Margaret; MERON, Monique. Comment compter le travail des femmes? France 1901-2011. In: GUIMARÃES, N. A.; MARUANI, M.; SORJ, B. (Org.). *Genre, race, classe*: travailler en France et au Brésil. Paris: L'Harmattan, 2016. p. 69-82.

MOLINIER, Pascale; LAUGIER, Sandra; PAPERMAN, Patricia (Org.). *Qu'est-ce que le care?* Souci des autres, sensibilité, responsabilité. Paris: Payot & Rivages, 2009.

NAKANO GLENN, Evelyn. *Forced to care*: coercion and caregiving in America. Cambridge: Harvard University Press, 2010.

PUECH, Isabelle. Le temps du remue-ménage: conditions d'emploi et de travail de femmes de chambre. *Sociologie du Travail*, v. 46, n. 2, p. 150-167, 2004.

SHUANG, Li. *Employées domestiques dans la Chine actuelle*: le service domestique au croisement des rapports sociaux de sexe et de la hiérarchie urbain/rural. Tese (doutorado), Université Paris-8, Vincennes-Saint-Denis, 2009.

SOARES, Angelo. As emoções do care. In: HIRATA, H.; GUIMARÃES, N. A. (Org.). *Cuidado e cuidadoras*: as várias faces do trabalho do care. São Paulo: Atlas, 2012. p. 44-59.

TRONTO, Joan. *Un monde vulnerable*: pour une politique du care [1993]. Paris: La Découverte, 2009.

5. Nos Estados Unidos, um copo meio cheio?
Laura Frader

Os trabalhos de pesquisa demonstraram amplamente a existência de grandes desigualdades de gênero no mercado de trabalho nos Estados Unidos há mais de dois séculos e analisaram como uma visão sexuada do trabalho e da família afetou a situação das mulheres ativas e criou imensas desigualdades (Kessler--Harris, 1982). O estudo do trabalho sob o ângulo do gênero mostrou, além disso, que a vida profissional das mulheres e dos homens muitas vezes diferia profundamente, tanto em períodos de relativo crescimento e prosperidade quanto em tempos de crise. A igualdade de gênero no trabalho, afinal, progrediu ao longo dos últimos 20 anos?

Durante quase toda a segunda metade do século XX, os Estados Unidos ocuparam postos avançados na criação de perspectivas profissionais para as mulheres e na elaboração de um arsenal legislativo para lutar contra as discriminações de gênero, com o *Equal Pay Act*, de 1963, o título VII do *Civil Rights Act*, de 1964, e a instituição da Equal Employment Opportunity Commission, em 1965, para pesquisar sobre a discriminação no trabalho e perseguir os transgressores. Em 1972, a votação do título IX do *Civil Rights Act* proibiu qualquer discriminação racial, étnica e de gênero nas instituições educacionais. Nos anos 1970, os Estados Unidos desempenharam papel pioneiro na aplicação da "discriminação positiva". Inicialmente devendo concernir apenas ao setor público, ela foi em seguida estendida a todo empregador que recebesse subvenções públicas ou se beneficiasse de contratos públicos e foi aplicada portanto a várias agências não governamentais, às universidades, a institutos de pesquisa e, por fim, a numerosas empresas do setor privado. Por mais importantes que sejam, essas medidas não puseram fim às discriminações. Após a criação da Equal Employment Opportunity Commission, os responsáveis públicos falharam em levar a discriminação de gênero a sério e utilizaram pouco os instrumentos da comissão para recorrer à Justiça. Quanto à "discriminação positiva", se ela realmente funcionou para os recrutamentos, não conseguiu apagar as formas sutis de discriminação que fazem perdurar uma sub-representação das mulheres em certos setores. Alguns tribunais chegaram mesmo a tentar limitar a capacidade das mulheres de atacar na Justiça as violações do *Equal Pay Act*.

Nos Estados Unidos, avanços importantes relativos à igualdade das mulheres e dos homens no mercado de trabalho ocorreram nos anos 1980 e 1990, especialmente para as afro-americanas. Depois dos anos 1990, embora a diferença salarial tenha diminuído e mais mulheres tenham conseguido aceder às profissões mais qualificadas e aos postos de quadros superiores, o progresso perdeu força (Blau e Kahn, 2016). Várias desigualdades persistem. A segregação profissional não desapareceu; as resistências à contratação e à promoção das mulheres aos postos de direção e de gestão continuam. Estudos mostraram que a maternidade continuava a prejudicar as mulheres que tinham emprego, mesmo que cada vez mais mães trabalhassem. E as desigualdades são ainda maiores para as mulheres racializadas e algumas mulheres imigrantes. Nos Estados Unidos, a raça ou o pertencimento étnico foram critérios tão determinantes quanto o gênero para analisar a situação das mulheres na vida ativa. O balanço dos Estados Unidos é globalmente medíocre, comparado com o de outros países: em 2016, eles figuravam em 26º lugar no índice sobre a participação e as perspectivas econômicas do Fórum Econômico Mundial, enquanto em 2006 tinham ocupado o terceiro lugar (World Economic Forum, 2016).

Este capítulo retoma os progressos realizados na redução das desigualdades ao longo dos últimos 20 anos, recenseia os campos em que os avanços são lentos e as desigualdades persistem, e cita exemplos de obstáculos que subsistem. Evoca, por fim, resumidamente novas estratégias capazes de melhorar a situação das mulheres tanto no topo quanto na base da escala salarial.

Um passo à frente...

Os últimos 20 anos assistiram a inegáveis melhoras na situação das mulheres no mercado de trabalho. A taxa de atividade das mulheres chegou mesmo a 60% em 1999 e, apesar de uma queda para 57% em 2015, permaneceu relativamente alta em comparação com as normas históricas, num período em que a taxa de atividade dos homens, por sua vez, baixou de 76% (1995) para 69% (2015) (United States Department of Labor, Bureau of Labor Statistics, 2017a; Milkman, 2013). Como mostrou Ruth Milkman, a crise de 2008 atingiu de modo diferente os homens e as mulheres, da mesma forma como o havia feito a crise dos anos 1930. Entre 2008 e 2011, a taxa de desemprego dos homens ultrapassou regularmente a das mulheres em dois pontos, e no final de 2012 estava muito superior a 7% (Milkman, 2016). Além disso, ao longo dos últimos 20 anos a taxa de atividade das mulheres casadas permaneceu relativamente alta (54%), assim como a das mães. Em 1995, 70% das mães de filhos menores de 18 anos trabalhavam; em 2014, elas eram 71% (United States Department of Labor, Bureau of Labor Statistics, 2015). Ao longo do mesmo período, o nível de qualificação das mulheres ultrapassou o dos homens, seguindo uma tendência anterior (Milkman, 2013). Em 1995, 28% dos homens e 27% das mulheres que trabalhavam tinham pelo menos um diploma; em 2015, essas proporções alcançavam, respectivamente, 38% para os homens e 41% para as mulheres (United States Department of Labor, Bureau of Labor Statistics, 2017a). No conjunto, a subida do nível de qualificação das mulheres lhes permitiu aceder a postos de responsabilidade e continuar a ultrapassar o teto de vidro, tornando-se diretoras de grandes empresas e participando dos conselhos de administração (Milkman, 2016; Blau e Kahn, 2016). Desde meados da década de 1980, o nível de qualificação das mulheres afro-americanas aumentou, e a porcentagem daquelas que são titulares de um diploma ultrapassa a dos homens afro-americanos; entretanto, as mulheres asiáticas e brancas têm mais probabilidade de obter um diploma do que as mulheres negras e hispânicas (Ryan e Bauman, 2016). Enfim, desde o final dos anos 1990, a diferença de salário entre os homens e as mulheres nos Estados Unidos não parou de diminuir: em 1998, as mulheres ganhavam 77% do que ganhavam os homens; em 2010, 79%; em 2015, 81% (United States Department of Labor, Bureau of Labor Statistics, 2017b; Blau e Kahn, 2016). Foram avanços importantes, mas que foram contrabalançados pela persistência teimosa de desigualdades, sobretudo (mas não apenas) na base da escala social.

...dois passos atrás

A progressão da taxa de atividade das mulheres e o aumento de seu nível de qualificação não bastam, sozinhos, para superar as desigualdades, mesmo que vários economistas estimem, com razão, que sua crescente taxa de atividade contribua para reduzir a distância salarial entre as mulheres e os homens. Perto de um terço das mulheres que trabalham (31%) o fazem apenas em tempo parcial (United States Department of Labor, Bureau of Labor Statistics, 2017b). E se cada vez mais mães de filhos menores trabalham, elas continuam a ser afetadas por uma "penalidade à maternidade": o salário das mães só chega a 71% do dos pais, e elas podem esperar ganhar 4% menos que os homens por filho, uma "penalidade" que se torna mais alta na base da escala salarial. Os 10% de mulheres que ganham mais não sofrem nenhuma penalidade associada ao casamento (Williams-Baron, Anderson e Hegewisch, 2017; Budig, 2014). Além disso, a paternidade faz os salários masculinos aumentarem 6% em média, mas esse bônus à paternidade é "mais alto para os homens brancos e hispânicos, as profissões liberais, as pessoas altamente qualificadas e para aqueles cujas profissões exigem altos níveis de complexidade cognitiva [...]. O bônus dos papais aumenta [assim] os rendimentos dos homens já privilegiados no mercado de trabalho" (Hodges e Budig, 2010:742). Essa diferença reflete não apenas os fatores estruturais que estão em ação, mas também a persistência da ideia de que o dever dos homens é prover as necessidades da família, e o das mulheres, tomar conta dela, o que se traduz pelo fato de que as mulheres muitas vezes interrompem sua carreira para cuidar dos filhos ou de pais idosos. Ora, como mostraram os economistas, as interrupções de carreira reduzem os salários das mulheres e suas perspectivas de promoção (Goldin, 2014; Blau e Kahn, 2016).

As mulheres continuam concentradas nas especialidades menos remuneradas, mesmo nas profissões em que sua presença progrediu. Na área jurídica, por exemplo, elas estão muito presentes no direito da família, de menor remuneração, e, ao contrário, sub-representadas entre os sócios dos escritórios de advocacia. Na área médica, tendem a se concentrar em pediatria, obstetrícia, ginecologia e medicina familiar. As mulheres médicas ganham 62% do que ganham seus colegas masculinos. Assim também, na área de ensino, em que são numerosas no primário, as mulheres ganham 71% do que ganham os homens. Nas empresas, continuam a encontrar resistências para serem aceitas nos conselhos de administração ou como dirigentes. O teto de vidro é uma característica persistente da vida econômica americana, apesar do lançamento da *Glass Ceiling Initiative* pelo Ministério do Trabalho em 1989 e da criação de uma comissão federal para tratar do teto de vidro em 1991. A comissão tentou incitar as empresas a adotar medidas para facilitar a promoção das mulheres em nome do capital humano, argumentando que isso lhes permitiria utilizar melhor as competências de suas assalariadas e portanto seria benéfico economicamente. Esse tipo de iniciativa teve entretanto efeitos limitados; em 2017, apenas 20% dos membros dos conselhos de administração das sociedades da classificação Fortune 500 são mulheres, e as mulheres de cor ocupam apenas cerca de 3% dos assentos dos conselhos de administração das empresas (Catalyst, 2017; Blau e Kahn, 2016).

Ainda que tenha diminuído ao longo dos últimos 20 anos, a segregação profissional é uma característica persistente da vida profissional das mulheres e em muito contribui para as disparidades salariais entre mulheres e homens nos Estados Unidos (Milkman, 2013; Blau e Kahn, 2016). Isso vale *a fortiori* para as mulheres afro-americanas e hispânicas, cujos níveis de qualificação inferiores as tornam mais vulneráveis à exclusão de certas profissões (Hegewisch et al., 2010; Blau e Kahn, 2016). Programas como a discriminação positiva nos estabelecimentos que se beneficiam de fundos ou de contratos governamentais contribuíram em grande medida para ampliar as perspectivas do conjunto das mulheres e para reduzir a discriminação direta ao longo dos útimos 20 anos. Entretanto, os preconceitos sexistas persistem. Nas universidades, sobretudo nas disciplinas científicas e técnicas, mas também em outros campos, as redes profissionais continuam a favorecer o avanço dos homens, especialmente dos homens brancos, como o demonstraram os trabalhos de economistas e de sociólogos (Blau e Kahn, 2016; Zippel, 2017).

As mulheres afro-americanas e hispânicas não viram sua situação progredir tanto quanto as mulheres brancas e asiáticas. Em 2015, estas últimas estavam mais representadas nas categorias socioprofissionais superiores (50% das mulheres asiáticas e 44% das mulheres brancas) do que as mulheres afro-americanas (35%) ou hispânicas (27%) (United States Department of Labor, Bureau of Labor Statistics, 2017a). O nível de qualificação crescente das mulheres afro-americanas lhes permitiu, em compensação, aceder às profissões da saúde. Em 2015, 30% delas estavam empregadas nos setores da saúde e da assistência social (United States Department of Labor, Bureau of Labor Statistics, 2017a).

Embora a diferença de salário geral entre homens brancos e mulheres brancas tenha diminuído, e também entre homens e mulheres afro-americanos(as), ela continua maior para estas últimas e para as hispânicas do que para as mulheres brancas. Entre 2015 e 2016, a renda das mulheres afro-americanas aumentou em 3%, mas em 2016 elas recebiam apenas 68% do salário semanal dos homens brancos e 89% do dos homens negros (já que os salários dos homens negros são baixos). O salário médio das mulheres hispânicas também aumentou em 2% ao longo do mesmo périodo, mas elas recebem apenas 62% do salário semanal dos homens brancos e 88% do dos homens hispânicos (cujos salários também são baixos) (Hegewisch e Williams-Baron, 2017). Como se pode ver, a diferença de salário entre as mulheres e os homens permanece uma característica persistente da vida profissional nos Estados Unidos, não importa quais sejam os grupos raciais e étnicos.

Obstáculos tenazes e novas estratégias

Aos fatores estruturais que são um obstáculo à igualdade de gênero no trabalho, como a segregação profissional, somam-se os preconceitos sobre o sexo das diversas profissões, bem como a orientação política da Justiça. Nos Estados Unidos, é preciso acrescentar a essa lista a ausência de uma política social favorável à família. Um caso examinado pela Suprema Corte em 2007 ilustra a maneira como a permanência dos preconceitos referentes ao gênero e ao trabalho influencia as decisões dos tribunais que deliberam sobre os casos de discriminação. Lily Ledbetter, supervisora numa fábrica de pneus e de borracha Goodyear, descobriu que, durante quase 20 anos, tinha sido remunerada 40% menos que os homens que ocupavam um posto equivalente. Quando ela foi vítima de assédio sexual no trabalho, seu patrão lhe declarou que aquela não era profissão para uma mulher. A Equal Employment Opportunity Commission se encarregou de seu caso, e Lily Ledbetter viu ser-lhe concedida uma recuperação salarial e mais de 3 milhões de dólares por perdas e danos. Contudo, quando seu patrão apelou, um Tribunal de Apelação federal concordou com ele a propósito dos direitos limitados das mulheres como empregadas e anulou o primeiro julgamento, invocando uma disposição legal segundo a qual os empregados não podem contestar uma discriminação salarial ocorrida mais de 180 dias antes da apresentação de sua queixa. Quando Lily Ledbetter apelou à Suprema Corte, esta, dominada por juízes conservadores, confirmou a anulação do julgamento, ajudando assim os empregadores a mascarar a discriminação dentro da legalidade. Em sua opinião dissidente, a juíza Ruth Bader Ginsburg, uma fervorosa defensora dos direitos das mulheres, apelou ao Congresso para que este se dedicasse à aplicação do *Equal Pay Act*. Dois anos depois, um Congresso de maioria democrata adotou o *Lily Ledbetter Fair Pay Act*, estipulando que "cada folha de pagamento discriminatória reinicializasse o prazo de 180 dias para apresentar queixa". O legislador restabeleceu assim a possibilidade de as mulheres contestarem a discriminação salarial em virtude do *Equal Pay Act* e suprimiu as disposições que encorajavam os empregadores a dissimular suas práticas discriminatórias (National Women's Law Center, 2013). Esse caso mostra que só a legislação não basta para reduzir as discriminações; o posicionamento político daquelas e daqueles que interpretam a lei também pesa bastante.

Outro obstáculo persistente à redução das desigualdades no trabalho é a ausência de políticas sociais que favoreçam a igualdade de acesso às diferentes profissões, assim como a das trajetórias profissionais. A maioria dos países economicamente desenvolvidos adotou medidas favoráveis às famílias, entre as quais a licença maternidade remunerada e o financiamento público do cuidado das crianças pequenas, mas essas políticas familiares não existem nos Estados Unidos. Algumas famílias se beneficiam de exonerações fiscais para os filhos dependentes, e alguns empregadores, especialmente nas profissões de altos salários, oferecem uma licença familiar remunerada e assumem o custo da guarda das crianças. No entanto, na ausência de um serviço público de guarda da primeira infância, a maioria dos pais que trabalham é obrigada a recorrer a soluções privadas ou a apelar para membros de sua família. A lei de 1993 referente à licença familiar e médica (*Family and Medical Leave Act*) estipula bem que os(as) assalariados(as) podem tirar até 12 semanas para cuidar de membros de sua família, mas essa licença não é remunerada. Em 2015, apenas 12% dos(as) americanos(as) tinham acesso às licenças previstas por essa lei, e essa proporção era de apenas 5% para os baixos salários. A lei cria portanto uma discriminação implícita contra os assalariados com renda baixa e média, especialmente os(as) afro-americanos(as) e os(as) hispânicos(as) (Milkman, 2013). Francine Blau e Lawrence Kahn constataram além disso que, mesmo quando as licenças tiradas com base no *Family and Medical Leave Act* não tinham incidência direta sobre os salários, elas diminuíam as perspectivas de promoção das mulheres (Blau e Kahn, 2016). Apenas cinco estados americanos, a Califórnia, o estado de Nova York, Nova Jersey, Washington e Rhode Island, assim como o distrito de Colúmbia, criaram uma licença parental e familiar paga. Novas estratégias emergiram recentemente para lutar contra as discriminações no trabalho, algumas das quais se empenham em cobrir as diferenças étnicas e raciais entre mulheres, assim como as diferenças entre os homens e as mulheres. Os programas de assistência se multiplicaram para reforçar as redes profissionais das mulheres e facilitar a progressão de sua carreira, mesmo que essa prática permaneça limitada aos escalões superiores do mercado de trabalho (Frader, 2013; Ness, 2013). A extensão do título IX da lei de 1964 sobre os direitos cívicos e o assédio sexual também se engaja na luta contra as discriminações de gênero que tradicionalmente entravaram o êxito profissional das mulheres. Enfim, a iniciativa cidadã *Fight for 15*, que emana de sindicatos e de pessoas de pouca renda em todos os Estados Unidos — muitas delas mulheres afro-americanas e hispânicas — e milita por um aumento do salário mínimo de 7,25$ para 15$ a hora, pode significativamente contribuir para atenuar as discriminações baseadas no gênero sofridas pelas trabalhadoras de baixos salários, criando uma base de igualdade para todos os trabalhadores. Muitas cidades americanas — Seattle, Washington, Chicago, São Francisco, Los Angeles — e os estados de Nova York e da Califórnia desde já adotaram medidas prevendo um aumento gradual do salário mínimo para 15$. Todas essas evoluções caminham no bom sentido, mas evidentemente muito ainda falta ser feito.

Referências

BLAU, Francine D.; KAHN, Lawrence M. *The gender wage gap*: extent, trends, and explanations. National Bureau of Economic Research Working Paper 21913, 2016. Disponível em: <www.nber.org/papers/w21913>.

BUDIG, Michelle J. The fatherhood bonus and the motherhood penalty. *Third Way Next*, p. 5-26, 2014. Disponível em: <http://content.thirdway.org/publications/853/NEXT_-_Fatherhood_Motherhood.pdf>.

CATALYST. 2017. Disponível em: <www.catalyst.org/knowledge/women-sp-500-companies>.

FRADER, Laura L. Mentoring in the academy: some examples from the US. In: TANCZOS, J. (Org.). *Women up!* Political, business, and academic perspectives on women's representation: a transatlantic gender dialogue. Bruxelas: Foundation for European Progressive Studies, 2013. p. 119-128.

GOLDIN, Claudia. A grand gender convergence: its last chapter. *American Economic Review*, n. 4, p. 1-30, 2014.

HEGEWISCH, Ariane; LIEPMANN, Hannah; HAYES, Jeffrey; HARTMANN, Heidi. *Separate and not equal?* Gender segregation in the labor market and the gender wage gap. Institute for Women's Policy Research Briefing Paper, 2010. Disponível em: <https://iwpr.org/wp-content/uploads/wpallimport/files/iwpr-export/publications/C377.pdf>.

____; WILLIAMS-BARON, Emma. *The gender wage gap 2016*: earnings differences by race and ethnicity. Institute for Women's Policy Research Fact Sheet #C454, 2017. Disponível em: <https://iwpr.org/publications/gender-wage-gap-2016-earnings-differences-gender-race-ethnicity/>.

HODGES, Melissa; BUDIG, Michelle J. Who gets the daddy bonus? Markers of hegemonic masculinity and the impact of first-time fatherhood on men's earnings. *Gender & Society*, n. 6, p. 717-745, 2010.

KESSLER-HARRIS, Alice. *Out to work*: a history of wage-earning women in the United State. Nova York; Oxford: Oxford University Press, 1982.

MILKMAN, Ruth. Genre et marché du travail aux États-Unis. In: MARUANI, M. (Org.). *Travail et genre dans le monde*. Paris: La Découverte, 2013. p. 130-139.

____. Women's work and economic crisis revisited: comparing the Great Recession to the Great Depression. *On Gender, Labor and Inequality*. Urbana: University of Illinois Press, 2016. p. 275-300.

NATIONAL WOMEN'S LAW CENTER. *Resource*: Lily Ledbetter Fair Pay Act. 2013. Disponível em: <https://nwlc.org/resources/lilly-ledbetter-fair-pay-act/>.

NESS, Susan. Mentoring and sponsorship of women: tools to accelerate gender diversity in the corporate world. In: TANCZOS, J. (Org.). *Women up!* Political, business, and academic perspectives on women's representation: a transatlantic gender dialogue. Bruxelas: Foundation for European Progressive Studies, 2013. p. 91-95.

RYAN, Camille L.; BAUMAN, Kurt. *Educational attainment in the United States: 2015*. US Census Bureau Current Population Reports, 2016. Disponível em: <www.census.gov/content/dam/Census/library/publications/2016/demo/p20578.pdf>.

UNITED STATES DEPARTMENT OF LABOR, BUREAU OF LABOR STATISTICS. *BLS Report*, dez. 2015. Disponível em: <www.bls.gov/opub/reports/womens-databook/archive/women-in-the-labor-force-a-databook-2015.pdf>.

____. *BLS Report*, abr. 2017a. Disponível em: <www.bls.gov/opub/reports/womens-databook/2016/home.htm>.

_____. *Labor Force Statistics from the Current Population Survey*, 8 fev. 2017b. Disponível em: <www.bls.gov/cps/cpsaat08.htm>.

WILLIAMS-BARON, Emma; ANDERSON, Julie; HEGEWISCH, Anne. *Mothers earn just 71 percent of what fathers earn*. Institute for Women's Policy Research Quick Figures, 23 maio 2017. Disponível em: <https://iwpr.org/publications/mothers-earn-just-71-percent-fathers-earn/>.

WORLD ECONOMIC FORUM. *Global gender gap report*, 2016. Disponível em: <www3.weforum.org/docs/GGGR16/WEF_Global_Gender_Gap_Report_2016.pdf>.

ZIPPEL, Kathrin. *Women in global science*: advancing academic careers through international collaboration. Stanford: Stanford University Press, 2017.

6. No Brasil, novas perspectivas
Bila Sorj

Nas últimas décadas, os estudos de gênero e trabalho passaram por renovações teóricas e por uma diversificação de recortes empíricos. Este capítulo procurará, sem pretender realizar um balanço exaustivo, apontar algumas mudanças ocorridas nesse campo de estudos no Brasil a partir dos anos 2000.

O tema do trabalho é constitutivo do campo de estudos e pesquisas de gênero desde a sua origem e institucionalização na academia nos anos 1980. Sob forte influência da sociologia francesa (Hirata e Kergoat, 2007), essa abordagem da divisão sexual do trabalho se disseminou na academia brasileira.

Desde então, os estudos de gênero experimentaram uma extraordinária multiplicação de temas e diversificação de abordagens. Ao mesmo tempo que se observa uma revitalização analítica e temática, há sinais, por outro lado, de uma redução relativa da produção acadêmica sobre gênero e trabalho. Isadora França e Regina Facchini (2017), analisando a evolução dos temas presentes no campo dos estudos de gênero, apontam que o do "trabalho" participa de modo decrescente ao longo dos anos 2000 quando comparado a outros temas que mostram crescimento acentuado, como "sexualidades", "mídia, produção cultural e consumo", "violência". Evidentemente, a evolução dos temas é muito influenciada pela força dos movimentos sociais na cena pública. Nesse caso, destacam-se, particularmente, os movimentos LGBTs, que impulsionaram os estudos sobre sexualidade na academia na última década, renovando abordagens sobre gênero e trabalho, como aquelas dedicadas ao estudo do mercado de trabalho sexual. O forte envolvimento das acadêmicas na avaliação de políticas públicas fomentou pesquisas na área de violência de gênero, tema prioritário das políticas públicas para mulheres dos últimos governos, estimulando estudos sobre assédio sexual e moral no trabalho. Ou ainda, os movimentos de mulheres negras incitaram a multiplicação de pesquisas sobre desigualdades raciais no país, tema que começa a ser integrado de maneira transversal nas pesquisas sobre gênero e mercado de trabalho.

Do ponto de vista analítico, a incorporação da perspectiva intersecional, sobretudo no entrelaçamento entre gênero, classe, raça e sexualidade, prosperou nos estudos sobre trabalho. Embora o conceito de intersecionalidade já circulasse internacionalmente desde os anos 1980, no Brasil ele se generalizou a partir dos anos 2000.

A mudança de tratamento analítico da questão de gênero e trabalho, ancorada no conceito de intersecionalidade, fica mais clara se recuarmos no tempo e observarmos como essa temática foi abordada no período formativo do campo. O primeiro programa de indução de pesquisas sobre mulheres e relações de gênero no país — o Programa de Dotações para Pesquisa sobre Mulheres e Relações de Gênero da Fundação Carlos Chagas, entre 1978 e 1998 — formou muitas acadêmicas dedicadas aos estudos de gênero. A análise desse conjunto de pesquisas mostra que a maior parcela de projetos financiados naquele momento tinha como foco a situação de mulheres de extração popular em diversas ocupações no mercado de trabalho (Sorj, 2004). O grande interesse pelas mulheres das classes populares refletia a força de sua presença na cena pública nos anos 1980, em movimentos sociais, particularmente, nas periferias das grandes cidades e nas organizações sindicais.

O trabalho de mulheres das camadas populares constituiu tema prioritário dos projetos aprovados nesse período e respondeu por 34% das propostas aprovadas entre 1978 e 1988 (Bruschini e Unbenhaum, 2002). Na outra ponta da hierarquia social, estavam as pesquisas sobre mulheres de elite que visavam traçar perfis histórico-biográficos de mulheres que se destacaram por sua atuação pública e que tiveram suas carreiras prejudicadas ou interrompidas pela "dominação patriarcal". Mesmo que os temas de gênero e classe estivessem presentes nos projetos, as análises em geral não procuravam identificar como as mulheres, a partir da classe, vivenciavam o gênero de maneira distinta. Ao contrário, buscava-se, com a variedade de inserções ocupacionais e sociais pesquisadas, argumentar sobre o caráter unificador do patriarcado ao criar experiências comuns entre as mulheres. Podemos entender as pesquisas dessa época como artefatos culturais que colaboravam para instituir uma identidade "imaginada" das mulheres. A utilização do termo "mulheres" para demarcar o novo campo de estudos presumia e disseminava uma noção idealizada de "comunidade de mulheres". Se a categoria universal "mulheres" foi o ponto de partida dessa área de pesquisa, o uso da categoria analítica "gênero" se generalizou nas décadas seguintes. A partir dos anos 2000, todavia, as perspectivas intersecionais problematizaram a categoria de gênero diante da diversidade de experiências de mulheres e de suas identidades. Não só as diferenças entre as mulheres foram ressaltadas, mas também as desigualdades entre elas começaram a ser problematizadas.

A virada intersecional: desigualdades entre mulheres no trabalho

A virada para os estudos intersecionais no Brasil, à semelhança dos Estados Unidos, foi agenciada sobretudo pelas feministas negras. Com o crescimento da participação de mulheres negras na academia e da mobilização política do Movimento Negro, as críticas ao tratamento universalizante da categoria mulher se expandiram (Carneiro, 2003).

Atualmente, o enfoque intersecional se tornou a forma predominante de conceituar as relações de subordinação nos estudos feministas. Essa perspectiva se mostra muito rica, na medida em que, por meio de pesquisas quantitativas e qualitativas, permite chegar mais perto das formas concretas de existência de mulheres e homens. Trata-se também de uma questão com forte incidência política, já que a problemática das múltiplas identidades afeta as considerações estratégicas do movimento feminista em seu esforço de construção do sujeito político do feminismo.

A abordagem intersecional tem sido utilizada nas pesquisas sobre gênero e trabalho de duas maneiras principais. A primeira, de natureza descritiva, procura mostrar como as múltiplas desigualdades de gênero, classe e raça estruturam um *continuum* de posições hierárquicas que se expressam nos indicadores do mercado de trabalho. Tomando como critério de estratificação o grau de precariedade da ocupação, Pinheiro et al. (2016) mostram que a mulher negra é a base do sistema de remuneração e ocupa as piores posições, indicando a convergência da tríplice opressão de gênero, raça e classe. A partir de um indicador de precariedade ocupacional, os autores concluem que 39,1% das mulheres negras ocupadas estão inseridas em relações precárias de trabalho, seguidas pelos homens negros (31,6%), mulheres brancas (27,0%) e homens brancos (20,6%). Essa vertente de análise intersecional vem ganhando reconhecimento público, já que os principais institutos oficiais de levantamento de dados e informações sociais têm levado em conta a composição racial da população brasileira. Da mesma forma, o enfoque das múltiplas desigualdades tem sido incorporado na formulação de políticas públicas focais por agências governamentais e agências internacionais de desenvolvimento. Elas procuram, dessa forma, definir com maior precisão os grupos mais vulneráveis a serem assistidos pelas políticas públicas.

Outra abordagem do conceito de intersecionalidade considera que "classe, raça e gênero" são categorias sociais imbricadas e não são vividas de modo separado pelos sujeitos sociais (Kergoat, 2016). Mais do que isso, essas categorias não são fixas, nem preexistem aos contextos socioculturais e políticos que as produzem. Trata-se, portanto, de entender como a interseção é construída por projetos políticos e morais. A fim de contribuir para esse debate, procurarei indicar que a forma como o governo regula o modo de reprodução social cria oposições entre categorias sociais, sobretudo entre as mulheres.

O crescimento da participação feminina no mercado de trabalho foi um dos temas mais pesquisados nas últimas décadas. Mais recentemente, o tema das desigualdades entre mulheres atraiu a atenção das pesquisadoras. Essas desigualdades se referem tanto às taxas de participação quanto à qualidade dos empregos. Mulheres das classes médias, com escolaridade elevada, apresentaram altas taxas de participação, muito próximas das masculinas, e com frequência se inseriram em empregos formalizados, enquanto o oposto ocorre com as mulheres de extratos de renda inferiores e pouco escolarizadas. Contudo, o que viabiliza a inserção laboral das mulheres mais privilegiadas tem como premissa a transferência de parte substancial do cuidado familiar para a empregada doméstica. Apesar da queda da importância do emprego doméstico, essa ocupação continua a ser muito expressiva para as mulheres. Em 2014, 14% das brasileiras ocupadas eram trabalhadoras domésticas. Para as mulheres negras, essa ocupação é ainda mais relevante: 17,7% das mulheres negras eram trabalhadoras domésticas, contra 10% das brancas (Pinheiro et al., 2016). O perfil da ocupação continua sendo precário: 70% das trabalhadoras domésticas não têm garantidos direitos trabalhistas. Do ponto de vista do empregador, 17,5% das famílias brasileiras despendiam recursos com a compra de serviços domésticos em 2009. No quinto mais rico, essa proporção alcançava 51,7% dos domicílios e 73% para as famílias com crianças entre 0 e 6 anos de idade (Sorj e Fontes, 2012).

O estudo sobre o emprego doméstico já tem uma longa história na área de estudos de "gênero e trabalho". O grande volume de trabalhadoras nessa ocupação e as precárias condições de trabalho que ela oferece foram e continuam sendo o foco prioritário das análises dessa atividade. Todavia, interpretações recentes sobre o trabalho doméstico remunerado e o trabalho do cuidado (*carework*) passaram a olhar para essa atividade como um dos pilares do modo de reprodução social altamente desigual entre classe e raça no país. É justamente o modo como se articulam Estado, mercado e família na provisão do cuidado familiar que enseja a produção de categorias sociais de gênero, raça e classe que mantêm entre si relações de poder (Hirata e Kergoat, 2008; Sorj, 2012; Fraga, 2016).

Concretamente, a presença marcante do trabalho doméstico remunerado se alimenta da oferta insuficiente de instituições de educação infantil. Apesar dos avanços no acesso à educação infantil, a frequência de crianças de 0 a 3 anos era de apenas 25,7% em 2015. Há diferenças importantes de acesso ligadas ao nível socioeconômico: a frequência a essas instituições dos 25% mais pobres é inferior à dos demais segmentos, atingindo a marca de apenas 15,1% das crianças, enquanto para os 25% mais ricos a marca é de 41,1%. Por outro lado, a demanda por creches no país é elevada, mostrando que as mulheres reivindicam compartilhar o cuidado das crianças com instituições extrafamiliares. Para qualquer faixa de renda, a demanda supera 60%: ela é de 67,1% para os 25% mais pobres e de 76% para os 25% mais ricos (Leite, 2017). Ainda assim, para aquelas crianças que frequentam creches, o horário de funcionamento é em tempo parcial, assim como para todos os outros níveis de educação escolar. A organização do tempo da escola pelo Estado incide de modo diferente sobre o tempo das mulheres de distintas classes sociais e raças. As classes médias contratam trabalhadoras domésticas, e as classes populares compartilham o cuidado com a rede familiar ou de vizinhança, em geral mulheres. O modelo de reprodução social em vigor agencia desigualdades sociais entre mulheres, além de projetá-las também para as gerações futuras.

O modo de reprodução social desigual entre mulheres é igualmente agenciado pelas políticas de licença do trabalho para o cuidado da família. A concessão do direito à licença-maternidade de 120 dias e à licença-paternidade de cinco dias exclusivamente aos trabalhadores formalizados, isto é, aos contribuintes da previdência social, impõe às mulheres diferentes custos da maternidade. O sistema de seguridade social contributivo exclui de seus benefícios grandes contingentes de mulheres, justamente as mais pobres e as negras. Enquanto as mulheres brancas apresentam taxas de contribuição à previdência social de 70%, um elevado percentual de mulheres negras, 44,2%, não contribui (Pinheiro et al., 2016). Como resultado desse regime de seguridade social, o custo da maternidade é maior para as trabalhadoras mais pobres e negras.

Desde os anos 2000, a licença-maternidade e a licença-paternidade têm se ampliado. Todavia, a forma como a ampliação do tempo da licença se processa não apenas mantém o sistema dual que separa trabalhadoras formalizadas e não formalizadas, como promove novas desigualdades entre as trabalhadoras formalizadas. Em 2009, uma nova lei (nº 11.770), fruto de uma proposta da Sociedade Brasileira de Pediatria, ampliou a licença-maternidade de 120 para 180 dias e a licença-paternidade de cinco para 20 dias, com remuneração integral do salário.

Todavia, a implementação dessa medida se dá de maneira diferente nos setores público e privado. No setor público federal, ela foi aplicada imediatamente. Nos níveis estadual e municipal, vem sendo adotada gradativamente, na medida em que depende da aprovação das respectivas assembleias legislativas. No setor privado, o acesso dos(as) trabalhadores(as) à licença ampliada depende da adesão voluntária da empresa ao programa Empresa Cidadã (Portal Brasil, 2012). Os custos da concessão de mais 60 dias de licença-maternidade e de mais 15 dias de licença-paternidade são assumidos pelas empresas, que, por sua vez, beneficiam-se de deduções de impostos federais. A nova lei, que estende o prazo das licenças, introduziu um novo conceito sobre licenças do trabalho: elas passaram a ser uma prerrogativa empresarial, não mais um direito assegurado na lei.

Analisar a intersecionalidade das categorias sociais pelo recorte do modo de reprodução social permite perceber como elas se constituem pela ação do Estado. No caso de que estamos tratando, por meio da seletividade de suas políticas de acesso a direitos.

O trabalho das emoções, do corpo e das identidades

A análise do trabalho emocional, do manejo do corpo e das identidades constitui um novo foco de estudos da relação entre diversos marcadores de diferença e o trabalho. O conceito de trabalho emocional foi utilizado primeiramente por Hochschild (1983), que chamou a atenção para a importância do trabalho de gestão do estado emocional e afetivo do trabalhador. No Brasil, o interesse pelo tema se deve à importância crescente que o setor de serviços tem na economia sobretudo para o emprego de mulheres. Boa parte do trabalho nesse setor compreende atividades de natureza interativa. Características pessoais dos(as) empregados(as) e sua adequação ao trabalho transformam certo número de traços, como aparência, idade, gênero e raça, em condição de empregabilidade e de potencial produtivo.

Novas maneiras de governança capitalista, que abandonam formas rígidas e controladas de regulação dos comportamentos dos(as) empregados(as), estão emergindo. Nicolas Wasser (2017) analisa uma empresa brasileira de moda e mostra como *selves* raciais e sexuais se tornaram matéria-prima para o capital, ao convocar seus(suas) funcionários(as) a trabalhar suas identidades individuais, LGBT, negras e minorizadas em prol da marca. O imperativo da empresa para os(as) funcionários(as) é "ser diferente", o que significa trabalhar as identidades individuais de maneira criativa e sexualmente atraente. A valorização da aparência "alternativa" dos(as) trabalhadores(as) opera como uma promessa de reconhecimento social. "É também uma empresa que te dá muita liberdade. Você pode ser quem você é" (Wasser, 2017:123), afirma uma vendedora em uma loja de um *shopping center* na cidade do Rio de Janeiro. A maioria dos(as) vendedores(as) se identifica, de forma entusiasmada, com as políticas de diversidade da empresa. Eles(as) não só se identificam voluntariamente com a "promessa da diferença" da empresa, mas também a incorporam quase que incondicionalmente. O autor argumenta que a lógica neoliberal de (auto)governo é de tal ordem que a diferenciação entre o "eu profissional" e o "eu pessoal", tal como pensada por Arlie Hochschild, já não tem mais lugar. Os estados emocionais produzidos pelos(as) funcionários(as) em seu ambiente de trabalho não são vistos como falsos ou conflitantes, como ocorria com as aeromoças por ela estudadas, mas como a verdadeira expressão de sua personalidade e como produtores de uma versão aprimorada de si mesmos.

As pesquisas sobre o trabalho do *care* são especialmente valiosas naquilo que revelam sobre a renovação teórica da área de estudos de gênero e trabalho (Guimarães, Hirata e Sugita, 2014). Emoções, corpo, afetos, sexualidade vão constituindo um novo olhar sobre as práticas de trabalho e colocam novos desafios à profissão do cuidado de idosos. Hirata (2016) argumenta que as fronteiras entre amor, afeto, emoções, como domínio exclusivo das famílias, e as técnicas e competências, como dimensão exclusiva do trabalho do *care*, são muito mais fluidas e se embaralham constantemente. Debert (2016) analisa o trabalho de cuidadoras imigrantes de idosos na Europa e mostra como etnicidade, nacionalidade, gênero e classe se entrelaçam e se hierarquizam no mercado concorrencial de cuidadoras estrangeiras. A competência para o cuidado nesse mercado passa a ser percebida como uma vocação naturalizada, ligada à origem nacional das mulheres imigrantes.

A categoria *care* tem se mostrado muito heterogênea e recobre uma gama muito variada de ocupações cuja atividade laboral se realiza sobre os corpos e se volta para o bem-estar das pessoas. Piscitelli (2016), analisando o mercado internacional do sexo, mostra como se formam hierarquias de trabalhadoras sexuais a partir dos marcadores de raça, etnia e origem nacional pelos consumidores dos serviços sexuais e pelas trabalhadoras do sexo. Diferentemente do que se supõe, o valor das brasileiras nesse mercado não consiste na incorporação da figura sexualizada e historicamente produzida sobre a "mulata". Nesse mercado, a imagem da sexualidade tropical exuberante da brasileira tende a se diluir diante da presença de mulheres de outras nacionalidades latinas. As prostitutas brasileiras tentam obter espaço nesse mercado afirmando traços de "brasilidade", mas de outra ordem, associados ao cuidado. São menos a cor ou um saber específico sobre práticas sexuais que, segundo as trabalhadoras, conferem-lhes qualidade no trabalho. As qualidades que as trabalhadoras destacam são a afetuosidade, o cuidado, a amabilidade e a alegria. Novamente, estamos diante de análises que atentam para a dimensão do corpo, da sexualidade e incluem a prostituição, uma atividade carregada de estereótipos e muito polêmica entre as feministas, como um trabalho de cuidado.

Que conclusões podemos tirar desse rápido panorama dos estudos de "gênero e trabalho" no Brasil na atualidade? Nos anos 2000, esses estudos ganharam novo fôlego, ampliados pelos desafios postos pela perspectiva intersecional das múltiplas subordinações, pelo aumento das desigualdades entre mulheres, pela incorporação de temas como diversidade, corpo, afetos e sexualidade nas organizações empresariais e nas práticas de trabalho. Mas o que realmente impressiona é a vitalidade da renovação dos marcos analíticos e dos temas pesquisados. Certamente, há uma nova geração que se integra às universidades, mais aberta para explorar novos temas na sociologia do trabalho e do gênero. Essas novas incursões no tema tornam a área de estudos de gênero uma das mais vibrantes da academia no Brasil.

Referências

BRUSCHINI, Cristina; UNBEHAUM, Sandra G. Os programas de pesquisa da Fundação Carlos Chagas e sua contribuição para os estudos de gênero no Brasil. In: BRUSCHINI, C.; UNBEHAUM, S. G. (Org.). *Gênero, democracia e sociedade brasileira*. São Paulo: Ed. 34; Fundação Carlos Chagas, 2002. p. 17-58.

CARNEIRO, Sueli. Mulheres em movimento. *Estudos Avançados*, v. 17, n. 49, p. 117-133, 2003. Disponível em: <https://dx.doi.org/10.1590/S0103-40142003000300008>.

DEBERT, Guita Grin. Migrações e o cuidado do idoso. *Cadernos Pagu*, 2016, n. 46, p. 129-149.

FRAGA, Alexandre Barbosa. *O serviço doméstico sob os holofotes públicos*: alterações na articulação entre trabalho produtivo e reprodutivo no Brasil (Estado, mercado e família). Tese (doutorado), Programa de Pós-Graduação em Sociologia e Antropologia, UFRJ, Rio de Janeiro, 2016.

FRANÇA, Isadora Lins; FACCHINI, Regina. Estudos de gênero no Brasil: 20 anos depois. In: MICELLI, S.; MARTINS, C. B. *Sociologia brasileira hoje*. São Paulo: Ateliê Editorial, 2017.

GUIMARÃES, Nadya; HIRATA, Helena; SUGITA, Kurumi. Care et travail du care dans une perspective comparative: Brésil, France, Japon. *Regards Croisés sur l'Economie*, v. 15, n. 2, 2014.

HIRATA, Helena. Subjetividade e sexualidade no trabalho de cuidado. *Cadernos Pagu*, n. 46, p. 151-163, 2016.

____; KERGOAT, Danièle. Novas configurações da divisão sexual do trabalho. *Cadernos de Pesquisa*, v. 3, n. 132, p. 595-609, 2007.

____; ____. Divisão sexual do trabalho profissional e doméstico: Brasil, França, Japão. In: COSTA, A.; SORJ, B.; BRUSCHINI, C.; HIRATA, H. (Org.). *Mercado de trabalho e gênero*: comparações internacionais. Rio de Janeiro: FGV Ed., 2008. p. 263-278.

HOCHSCHILD, Arlie. *The managed heart*: commercialization of human feeling. Berkeley: University of California Press, 1983.

KERGOAT, Danièle. Le care et l'imbrication des rapports sociaux. In: GUIMARÃES, N.; MARUANI, M.; SORJ, B. (Org.). *Genre, race, classe*: travailler en France et au Brésil. Paris: L'Harmattan, 2016.

LEITE, Mariana. Como são a procura e a oferta de creches no Brasil? *Idados*: inteligência analítica, Instituto Alfa e Beto, 2017. Disponível em: <http://idados.org.br/blog/como_e_a_procura_e_oferta_de_creches_no_brasil/>.

PINHEIRO, Luana Simões; LIMA JUNIOR, Antonio Teixeira; FONTOURA, Natália de Oliveira; SILVA, Rosane da. Mulheres e trabalho: breve análise do período 2004-2014. *Nota técnica*, Brasília, Ipea, n. 24, p. 28, 2016. Disponível em: <www.ipea.gov.br/portal/index.php?option=com_content&view=article&id=27317>.

PISCITELLI, Adriana. Tendresse, propreté et care: expériences de migrantes brésiliennes. In: GUIMARÃES, N.; MARUANI, M.; SORJ, B. *Genre, race, classe*: travailler en France et au Brésil. Paris: L'Harmattan, 2016.

PORTAL BRASIL. Secretaria de Comunicação Social da Presidência da República (Secom). Mulheres ganham espaço no mercado de trabalho. *Economia e Emprego*, 2017. Disponível em: <www.brasil.gov.br/economia-e-emprego/2017/03/mulheres-ganham-espaco-no-mercado-de-trabalho>.

SORJ, Bila. Duas décadas de estudos sobre mulheres e relações de gênero no Brasil: algumas considerações. In: COSTA, A.; MARTINS, A.; FRANCO, M. L. (Org.). *Uma história para contar*: a pesquisa na Fundação Carlos Chagas. São Paulo: Annablume, 2004. p. 119-140.

____; FONTES, Adriana. O care como um regime estratificado: implicações de gênero e classe social. In: HIRATA, H.; GUIMARÃES, N. (Org.). *Cuidado e cuidadoras*: as várias faces do trabalho do care. São Paulo: Atlas, 2012. p. 103-116.

WASSER, Nicolas. *The promise of diversity*: how Brazilian brand capitalism affects precarious identities and work. Bielefeld: Transcript, 2017.

7. Na Espanha, o tempo das transformações*
Carlos Prieto

A igualdade como ponto de referência

Se existe um traço comum que caracteriza a análise de qualquer dimensão relativa às diferenças e às relações de gênero na Espanha, é o da igualdade. A igualdade é o ponto de referência a partir do qual se definem o estado e as relações de gênero de uma sociedade — não é uma novidade na tradição do feminismo.[1] Sem ser sempre explícito e ainda menos explicitado, o sentido último dessa referência se situa no campo do "justo" ou, se se preferir, no das relações de gênero justas. Quanto mais importante é a igualdade, mais importante é a "justiça" no campo das relações de gênero. É o inverso que se produz quando falamos de desigualdade. A ordem justa mais bem-sucedida seria a da estrita paridade de gênero. No caso espanhol, o sintoma mais claro da centralidade da igualdade no tratamento das relações de gênero se encontra na "Lei orgânica para a igualdade efetiva [sic] das mulheres e dos homens" (22 de março

---
* Texto traduzido do espanhol para o francês por Claire Alcaraz.
[1] Segundo a filósofa feminista espanhola Celia Amorós (1997:70): "Nós entendemos por feminismo, de acordo com uma tradição de três séculos, um tipo de pensamento antropológico, moral ou político que tem como referência a ideia racionalista e iluminista da igualdade dos sexos".

de 2007). A igualdade é também o critério a partir do qual se julga o estado das relações de gênero na comparação internacional ou a evolução destas em determinado país.

Se, de um ponto de vista social, político e sociológico, as diferenças e as relações de gênero na sociedade espanhola — assim como no conjunto das sociedades contemporâneas — são interessantes de questionar, na medida em que são atravessadas pelo problema da igualdade/desigualdade, a análise que faremos aqui da relação entre trabalho e gênero na Espanha não poderá senão se concentrar e se organizar em torno da mesma problemática, a da igualdade. Este texto se organiza em torno de três hipóteses. Em primeiro lugar, a entrada maciça das mulheres no mundo do trabalho espanhol se inicia relativamente tarde (em comparação com o resto dos países da União Europeia), mas, uma vez desencadeado, o processo se acelera e se intensifica, mesmo esbarrando em certos limites. Em segundo lugar, essa entrada maciça não concerne apenas à relação das mulheres com o trabalho; ela implica uma transformação geral das relações de gênero que engloba ao mesmo tempo a esfera produtiva e a esfera reprodutiva. Finalmente, esse processo global de transformação das relações de gênero, a partir de certo ponto, torna-se mais lento e parece mesmo congelar em razão da crise econômica na Espanha e em todos os países, inclusive aqueles que praticam políticas de gênero mais igualitárias.

1985-2015: as donas de casa se tornam trabalhadoras

Há apenas 30 anos (em 1985), as espanholas eram de longe as europeias que tinham a relação mais distante com o trabalho remunerado, como mostra a comparação das taxas de atividade. O relatório do Conselho Econômico e Social espanhol sobre a participação das mulheres no trabalho na Espanha em 2016 sublinha isso nos seguintes termos: "De acordo com os dados da Eurostat correspondentes à média de cada ano para as faixas etárias entre 15 e 64 anos, em 1987, a taxa de atividade feminina [...] na Espanha era de 37,1%, a mais baixa de toda a União Europeia à exceção de Malta" (Consejo Económico y Social, 2017:39). Ao longo de uma única geração a relação com o emprego das mulheres espanholas mudou radicalmente. Atualmente, a imensa maioria das mulheres "em idade de trabalhar" (em atividades remuneradas) tem efetivamente um emprego ou procura por um. "Em 2015, a taxa de atividade espanhola é de 68,7%, ligeiramente acima da média da União Europeia (66,9%), e já ultrapassa as taxas de atividade das mulheres em 15 Estados-membros, entre os quais a Itália (53,1%) e a França (67,6)" (Consejo Económico y Social, 2017). Fato importante, para as mulheres espanholas a relação com o emprego deixou de ser conjuntural para se tornar uma relação permanente, presente ao longo de toda a vida. Se até os anos 1980 a identidade da mulher "normal" a definia como dona de casa e por conseguinte a excluía do mercado de trabalho, isso não acontece mais nos dias de hoje. O trabalho profissional se tornou parte integrante de sua "normalidade" social. Um processo similar se desenvolveu em todos os países europeus, mesmo que em vários casos tenha começado muito mais cedo (ver tabela 1).

Como se pode observar, a particularidade relativa do caso espanhol reside na rapidez dessa mudança (ver também gráfico 1). A taxa de atividade das mulheres é ainda 10 pontos inferior à dos homens, mas desde 1985 essa diferença se reduziu em 40 pontos.

Por outro lado, não se trata de uma mutação puramente quantitativa que se limitaria a adicionar uma a uma as mulheres em idade de trabalhar, mas de uma mudança qualitativa. As taxas de atividade femininas aumentam ainda mais nas mulheres casadas em idade de se tornarem mães ou de ter filhos pequenos (ver tabela 2). Pareceria portanto que o compromisso matrimonial e a maternidade teriam deixado de ser um freio ao emprego ou à busca de emprego para as mulheres espanholas. "Para a maioria das mulheres espanholas, escreve uma pesquisadora que analisou num estudo aprofundado essa questão, o trabalho é atualmente um elemento central de seu projeto de vida" (Pérez de Guzmán, 2015:100).

Tabela 1 | Taxas de atividade por sexo (15-64 anos) na Espanha
e em alguns países europeus particularmente significativos

	1975		1985		1990		2000		2005		2010		2015	
	H	M	H	M	H	M	H	M	H	M	H	M	H	M
UE-15	88,4	46,7	82,6	51,2	81,5	55,0	78,1	59,8	78,6	63,0	78,7	65,6	78,7	67,8
Espanha	92,9	33,1	80,5	34,1	78,8	41,2	78,3	51,5	80,5	58,2	80,4	65,8	79,4	68,8
França	88,8	53,7	79,1	57,0	77,9	59,0	75,2	62,5	75,0	64,3	74,9	65,8	75,1	67,0
Itália	81,6	32,9	77,1	38,2	76,9	42,0	73,6	45,3	74,7	50,5	73,4	51,1	73,5	54,4
Suíça	88,7	67,4	85,4	77,8	85,1	80,9	77,0	72,9	78,2	73,6	80,5	75,2	82,8	78,9
Reino Unido	92,0	55,6	87,7	61,9	88,0	66,6	82,6	67,8	82,0	68,8	80,9	69,1	81,9	71,5

Fonte: Eurostat e cálculos do autor.

Gráfico 1 | Taxas de atividade das mulheres e dos homens na Espanha
entre 16 e 64 anos (1987-2015)

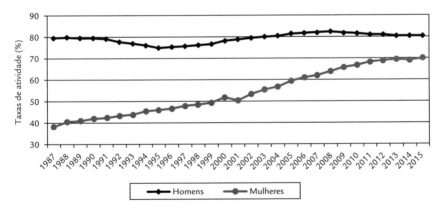

Fonte: Pesquisa sobre a população ativa e cálculos do autor.

Tabela 2 | Taxas de atividade das mulheres casadas entre 30 e 39 anos (1985-2015)

	1985	1995	2005	2010	2011	2012	2013	2014	2015
30-34	33,8	56,7	68,8	81,0	81,3	81,4	83,1	83,7	81,1
35-39	27,8	54,3	63,6	79,2	81,1	83,4	83,5	83,4	82,6

Fonte: INE, Pesquisa sobre a população ativa e cálculos do autor.

Além disso, não escapa a ninguém que a mudança radical de posicionamento das mulheres espanholas diante do emprego (e de seu reconhecimento como algo legítimo pelos homens) não é uma mudança que se possa entender de modo isolado com relação a outras dimensões de sua identidade. É um componente de uma verdadeira metamorfose na maneira de conceber a configuração social da família. Há 30 anos, essa configuração correspondia a um modelo "patriarcal" segundo o qual cabia ao homem desempenhar o papel de "senhor ganha-pão", e à mulher, o de dona de casa. Hoje, como o demonstram todas as pesquisas, o modelo de referência é igualitário (Sánchez Mira, 2016). Em princípio, as mulheres, além de se ocuparem de cuidar da família, devem trabalhar, e os homens, além de trabalhar, devem cuidar de sua família. Isso não significa que esse modelo de referência seja efetivamente posto em prática nem que ele seja um verdadeiro modelo em que o sentido da igualdade seria evidente ou ainda o mesmo para as mulheres e os homens envolvidos. Voltaremos a esse ponto adiante.

Assim, e não importa qual seja o contexto, todos esses elementos nos permitem ver como a relação das mulheres espanholas com o trabalho e o emprego passou por uma mutação profunda nestes últimos 30 anos — e isso a tal ponto que sua identidade profissional tende a parecer com a dos homens. As mulheres deixaram de ser e de se pensar exclusivamente como "donas de casa" para ser também e sobretudo trabalhadoras (Gómez e Prieto, 1998).

O movimento das mulheres espanholas em direção à quase igualdade identitária diante do emprego não se traduziu contudo em igualdade de tratamento no mercado de trabalho (Prieto e Pérez de Guzmán, 2013). Algo semelhante aconteceu, embora em diferentes graus, em todos os países europeus. Ocorreu o fenômeno do deslocamento. As desigualdades no trabalho não desapareceram, mas as fronteiras se deslocaram. É um fenômeno que foi sublinhado por várias pesquisadoras francesas numa obra publicada em 1998: *Les nouvelles frontières de l'inégalité* (Maruani, 1998; ver também Maruani, 2017). A mobilização das mulheres com relação ao trabalho se aproximou portanto da dos homens. Mas, a partir desse primeiro movimento enraizado na identidade feminina, outros elementos característicos do mercado de trabalho (e das relações assimétricas de gênero) entraram em jogo, e imediatamente apareceram diferenças de tratamento que nos afastam da igualdade "real" de gênero. Seja qual for a dimensão que se observe como expressão do tratamento das mulheres espanholas no mercado de trabalho, a desigualdade com relação aos homens sempre aparece (ver tabela 3). Sua taxa de emprego é inferior (a Espanha e a Itália são particularmente atingidas por esse primeiro ponto), o emprego de tempo parcial as atinge muito mais, seus salários médios são menores e seu acesso aos cargos de responsabilidade ou de gestão é muito mais fraco. Observam-se dinâmicas semelhantes em diferentes países europeus (ver tabela 3).

Tabela 3 | Mercado de trabalho e gênero na Espanha e na Europa, desigualdade de tratamento

	Taxa de emprego (2014)		Taxa de empregos temporários (2014)		Taxa de empregos em tempo parcial (2015)		Salário médio por hora em euros (2010)		Taxa de cargos de responsabilidade (2015)	
	H	M	H	M	H	M	H	M	H	M
UE-15	70,6	60,6	13,3	14,4	10,0	38,3	17,66	14,54	74	26
Espanha	60,7	51,2	23,6	24,6	7,9	26,1	12,43	10,41	74	26
França	67,7	60,9	15,0	16,9	7,5	30,3	17,54	14,8	67	33
Itália	64,7	46,8	13,1	14,2	7,8	32,3	14,82	14,04	74	26
Suíça	76,5	73,1	14,7	18,8	13,3	37,7	19,33	16,31	72	28
Reino Unido	76,8	67,1	5,8	6,8	11,1	41,2	19,2	14,72	78	22

Fonte: para as taxas de emprego e de salário por hora: Eurostat; para as taxas de cargos de responsabilidade: Grandt Thornton (http://grandtthorton.es).

A questão do desemprego merece atenção especial. Em 2015, a taxa de desemprego das mulheres de 15 a 64 anos foi de 22,6%, contra 19,6% para os homens. Esses números estão bem acima da média europeia (Europa dos 28):* respectivamente, 9,4% contra 9,1%. Devemos entender essas taxas de desemprego dentro do quadro da profunda crise econômica e da crise de emprego que a Espanha atravessa desde 2007, da qual ela ainda não saiu e que, como o demonstram vários estudos, atingiu com muito mais força as mulheres do que os homens (Otaegui, 2015; Consejo Económico y Social, 2017).

As mulheres trabalhadoras continuam a serviço da família

Já sublinhamos o fato de que, no espaço de uma geração, a posição das mulheres no mundo do trabalho sofreu uma transformação radical, com a passagem do trabalho de um elemento secundário — até marginal — a um elemento central na configuração de sua identidade. Hoje, na sociedade espanhola, ser uma mulher significa sem mais discussão ser uma trabalhadora. Entretanto, essa maneira de ver uma mudança tão radical e substancial exclui dimensões e nuances que é preciso levar em conta se quisermos ter uma visão completa de sua nova relação com o emprego. Para precisar isso com rigor, de nosso ponto de vista é preciso modificar a perspectiva teórica predominante. A nova perspectiva que escolhemos aqui implica abordar a relação das mulheres com o trabalho e o emprego não de forma isolada e independente — apenas com o trabalho e uma por uma —, mas como parte integrante de uma trama social composta, de um lado, pelo modo como as mulheres (em situação de coabitação familiar) definem e combinam sua relação teórica e prática com o trabalho profissional e sua relação teórica e prática com os cuidados familiares; de outro lado, pelo modo como a combinação dessas relações é disputada/compartilhada, na teoria e na prática, com seus cônjuges (homens). Esse modo de abordar a questão se estende cada vez mais e encontrou uma boa formulação teórica no conceito

---

* A Europa dos 28 (ou a União Europeia dos 28) corresponde ao conjunto dos países que pertencem à União Europeia a partir de 1/7/2013. (N.E. br.)

de "sistema família-trabalho" (Naldini e Saraceno, 2011). Uma abordagem do problema em termos de "trama social trabalho-família" pode se desenvolver, e de fato se desenvolve, em dois planos diferentes: no plano institucional, diretamente ligado ao modo como se combinam os diferentes elementos, a saber, o Estado-providência e o modelo de gênero, e no plano da vida cotidiana familiar. Precisemos que o plano da vida cotidiana responde a uma lógica relativamente específica, que não coincide forçosamente com a da esfera institucional e pode dela se afastar[2] (Prieto, 2015).

Se nos ativermos à esfera institucional e à sua trama, observaremos como a entrada maciça das mulheres espanholas no mercado de trabalho remunerado e a pressão social para torná-la compatível com a responsabilidade pelos cuidados familiares que elas forneciam antes modificaram os "quadros de sentido" ou "quadros interpretativos" (Bustelo e Lombardo, 2006) que estruturavam as atividades de cuidados familiares.[3]

Segundo todos os especialistas, o tratamento institucional dos cuidados com a família a partir dos anos 1990 implicou, no caso da Espanha, uma verdadeira ruptura com relação às normas em vigor nas décadas anteriores. Trata-se de uma mudança profunda, que se pode observar analisando os "quadros de sentido" nos quais se apoiam e se promovem as normas jurídicas que regulam a atividade dos cuidados com a família e que são explicitadas nos preâmbulos de três leis que concernem diretamente à questão.[4] A análise dos "quadros de sentido" mostra que essas três leis supõem, antes de mais nada, um questiona-

---

[2] A argumentação que esta parte do texto desenvolve, referente ao modo como as tramas de "trabalho-família" se constituem no campo institucional e na vida cotidiana, provém de uma pesquisa empírica sobre "o trabalho, os cuidados, o tempo livre e as relações de gênero na vida da sociedade espanhola", subvencionada pelo Ministério da Economia e da Competitividade. A pesquisa foi realizada sob a direção de Carlos Prieto (2015), com a participação dos pesquisadores Tebelia Huertas, Sofia Pérez de Guzmán, Teresa Torns, Pilar Carrasquer, Anna Grau, Isabel Aler-Gay, Javier Callejo, Jose De Santiago e Alvaro Briales.
[3] Um "quadro interpretativo", conceito ligado à *frame analysis*, "é um princípio de organização que transforma uma informação fragmentária num problema político estruturado e significativo que orienta, de modo explícito ou implícito, em direção a uma solução" (Bustelo e Lombardo, 2006:119).
[4] Existem de fato três leis principais que regulam a atividade de cuidados familiares que foram discutidas, aprovadas e promulgadas em pouco tempo: a Lei de Conciliação de 1999, a Lei de Promoção da Autonomia Pessoal e de Cuidados com Pessoas Dependentes de 2006 e a Lei da Igualdade Efetiva entre os Homens e as Mulheres de 2007.

mento — e uma ruptura — das numerosas dimensões centrais que conformavam o "senso comum" (tradicional) dos cuidados e da responsabilização pela dependência, a saber: o espaço "natural" de sua expressão (a esfera doméstica e familiar), os sujeitos do ato de tomar conta (as mulheres), a natureza do exercício desses cuidados (emocional), os critérios de sua regulação (o lado informal) ou seu domínio (privado). Devemos acrescentar duas outras dimensões ligadas à mesma questão: a do valor que se pretende proteger prioritariamente (o bem-estar das crianças e dos adultos dependentes) e, igualmente importante, a do registro da justificação dos cuidados (o dever e a solidariedade familiar — Huertas e Prieto, 2015).

Concretamente, segundo esses mesmos autores, diante do conteúdo tradicional de cada uma dessas dimensões, outro conteúdo alternativo ou complementar se constrói.

- O espaço "natural" deixa de ser exclusivamente o espaço doméstico para dar lugar, ao menos de modo complementar, ao espaço público.
- Os sujeitos da ação de cuidar da família não serão mais exclusivamente as mulheres, a atividade será de agora em diante dividida entre as mulheres e os homens em condições mais ou menos equivalentes.
- Entre os critérios de regulação, a regulação formal e/ou semiformal, a meio caminho entre o formal e o informal, é mantida (Pfau-Effinger, 2014).
- O domínio do privado será dividido com o do público.
- O valor do bem-estar das crianças e das pessoas dependentes na família deverá se tornar compatível com a igualdade de gênero.
- Enfim, o registro de justificação baseado no dever e na solidariedade familiar será completado pelo da justiça e dos direitos sociais (Flaquer, 2000).

Entretanto, apesar da importância significativa da mudança de paradigma, a implicação legal, tangível e financeira dos serviços públicos foi e continua a ser sistematicamente reduzida. Prova eloquente disso, a porcentagem do produto interno bruto (PIB) espanhol do gasto público relativo à família é, com a da Itália, a mais fraca da União Europeia (ver tabela 4).

A fraca proteção social pública concedida à família é portanto, provavelmente, o sintoma mais claro do fato de que o modelo do Estado-providência e de gênero espanhol (como seu homólogo italiano) é o modelo mediterrânico, ou seja, um modelo no qual o principal provedor dos serviços de *care* é a família (Den Dulk e Van Doorne-Huiskes, 2007).

Tabela 4 | Gasto público relativo à família na Espanha
e em outros países europeus de referência (em % do PIB 2007)

Espanha	França	Alemanha	Suécia	Reino Unido	Itália	Dinamarca	UE-15
1,2	2,5	2,8	3,0	1,5	1,2	3,7	2,1

Fonte: Eurostat.

Assim, sob a pressão social do feminismo, a entrada maciça das mulheres espanholas no mercado de trabalho provocou, como nos outros países da União Europeia, uma mudança de paradigma na maneira institucional de conceber e de pôr em prática o cuidado das pessoas dependentes no interior da família. Mas, no caso espanhol, essa mutação se fez com muito poucos recursos públicos, tanto no nível das regulamentações quanto no dos orçamentos. Assim, ainda que a mudança de paradigma tenha ocorrido, seu verdadeiro efeito sobre uma reorganização da divisão sexual do trabalho produtivo e reprodutivo se revelou, no final das contas, limitada. As mulheres trabalham profissionalmente, mas nem por isso deixam de se preocupar e de se ocupar com o trabalho do *care* e com a manutenção do lar, como ocorria no modelo anterior; as medidas instituídas pelo Estado para socializar esse trabalho do *care* são raras e quase não permitem que ele seja realizado de maneira diferente. Se as mulheres continuam a viver na maioria dos países modernos uma dupla atividade, que os pesquisadores — e sobretudo as pesquisadoras — designam pelos termos de "dupla jornada" (Hochschild, 1989) ou "dupla presença" (Balbo, 1978), na Espanha, assim como na Itália, essa dupla atividade está acima da média. É o que se observa na tabela 5 sobre a distribuição do tempo por atividades produzida por uma pesquisa da Eurostat.

Eis, portanto, como se combinam, de um ponto de vista temporal, o trabalho profissional e o trabalho doméstico para as mulheres espanholas.

Se essas diferenças não são especialmente significativas (ao menos em sua expressão quantitativa), apesar das grandes divergências na regulação e na igualdade de gênero (Den Dulk e Van Doorne-Huiskes, 2007), elas revelam múltiplos regimes de gênero na Europa. Para poder entender essa particularidade, é preciso integrar na análise dois outros elementos da trama social "trabalho-família". Trata-se, de um lado, da forma que assume entre os homens espanhóis a combinação entre o trabalho produtivo e o trabalho reprodutivo, e, de outro lado e sobretudo, da maneira como as mulheres e os homens situam o conjunto da trama "trabalho-família" no espaço privado da vida cotidiana.

Tabela 5 | Média do tempo cotidiano dedicado pelas mulheres e pelos homens ao trabalho remunerado e ao trabalho doméstico e de cuidado (em horas e minutos)

	Emprego/estudos M	Emprego/estudos H	Trabalho doméstico e de cuidado M	Trabalho doméstico e de cuidado H	Tempo total M	Tempo total H
Espanha	2 h 26	4 h 39	4 h 55	1 h 37	7 h 21	6 h 16
França	2 h 31	4 h 03	4 h 30	2 h 22	7 h 01	6 h 25
Alemanha	2 h 05	3 h 35	4 h 11	2 h 21	6 h 16	5 h 56
Itália	2 h 06	4 h 26	5 h 20	1 h 35	7 h 26	6 h 01
Suécia	3 h 12	4 h 25	3 h 42	2 h 29	6 h 54	6 h 54
Reino Unido	2 h 33	4 h 18	4 h 15	2 h 18	6 h 48	6 h 38

Fonte: Eurostat (2006), *How is the time of women and men distributed in Europe?*, citado por Royo Prieto (2011:40).

A distribuição do tempo dedicado pelos homens espanhóis à combinação do trabalho produtivo e reprodutivo, que se observa no quadro 1, esclarece-nos quanto a dois pontos importantes. Em primeiro lugar, qualquer que seja o regime das relações de gênero, as diferenças entre as mulheres e os homens são muito importantes em *todos* os países (essa é uma questão-chave, de nosso ponto de vista, para abordar e entender o problema da igualdade de gênero e que as ciências sociais ainda não enfrentaram com rigor); por outro lado, os diferentes modelos institucionais parecem ter influência evidente na configuração da trama "trabalho-família". A Espanha e a Itália são os dois países onde os homens se ocupam menos com o trabalho doméstico e o cuidado da família. A partir daí, é preciso ir além do campo institucional e entrar na análise da concepção da trama "trabalho-família" que as mulheres e os homens têm no campo privado da vida cotidiana.

Mulheres e homens diante da trama "trabalho-família" na vida cotidiana

Entramos portanto na análise do modo como as mulheres e os homens espanhóis concebem e põem em prática os elementos que compõem a trama "trabalho-família" no espaço privado da vida cotidiana, que, como dissemos, não tem nenhuma razão para coincidir, e de fato só em parte coincide com a da esfera institucional. Não escapa a ninguém que esse jogo de concepções (e de práticas) nunca é branco ou pacífico, e sim cinza e conflituoso e por conseguinte cheio de nuances e contradições. A metodologia mais apropriada para a coleta e o tratamento da informação para esse tipo de análise seria uma pesquisa qualitativa — mais concretamente, deixar falar e ouvir os(as) participantes. Entretanto, não conhecemos nenhuma pesquisa comparativa que tenha respeitado plenamente essa metodologia.[5] Em compensação, podemos citar o estudo de Karin Wall (2007), que aborda o tema a partir de uma pesquisa por questionários administrados em sete países europeus. A autora distingue cinco possibilidades de conceber o modo como devem se combinar o trabalho e a família. Elas não se limitam à distinção entre as duas normas mais destacadas, a tradicional, muitas vezes chamada de "patriarcal", e a igualitária. Essas cinco linhas diretrizes vão da norma "tradicional forte" à norma "moderna forte", no outro extremo (ver quadro 1).

---

[5] Para o caso espanhol, pode-se consultar a pesquisa de Prieto (2015). Foi realizada em 2012 com um trabalho de campo envolvendo 16 grupos de discussão e 72 entrevistas individuais semidiretivas.

Quadro 1 | Modelos de relações entre trabalho, família e gênero

- *Modelo tradicional forte*: "Senhor ganha-pão/senhora dona de casa se encarregando das tarefas domésticas e parentais".
- *Modelo tradicional forte modificado*: "Senhor ganha-pão/senhora dona de casa (com filhos pequenos) se encarregando das tarefas domésticas e familiares, reclamando maior participação do senhor nessas tarefas".
- *Modelo moderno de responsabilidade desigual pela família*: "Forte apoio ao trabalho das mulheres e ao emprego das mães, mas sem favorecer a participação dos homens nas tarefas domésticas e familiares".
- *Modelo moderno moderado*: "Favorável aos casais com dois salários, mas, na presença de crianças pequenas, os(as) pesquisados(as) se dividiram entre a volta ao lar ou o trabalho em tempo parcial das mães".
- *Modelo moderno forte*: "Casal com dois salários/dois provedores das tarefas domésticas e familiares/nenhum impacto negativo no emprego das mães".

Fonte: Wall (2007).

Os resultados da pesquisa permitem sustentar certo número de conclusões importantes. Nós as resumiremos em quatro pontos.

Para começar, em todas as sociedades estudadas existe grande diversidade de normas repartidas de modo relativamente equilibrado, de sorte que em todos os países considerados existe uma porcentagem muito significativa de normas "tradicionais" ("tradicional forte" e "tradicional forte modificada"), superior a 30% (exceto na Suécia, com 20%, e na França, com 28,2%), e em nenhum país a norma "moderna forte" atinge 15% da população (ver tabela 6).

Em segundo lugar, a parte da população que tem uma concepção igualitária da relação trabalho-família é em todos os países relativamente elevada. A média se situa entre 30% e 40% da população. A autora não analisa os traços que distinguem uma norma igualitária da relação entre trabalho e família e se concentra sobretudo na posição destinada às mulheres. Contudo, sabemos que os traços com os quais essa norma é descrita não se referem apenas às mulheres, mas também aos homens; a igualdade consiste em se aproximar o mais possível do modelo de casal com dois salários e dois "prestadores de cuidados" (*dual-earner* e *dual-carer*). Por conseguinte, o problema de sua genealogia não se coloca. A respeito desse ponto, parece-nos interessante sublinhar a ideia que os homens espanhóis têm do motivo pelo qual eles começaram a se interessar pelos e a se ocupar dos cuidados familiares: é a consequência daquilo que eles chamam de a "revolução das mulheres (sobre os homens)": "O trabalho das mulheres, dizem eles, obriga os homens a pensar na necessidade de conciliar esses diferentes tempos" (Prieto, 2015:256). Para eles, sem a "revolução das mulheres", a questão da igualdade na trama "trabalho-família" nunca seria colocada.

Tabela 6 | Repartição das normas de articulação trabalho-família consideradas "tradicionais" ou "muito modernas" em diferentes países europeus (%)

	Tradicional forte	Tradicional forte + tradicional forte modificada	Moderna moderada	Moderna forte
Espanha	6,5	35,2	36,2	12,1
França	8,5	28,2	19,8	10,0
Alemanha	9,3	30,7	16,1	12,4
Portugal	8,4	34,0	23,1	14,8
Suécia	6,0	20,4	22,7	10,2
Reino Unido	9,7	34,0	20,8	17,3

Fonte: Karin Wall (2007) e cálculos do autor.

Em terceiro lugar, a maioria das populações situa-se numa posição intermediária, entre os 5%-10% da população partidários da norma mais tradicional e os 10%-17% da população favoráveis a posições mais igualitárias.

Enfim, último ponto, no meio dessas distribuições, com traços comuns muito fortes, as populações da Espanha e de Portugal (não dispomos de informações sobre a Itália), dois países do sul da Europa, são aquelas em que as normas tradicionais mais pesam, seja a norma "forte tradicional", seja a norma "forte tradicional modificada".

Podemos portanto concluir que, quando introduzimos elementos na análise da desigualdade de gênero diante do trabalho que vão além da ordem institucional, integrando as concepções dos homens e das mulheres sobre a organização da articulação "trabalho-família" em sua vida privada cotidiana, entendemos melhor as diferenças entre as mulheres e os homens e as diferenças entre países, mas também o fenômeno da persistência universal dessas desigualdades.

Além das desigualdades de gênero

A questão do envolvimento diferente das mulheres e dos homens no trabalho permanece em suspenso. Em toda comparação entre mulheres e homens relativa à sua relação com o emprego, são os parâmetros masculinos que fixam as normas. Assim, considera-se que as taxas de atividade e de emprego das mulheres, bem como sua distância em relação às dos homens, são um indicador de discriminação. Daí vem a ideia de que se considera a situação das mulheres como "mais justa" quando ela se aproxima mais da dos homens. Ela deveria ser equivalente à dos homens. Até a paridade. Mas, quando se observa como, por trás dessa diferença, esconde-se uma distribuição global do trabalho (remunerado e doméstico), surge uma questão de fundo que altera a visão hegemônica: e se a norma fosse aquela que as mulheres fixam, e se as taxas de atividade dos homens fossem excessivamente elevadas, entravando-lhes a possibilidade de se dedicar mais aos cuidados e ao trabalho doméstico? Poder-se-ia começar o estudo das diferenças do trabalho das mulheres e dos homens pelo estudo de suas diferentes "taxas de participação nos cuidados familiares" e de seu maior ou menor envolvimento nesses cuidados, distinguindo o envolvimento em tempo integral e em tempo parcial.

Referências

AMORÓS, Celia. *Tiempo de feminismo*: sobre feminismo, proyecto ilustrado y posmodernidad. València: Universidad de Valencia, 1997.

BALBO, Laura. La doppia pressenza. *Inchiesta*, n. 32, p. 3-6, 1978.

BETTIO, Francesca; PLANTENGA, Janneke. Comparing care regimes in Europe. *Feminist Economics*, v. 10, n. 1, p. 85-113, 2004.

BUSTELO, María; LOMBARDO, Emanuela. Los "marcos interpretativos" de las políticas de igualdad en Europa. *Revista Española de Ciencia Política*, n. 14, p. 117-140, abr. 2006.

CARRASQUER, Pilar; TORNS, Teresa; GRAU, Ana. El trabajo de cuidados entre el trabajo profesional y el tiempo de libre disposición con una perspectiva de gênero. In: PRIETO, C. (Org.). *Trabajo, cuidados, tiempo libre y relaciones de género en la sociedad española*. Madri: Ediciones Cinca, 2015. p. 109-136.

CASTEL, Robert. *Les métamorphoses de la question sociale*. Paris: Fayard, 1995.

CONSEJO ECONÓMICO Y SOCIAL (CES). *Informe 05/2016*: la participación laboral de las mujeres en España. Madri, 2017.

DEN DULK, Laura; VAN DOORNE-HUISKES, Anneke. Social policy in Europe: its impact on families and work. In: CROMPTON, R.; LEWIS, S.; LYONETTE, C. (Org.). *Women, men, work and family in Europe*. Londres: Palgrave Macmillan, 2007. p. 35-57.

FLAQUER, Lluis. *Políticas familiares en una perspectiva comparada*. Barcelona: Fundación La Caixa, 2000.

GÓMEZ, Concha; PRIETO, Carlos. Testigas de cargo: mujer y relación salarial hoy. *Cuadernos de Relaciones Laborales*, n. 12, p. 147-167, 1998.

HOCHSCHILD, Arlie. *The second shift*: working parents and the revolution at home. Nova York: Avon Books, 1989.

HUERTAS, Tebelia; PRIETO, Carlos. Trabajo, familia, tiempo libre y relaciones de género: perspectiva institucional. In: PRIETO, C. (Org.). *Trabajo, cuidados, tiempo libre y relaciones de género en la sociedad española*. Madri: Ediciones Cinca, 2015. p. 29-52.

LOMBARDO, Emanuela. Desigualdad de género en la política: un análisis de los marcos interpretativos en España y en la Unión Europea. *Revista Española de Ciencia Política*, n. 18, p. 95-120, abr. 2008.

MARUANI, Margaret (Org.). *Les nouvelles frontières de l'inégalité*: hommes et femmes sur le marché du travail. Paris: La Découverte, 1998.

_____. *Travail et emploi des femmes*. Paris: La Découverte, 2017.

NALDINI, Manuela; SARACENO, Chiara. *Conciliare familia-lavoro*: vecchi e nuovi patti tra sessi e generazione. Bolonha: Il Mulino, 2011.

OTAEGUI, Amaia. L'Espagne: un pas en avant, deux pas en arrière. *Travail, Genre et Sociétés*, n. 33, p. 133-139, abr. 2015.

PÉREZ DE GUZMÁN, Sofía. El trabajo: entre los cuidados, el tiempo libre y la problemática de la identidad de gênero. In: PRIETO, C. (Org.). *Trabajo, cuidados, tiempo libre y relaciones de género en la sociedad española*. Madri: Ediciones Cinca, 2015. p. 87-108.

PFAU-EFFINGER, Birgit. New policies for caring family members in European Welfare States. *Cuadernos de Relaciones Laborales*, v. 1, n. 32, p. 33-48, 2014.

PRIETO, Carlos (Org.). *Trabajo, cuidados, tiempo libre y relaciones de género en la sociedad española*. Madri: Ediciones Cinca, 2015.

_____; PÉREZ DE GUZMÁN, Sofía. Desigualdades laborales de género, disponibilidad temporal y normatividad social. *Revista Española de Investigaciones Sociológicas*, n. 141, p. 113-132, jan./fev. 2013.

ROYO PRIETO, Raquel. *Maternidad, paternidad y conciliación en la CAE*. Bilbao: Universidad de Deusto, 2011. Deusto digital.

SÁNCHEZ MIRA, Núria. *La división sexual del trabajo en transformación*. Tese (doutorado), Facultad de Ciencias Políticas y Sociología, UAB, 2016.

TOBÍO, Constanza. *Madres que trabajan*: dilemas y estratégias. Madri: Ediciones Cátedra, 2005.

WALL, Karin. Main patterns in attitudes to the articulation between work and family life: a cross-national analysis. In: CROMPTON, R.; LEWIS, S.; LYONETTE, C. (Org.). *Women, men, work and family in Europe*. Londres: Palgrave Macmillan, 2007. p. 86-115.

PARTE II
Novos objetos, novas fronteiras
Coordenação de Catherine Achin e Catherine Marry

INTRODUÇÃO
Catherine Achin e Catherine Marry

Existe uma relativa precocidade dos estudos sobre as relações sociais de sexo e trabalho em comparação com outros subcampos da pesquisa em ciências sociais. Desde os anos 1970, trabalho e sexualidade foram reconhecidos como espaços importantes da fábrica do gênero, em ligação estreita com o movimento feminista. O *slogan* "o privado é político" reflete na verdade a vontade de derrubar a separação entre esfera produtiva e reprodutiva, de "extrair o trabalho doméstico da invisibilidade e o corpo da intimidade" (Clair, 2015:13). O desenvolvimento prolífico dos trabalhos e problemáticas referentes a gênero e trabalho deixou sua marca nos estudos dedicados ao sistema de gênero em outros campos. Vários objetos, conceitos e questionamentos foram assim revisitados sob esse ângulo. A circulação intensificada entre os trabalhos, os(as) pesquisadores(as) e as ideias de muitos países e de várias disciplinas (sociologia, história, ciência política...) favoreceu esse cruzamento. Queremos nesta parte do livro destacar as pesquisas recentes em torno desses "novos objetos e novas fronteiras". Esses deslocamentos parecem estar ligados a duas lógicas.

De um lado, o trabalho e as questões que são colocadas sobre ele evoluíram. Com a intensificação da globalização neoliberal a partir do fim do século

XX, as modalidades de organização do trabalho e a relação com o trabalho mudaram e produzem efeitos singulares sobre as relações de gênero. Ângulos mortos da pesquisa são iluminados de outra maneira, quer se trate da questão da consideração das violências no acesso ao emprego, do lugar das migrações ou ainda da imbricação das relações sociais de sexo, de classe, de nacionalidade e de raça.

De outro lado, os conceitos, instrumentos e resultados construídos em torno dos estudos sobre gênero e trabalho foram transportados para outros terrenos, que eles por sua vez iluminaram com uma nova luz. É o caso por exemplo de setores que resistiam a uma abordagem em termos de trabalho ou de gênero, como o mundo das artes, o setor do engajamento militante, ou dos objetos e práticas em torno do corpo e da intimidade. Nossa proposta é apresentar rapidamente os trabalhos reunidos nesse campo e aqueles surgidos recentemente que nos parecem refletir esses horizontes renovados.

Transformações do trabalho e novas questões

Um primeiro conjunto de questões diz respeito aos efeitos generificados das evoluções do capitalismo. No setor público, assim como no privado, os períodos de crise econômica, de austeridade, de reestruturações são desfavoráveis às categorias mais frágeis e menos móveis, sobretudo às mulheres. A pesquisa feita na Grã-Bretanha por Cécile Guillaume e Gill Kirton a respeito dos efeitos do *new public management* sobre funcionários(as) da administração penitenciária — oficiais de condicional encarregados(as) do acompanhamento dos presos tendo em vista sua reinserção — desloca a atenção das desigualdades entre mulheres e homens para as desigualdades entre as próprias mulheres. As autoras sublinham ataques sistêmicos a empregos maciçamente ocupados por mulheres. Aos efeitos de precarização e de perda do sentido do trabalho se soma um agravamento das desigualdades no seio dessa população feminina, entre as mais qualificadas, encarregadas do acompanhamento dos condenados de alto risco, que permanecem no espaço público, e aquelas menos qualificadas, encarregadas dos condenados menos perigosos, cujas atividades são subcontratadas. Sua contribuição menciona também os efeitos nefastos da deterioração da qualidade dos serviços públicos sobre a vida de milhões de mulheres oriundas dos meios menos favorecidos.

O caso chinês, examinado por Tang Xiaojing, da passagem nos anos 1980 de uma economia socialista planificada para uma economia de mercado, relativiza os benefícios do Grande Salto para Frente à emancipação profissional e familiar das mulheres. Sua pesquisa sobre várias gerações de operárias de uma usina de Xangai revela que a primeira geração, tendo sido "liberada" nos anos 1950, teve um estatuto de trabalhadoras temporárias subcontratadas dentro de empresas estatais, com salários miseráveis e sem proteção social. Várias delas passaram da fábrica para o lar, em várias ocasiões, em função da conjuntura econômica.

Os efeitos da globalização neoliberal sobre o trabalho e o gênero são especialmente visíveis nas "cidades globais", que constituem polos de atração para os(as) migrantes e para o capital multinacional. Como mostraram várias pesquisas (Sassen, 2009; Falquet et al., 2010), todas as atividades ligadas à sobrevivência ou à busca de lucros se globalizam e contribuem para a criação de uma massa de trabalhadoras mal remuneradas. A mercantilização das atividades domésticas se baseia na entrada crescente de mulheres imigrantes, que reorganiza profundamente o mundo do trabalho. As mulheres se tornam agentes incontornáveis dos novos tipos de economia em expansão, mesmo que sua atividade continue a ser desvalorizada e subestimada. Como nos convida a fazê-lo Amélie Le Renard em seu texto, a compreensão das relações de gênero e da divisão do trabalho nas cidades globais ou nas multinacionais necessita de uma análise intersecional, que cruze sexo, classe, raça, sexualidade, mas também nacionalidade, e que se interesse tanto pelos grupos dominados quanto pelos grupos dominantes.

Um segundo conjunto de questões diz respeito à análise do colonialismo e do pós-colonialismo. Interrogando os trabalhos de agulha das "meninas indígenas" da escola primária na Argélia colonial da segunda metade do século XIX, Rebecca Rogers tece assim novas histórias do trabalho feminino contrárias às ideias preconcebidas. Esses cursos de costura e de bordado, vistos como emblemáticos do enclausuramento das mulheres no papel de futura "dona de casa", oferecem também a essas meninas de famílias pobres de Argel oportunidades de trabalho numa sociedade em que o mercado de trabalho é muito pouco aberto às mulheres.

O encontro entre os estudos sobre o trabalho e as abordagens intersecionais e pós-coloniais é relativamente recente e às vezes ainda enfrenta dificuldade para se concretizar de modo empírico. Esse encontro é contudo heurístico e promissor, como mostra a contribuição de Amélie Le Renard. Em suas pesquisas com funcionários(as) de diversas empresas em Riad e Dubai, ela coloca a questão inédita da construção do *status* de ocidental por meio de vantagens estruturais. Devemos aos trabalhos das feministas pós-coloniais a revelação de alguns vieses desenvolvimentistas na maneira de encarar as relações sociais entre os sexos e as formas do trabalho nos países do Sul. Na contramão desses preconceitos culturalistas, a abordagem pós-colonial convida justamente a tomar como objeto as políticas nacionais e internacionais de promoção do trabalho profissional das mulheres em diferentes contextos e mostrar seus efeitos às vezes ambivalentes, em termos de dominação e de emancipação.

Outras questões que durante muito tempo foram tabu ocupam hoje o primeiro plano, como a das violências contra as mulheres. A medida dessas violências em diferentes contextos (família, locais de estudo e de trabalho, espaços públicos), sua construção como problema público, as mobilizações e a preparação de dispositivos para combatê-las, as mulheres vítimas dos conflitos armados, do tráfico, foram objeto de trabalhos importantes nestes últimos anos (Cromer, 1995; Debauche e Hamel, 2013). Levantar a questão das ligações entre violências praticadas contra as mulheres e acesso ao emprego constitui porém uma maneira inédita de pensar as relações entre gênero e trabalho e as condições da emancipação. A contribuição de Iman Karzabi e Séverine Lemière se interessa assim pelo impacto das violências cometidas contra as mulheres em seus percursos profissionais e pela resposta das políticas do emprego.

A contribuição dos instrumentos e conceitos dos estudos sobre gênero e trabalho em outros campos de pesquisa

Durante muito tempo vários campos de pesquisa resistiram à perspectiva de gênero e de trabalho. A integração dessa perspectiva à sociologia da arte nos anos 1990 abriu caminhos de pesquisa sobre a divisão sexuada do trabalho de criação e de seu acompanhamento, sobre as desigualdades de carreiras, sobre a socialização familiar com as práticas artísticas segundo o sexo, com a divisão amadores/profissionais... Uma pergunta parece específica do campo da arte, embora possamos encontrá-la também na sociologia das ciências: o gênio criador tem um sexo e uma cor de pele? Na sequência dos trabalhos históricos que sublinham a emergência recente da figura do artista, criador de uma obra original e solitária, os estudos de gênero questionam a longa ausência das mulheres do ápice dos mundos da arte ocupados pelos gênios machos e brancos.

Hyacinthe Ravet apresenta aqui a hipótese sedutora segundo a qual os efeitos de teto de vidro influiriam de modo exacerbado no acesso à direção de orquestras em virtude da dimensão criativa ou "autoral" dessa atividade. O ato criador da parte das mulheres resiste particularmente ao reconhecimento.

A questão "gênero e arte" é alimentada também pelas abordagens culturais e das representações. Esses trabalhos declinam a variedade das figuras femininas, especialmente no cinema. Noël Burch e Geneviève Sellier, em suas análises de filmes que cobrem um longo período histórico, mostram assim que o cinema dominante, seja ele popular ou elitista, continua a privilegiar figuras femininas como objetos de amor ou de desejo para os protagonistas masculinos. Para esses autores, é a ficção televisada que daria mais conta hoje do trabalho das mulheres (Burch e Sellier, 2014).

A sociologia dos movimentos sociais também integrou, a partir dos anos 1990, uma perspectiva de gênero que modificou profundamente o olhar sobre as condições do engajamento militante, de sua permanência e de seus efeitos (Fillieule e Roux, 2009). As contribuições dos trabalhos de sociologia do gênero e do trabalho foram decisivas para perceber as dimensões simbólica e material do militantismo, a dimensão de gênero dos processos de entrada no engajamento, a divisão sexuada do trabalho militante e os efeitos dessa atividade sobre os indivíduos (Jacquemart, 2013). A análise das disposições ao engajamento e da disponibilidade biográfica que ele pressupõe foi por exemplo renovada pela consideração da socialização e da articulação entre tarefas profissionais, militantes e domésticas que penalizam fortemente o processo de engajamento das mulheres e favorecem o dos homens (Dunezat, 2009). Existem de fato numerosos pontos comuns entre as desigualdades de gênero produzidas nas organizações profissionais e militantes. Inclusive dentro de coletivos que se afirmam feministas, a divisão sexuada das tarefas e as retribuições do engajamento são marcadas por fortes desigualdades (Rétif, 2013).

Em outra área da sociologia política, a do estudo das "transições", a perspectiva do gênero e do trabalho é igualmente crucial, embora ainda marginal. Durante muito tempo marcados por um forte normativismo e por um esquecimento do gênero, os trabalhos dedicados às mudanças de regime integraram progressivamente a participação das mulheres nas mobilizações, os efeitos dos processos de democratização sobre as relações sociais entre os sexos e a redistribuição do poder entre os homens e as mulheres (Cirstocea, 2013). Como ilustra muito bem a contribuição de Tang Xiaojing nesta parte, as pesquisas sobre o gênero e o trabalho permitem entender melhor as transformações que afetam a sociedade chinesa. Elas convidam de fato a relativizar a distinção entre períodos históricos, a pensar em conjunto as transições política, econômica e social, a reintegrar o papel da instituição familiar entre o Estado, a fábrica e a sociedade, e a articular as relações sociais de sexo com as de idade, de origem geográfica e de cidadania para entender as relações entre classes.

Do lado da análise das migrações, o encontro com os estudos de gênero e a sociologia do trabalho foi igualmente tardio e igualmente fundamental. Os estudos das migrações que levam em conta o gênero emergiram nos anos 1990 e acompanharam a expansão mundial das migrações das mulheres (Fresnoza-Flot e Perraudin, 2013). Eles põem em questão a distinção entre a imagem de migrações masculinas de trabalho e a de migrações femininas de ordem familiar, para evidenciar as ligações entre a dimensão de gênero do mercado de trabalho e as migrações. Esses trabalhos esclarecem assim as desigualdades entre mulheres e homens migrantes, mas também, no interior das categorias de sexo, entre mulheres migrantes e suas empregadoras, por exemplo. A contribuição de Audrey Lenoël e Ariane Pailhé nos informa assim sobre as pesquisas quantitativas que cruzam gênero, trabalho e migrações, referentes ao mesmo tempo aos países de destino e aos países de origem. Limitados pelas lacunas das fontes disponíveis, esses trabalhos de toda forma mostram o papel central da atividade profissional na integração das migrantes e seus efeitos emancipadores ambivalentes tanto nos países de origem quanto nos de destino.

Esta parte sobre os "novos objetos e novas fronteiras" das pesquisas sobre gênero e trabalho oferece uma visão geral da vitalidade, da fecundidade e da abertura internacional dessas temáticas e perspectivas de análise nas ciências sociais, especialmente nas áreas que foram as mais reticentes em entendê-las, como as das artes e da ciência política. Essa visão não é exaustiva. A questão das masculinidades e do masculino "banal" no trabalho emerge também aqui e ali (Achin, Dorlin e Rennes, 2008; Gadea e Marry, 2000). Um campo de investigação igualmente estimulante se abriu em torno do estudo dos corpos e da sexualidade no trabalho (Trachman, 2013), ou da "carne das relações sociais", para retomar a expressão de Juliette Rennes (2016). São testemunhos os trabalhos de Isabel Boni-Le Goff (2016) sobre o "corpo legítimo" dos(as) consultores(as) ou a contribuição de Nathalie Lapeyre na parte seguinte deste livro.

Referências

ACHIN, Catherine; DORLIN, Elsa; RENNES, Juliette. Capital corporel identitaire et institution présidentielle: réflexions sur les processus d'incarnation des rôles politiques. *Raisons Politiques*, n. 31, p. 5-17, 2008.

BONI-LE GOFF, Isabel. Corps legitime. In: RENNES, J. (Org.). *Encyclopédie critique du genre*: corps, sexualité, rapports sociaux. Paris: La Découverte, 2016. p. 159-169.

BURCH, Noël; SELLIER, Geneviève. *Ignorée de tous... sauf du public*: quinze ans de fiction télévisée française, 1995-2010 [1996]. Bry-sur-Marne: INA, 2014.

CIRSTOCEA, Ioana. Transition/démocratisation. In: ACHIN, C.; BERENI, L. (Org.). *Dictionnaire genre & science politique*. Paris: Presses de Sciences Po, 2013. p. 493-504.

CLAIR, Isabelle. *Sociologie du genre*. Paris: Armand Colin, 2015.

CROMER, Sylvie. *Le harcèlement sexuel en France*: la levée d'un tabou 1985-1990. Paris: La Documentation Française, 1995. Droit des femmes.

DEBAUCHE, Alice; HAMEL, Christelle. Violence des hommes contre les femmes: quelles avancées dans la production des savoirs? *Nouvelles Questions Féministes*, v. 32, n. 1, p. 4-14, 2013.

DUNEZAT, Xavier. Trajectoires militantes et rapports sociaux de sexe. In: FILLIEULE, O.; ROUX, P. (Org.). *Le sexe du militantisme*. Paris: Presses de Sciences Po, 2009. p. 243-260.

FALQUET, Jules et al. *Le sexe de la mondialisation*: genre, classe et race dans la division du travail. Paris: Presses de Sciences Po, 2010.

FILLIEULE, Olivier; ROUX, Patricia. *Le sexe du militantisme*. Paris: Presses de Sciences Po, 2009.

FRESNOZA-FLOT, Asuncion; PERRAUDIN, Anna. Migrations. In: ACHIN, C.; BERENI, L. *Dictionnaire genre & science politique*. Paris: Presses de Science Po, 2013. p. 322-333.

GADEA, Charles; MARRY, Catherine. Les pères qui gagnent, descendance et réussite professionnelle chez les ingénieurs. *Travail, Genre et Sociétés*, n. 3, p. 109-135, mar. 2000.

JACQUEMART, Alban. Engagement militant. In: ACHIN, C.; BERENI, L. *Dictionnaire genre & science politique*. Paris: Presses de Science Po, 2013. p. 215-226.

RENNES, Juliette (Org.). *Encyclopédie critique du genre*: corps, sexualité, rapports sociaux. Paris: La Découverte, 2016.

RÉTIF, Sophie. *Logiques de genre dans l'engagement associative*: carrières et pratiques militantes dans des associations revendicatives. Paris: Dalloz, 2013.

SASSEN, Saskia. *La globalisation*: une sociologie. Paris: Gallimard, 2009.

TRACHMAN, Mathieu. *Le travail pornographique*: enquête sur la production de fantasmes. Paris: La Découverte, 2013. Genre et Sexualité.

8. Mulheres, reestruturações e serviços públicos nas instituições penitenciárias britânicas
Cécile Guillaume e Gill Kirton

Desde a crise financeira de 2008, a maior parte dos governos europeus adotou reformas e medidas de austeridade capazes de alterar de forma duradoura as condições de emprego e de trabalho dos funcionários públicos (Bach e Bordogna, 2013). Se a amplitude e as modalidades de reestruturação dos serviços públicos variam fortemente de um país para outro (Grimshaw et al., 2015), a Grã-Bretanha se distingue pela antiguidade das transformações empreendidas, com processos concomitantes de reestruturação e de comercialização (Whitfield, 2002) deslanchados desde o início dos anos 1980.

Após ter privatizado maciçamente as empresas públicas, o governo de Margaret Thatcher impôs assim que as coletividades locais britânicas submetessem ao mercado algumas de suas atividades, por meio de uma lei sobre o *compulsory competitive tendering* (CCT) sancionada em 1982. Essas privatizações se sucederam ao longo dos anos 1980-1990, atingindo primeiro os serviços de funcionários pouco qualificados (técnicos encarregados de manutenção ou de reparos) ou os funcionários e executivos dos serviços de apoio (informática, folha de pagamentos). Nos anos 2000, durante os governos trabalhistas, o movimento de reestruturação se acelerou paralelamente à criação de um grande número de empregos no setor público,[1] mas a tendência iniciada pelos conservadores de submeter os serviços públicos às lógicas do mercado e de diversificar os fornecedores não diminuiu. Hoje, perto de 10% dos serviços públicos são subcontratados, e os contratos público-privados se desenvolveram fortemente (Bacon e Samuel, 2009) em todos os setores (hospitais, escolas, prisões).[2]

Se os *professionals* — enfermeiras, professores, trabalhadores sociais — foram menos atingidos por esses movimentos de externalização e conseguiram manter suas condições de emprego (Carter, 2004), novas funções apareceram, ameaçando as fronteiras desses grupos profissionais — muitas vezes bastante feminizados — e suas prerrogativas. Paralelamente, novos modos de gerenciamento inspirados no *new public management* (Hood, 1995) e instrumentos da gestão privada (Le Galès, 2005) foram adotados nas administrações centrais e locais, reforçando o controle e a vigilância das organizações públicas, assim como a centralização do Estado. A reestruturação do setor público também foi acompanhada de cortes orçamentários maciços, de um congelamento dos salários e de uma redução sem precedente dos efetivos (Bach e Stroleny, 2013; Bach, 2016). A taxa de funcionários empregados no setor público corresponde hoje a 17%, seu nível histórico mais baixo (20% na França, em comparação).

Esses processos de reestruturação e privatização tiveram efeitos deletérios sobre as condições de trabalho e de emprego daqueles que trabalhavam nos serviços públicos, fossem eles funcionários do Estado, das coletividades locais ou empregados transferidos para empresas privadas. Se as consequências da desestruturação dos serviços públicos foram objeto de uma literatura abundante na Grã-Bretanha, sem dúvida ligada à amplitude das reformas empreendidas, sob o prisma do gênero elas foram menos analisadas. No entanto, como sublinha Jill Rubery, as mulheres é que foram particularmente atingidas pelas políticas de austeridade no setor público (Rubery, 2013; Rubery e Rafferty, 2013), como

---

[1] Mais de 500 mil empregos foram criados no setor público entre 1998 e 2003.
[2] O volume e sobretudo as modalidades de subcontratação dos serviços públicos variam muito de um país para outro, no caso da Grã-Bretanha (e da Suécia) com uma tendência mais forte a subcontratar empresas privadas, em comparação com a França, que se volta mais para o lado das sociedades de economia mista (SEM) ou das sociedades públicas locais (SPL) (Grimshaw et al., 2015).

funcionárias e usuárias dos serviços públicos. Na Grã-Bretanha, como em outros países, elas são amplamente representadas no setor público, que teoricamente oferece condições salariais e de emprego mais favoráveis do que o setor privado, sobretudo pela manutenção de negociações coletivas por ramo e pela execução de políticas em favor da igualdade (Conley e Page, 2014; Rubery, 2013; Moore e Tailby, 2015). Essa forte feminização torna ao mesmo tempo evidente e difícil a ênfase num viés generificado das políticas praticadas, já que os homens, "minoritários" nesses empregos feminizados, encontram-se na mesma situação que suas colegas mulheres (mesmo que sua presença mais forte nos cargos de gestão os proteja mais dos riscos de precarização).

Nossa recente pesquisa realizada no serviço de liberdade condicional britânico, composto principalmente de agentes da condicional responsáveis pelo acompanhamento dos presos tendo em vista sua reinserção, permite mostrar os efeitos conjugados dos processos de reestruturação e de privatização sobre as condições de trabalho (intensificação, desprofissionalização) e de emprego (precarização) de uma categoria trabalhadora feminizada, até pouco tempo atrás relativamente preservada,[3] bem como sobre as modalidades de representação sindical (menor reconhecimento dos sindicatos e fragilidade do direito sindical).

Um programa de reestruturação sem precedentes

De início incluindo majoritariamente trabalhadores sociais empregados diretamente por estruturas regionais autônomas, os 16 mil agentes da condicional (70% mulheres) foram submetidos a um processo de reestruturação batizado de *transforming rehabilitation* (TR), decidido de maneira unilateral pelo governo em 2012. Já reorganizada em 2010 em 35 *trusts* regionais encarregados da supervisão de todos os tipos de condenados (de alto, médio ou baixo risco), a

---

[3] Esta pesquisa se baseia em cerca de 40 entrevistas realizadas com representantes do Napo, o pequeno sindicato que representa agentes da condicional, em nível nacional e em 17 regiões diferentes, e também num questionário distribuído entre membros do sindicato.

nova estrutura do serviço de acompanhamento da liberdade condicional está hoje dividida em duas partes. Desde fevereiro de 2015, 21 *community rehabilitation companies* (CRC) são geridas por empresas privadas sob contratos de sete anos renováveis, para o acompanhamento dos condenados avaliados como os menos perigosos. Paralelamente, foi criado um serviço público, o National Probation Service (NPS), que emprega os agentes da condicional encarregados dos condenados de mais alto risco. De um dia para o outro, em função do tipo de dossiês pelos quais eram responsáveis no dia da "divisão", 54% dos funcionários foram transferidos para o setor privado, enquanto os outros foram integrados no Civil Service e *de facto* se tornaram *civil servants*.[4]

Se o serviço de acompanhamento da liberdade condicional já havia passado por reestruturações anteriores (Gale, 2012; Mawby e Worrall, 2013), visando a uma maior integração com o setor penitenciário, a uma desvinculação do Estado e a um aumento das lógicas de gestão (como na França; ver a respeito Larminat, 2014), esse projeto de reestruturação é descrito como "sem precedente", com consequências importantes para as condições de trabalho e de emprego dos funcionários e para a qualidade do serviço (Deering e Feilzer, 2015).

Uma deterioração das condições de trabalho e de emprego

O amplo movimento de reestruturação/privatização dos serviços públicos teve como consequência a erosão da tradição de "empregador modelo" (Bach e Winchester, 2003) típica do setor público britânico, que se manifestou pelo aumento da precariedade do emprego, pelo crescimento das desigualdades de salário e pela deterioração das condições de trabalho ligada sobretudo à redução

---

[4] O Civil Service britânico emprega 480 mil funcionários que trabalham para a Coroa e, por isso mesmo, podem ser transferidos de um serviço para outro, dependendo da necessidade. Cinco departamentos — Work and Pensions, Ministry of Justice (MoJ), Revenue and Customs, Ministry of Defence (MoD) e Home Office — empregam três quartos dos "funcionários", que são cobertos por disposições regulamentares específicas, mas não têm garantia de um emprego vitalício. Os outros funcionários que trabalham no setor público não são *civil servants*, mas em geral se beneficiam de condições de emprego e de salários bastante homogêneas e estáveis, posto que negociadas com os sindicatos em cada setor ou profissão.

dos efetivos e à não substituição dos funcionários licenciados ou aposentados (Cooke et al., 2004; Flecker e Hermann, 2011).

A pesquisa feita no serviço de acompanhamento da liberdade condicional, pós-privatização, confirma em grande parte essas constatações (Kirton e Guillaume, 2015). Desde o início da *transforming rehabilitation*, a maioria dos profissionais entrevistados menciona o caráter irrealista dos objetivos que lhes são atribuídos e das horas de trabalho necessárias para enfrentar uma carga maior de trabalho, quer eles estejam hoje integrados ao NPS, quer trabalhem numa das CRC. Muitos falam de aumento do estresse e das ausências do serviço por doença, assim como de forte desmotivação e do desejo de deixar a profissão, mesmo por parte dos profissionais mais aguerridos. Por outro lado, enquanto as relações com a gerência local dos antigos *trusts* ofereciam possibilidades de arranjos flexíveis em matéria de gestão das faltas, das incapacidades e do tempo de trabalho, os funcionários se veem diante de modos de gestão muito mais rígidos ao integrar a administração do NPS ou de novas políticas menos favoráveis nas CRC privatizadas.

A perspectiva de relocalização e/ou mutualização de certos serviços também faz com que pairem incertezas quanto à capacidade dos profissionais de conservar seu emprego percorrendo todo dia grandes distâncias. Esses dois fenômenos, de intensificação do trabalho e de maiores problemas de mobilidade, são bastante clássicos em contextos de reestruturação (Pochic e Guillaume, 2009) e particularmente desfavoráveis às mulheres com filhos. Muitos são os agentes da condicional que assim deploram ou temem uma deterioração de seu equilíbrio vida privada-vida profissional.

Uma recomposição das formas de profissionalismo e dos espaços de profissionalização

No plano da atividade em si, a introdução dos métodos derivados do *new public management* e de um sistema nacional de gestão dos riscos em 2003 (*offender assessment system*) teve como consequência uma (re)taylorização das atividades, caracterizada pelo aumento dos procedimentos a serem seguidos e dos instrumentos de gestão (Kirkpatrick e Ackroyd, 2003; Kirton e Guillaume, 2017; Noordegraaf, 2016), assim como por um reforço do controle administrativo. Os profissionais da liberdade condicional lamentam assim, hoje em dia, passar três quartos de seu tempo diante do computador a preencher formulários e seguir indicadores, em vez de receber seus clientes em encontros marcados. A gestão empresarial da atividade é por seu lado vivida como um ataque contra os princípios de autonomia e de colegialidade inerentes ao trabalho profissional (Fournier, 2000) e se acha ainda mais reforçada num contexto de privatização.

Ao introduzir uma lógica de mercado, as privatizações de fato contribuem para subordinar o trabalho dos profissionais apenas aos objetivos de *performance* econômica e financeira das organizações para as quais eles trabalham (Evetts, 2009, 2011), em detrimento das necessidades de seus clientes/pacientes/usuários e da qualidade do serviço oferecido. Esse movimento em direção a um "profissionalismo organizacional" (Evetts, 2009) põe em causa a própria finalidade do trabalho para profissionais que se veem como estando antes de mais nada a serviço dos interesses de seus clientes. No campo da liberdade condicional, essa focalização nos resultados se manifesta também pelo medo de ver desaparecerem facetas inteiras da atividade de reabilitação, e sobretudo os numerosos programas desenvolvidos com associações no campo da habitação ou do emprego, em proveito de uma atividade de gestão dos riscos bastante distante dos valores de justiça social e da ética do *care* que caracterizavam o trabalho de reabilitação dentro da comunidade.

Enfim, no caso da liberdade condicional, a reestruturação dos serviços levou a uma divisão do trabalho muito mais marcada do que no passado. Além do enquadramento e do pessoal administrativo, os agentes da condicional são divididos em duas categorias: os *probations officers*, qualificados para supervisionar os condenados de alto risco, e os *probations service officers*, encarregados do acompanhamento dos condenados menos perigosos. Antes dessa divisão havia certa polivalência nos serviços, o que permitia aos *probation officers* administrar sua carga de trabalho de maneira mais flexível, alternando os tipos de supervisão, e aos *probation service officers* aprender a supervisionar casos mais difíceis. Esse espaço profissional é hoje cortado em dois, o que tem duas consequências imediatas: uma intensificação do trabalho para os *probation officers*, que só administram condenados de alto risco (Philips, Westaby e Fowler, 2016), e o fechamento das cadeias de promoção interna para os *probation service officers*, que foram maciçamente ligados às CRC e não podem mais nem se beneficiar da formação de seus colegas mais qualificados, nem avançar para postos de *probation officers*, hoje em número reduzido nas CRC. Por outro lado, várias interrogações pesam sobre a vontade das empresas privadas de manter uma oferta de formação suficiente para sustentar uma verdadeira dinâmica de profissionalização e/ou continuar a empregar profissionais da liberdade condicional.

Essa desestruturação de um espaço profissional que permitia aos funcionários ter acesso a carreiras evolutivas é sem dúvida uma das consequências mais deletérias para o grupo profissional, tanto no plano de sua diversidade quanto no de sua dinâmica interna. Somente as jovens recrutas formadas na universidade e diretamente contratadas para postos de *probation officers* poderão de agora em diante aceder a empregos estáveis e a percursos de carreira promocionais, de preferência, *a priori*, no seio do NPS, relegando as outras categorias de pessoal, socialmente menos favorecidas e em geral vindas da imigração, a empregos precarizados, menos bem pagos e pouco profissionalizados, nas CRC.

Uma fragilização dos processos de representação sindical

Nesse contexto de deterioração das condições de trabalho e de emprego, os sindicatos são particularmente solicitados tanto no plano da defesa dos casos individuais quanto no da proteção dos funcionários transferidos ou da (re)negociação dos acordos coletivos (Colling, 1993; McBride, 2004). Na maioria dos países europeus, o setor público continua mais sindicalizado do que o setor privado. Na Grã-Bretanha, 55% dos funcionários públicos são sindicalizados (contra 86% em 1980 e 14% no setor privado em 2015) e ainda se beneficiam de uma cobertura convencional importante. Por isso mesmo, os sindicatos parecem cada vez mais restritos a estratégias defensivas e a negociações em baixa (Bach e Stroleny, 2013), como mostra nossa pesquisa no serviço de liberdade condicional (Guillaume e Kirton, 2017a).

Em 2015, o pequeno sindicato que representa todos os graus de agentes da condicional e um pequeno número de funcionários administrativos, o Napo, contava com 8 mil membros, ou seja, perto da metade dos efetivos (70% dos quais mulheres). Antes da privatização, os militantes locais representavam os interesses de seus membros junto a um empregador único (os 35 *trusts* regionais) e tinham assento em instâncias de representação locais e nacionais. Um conjunto de acordos nacionais era assim negociado a cada ano e declinado localmente, com algumas margens de flexibilidade. A *transforming rehabilitation* veio pôr em questão essa arquitetura das relações sociais.

No nível da representação cotidiana, a divisão em dois empregadores distintos — NPS e CRC — implica que os representantes eleitos do Napoelus de Napo hoje só podem representar os funcionários que trabalham para o mesmo empregador que eles, o que coloca sérios problemas para um pequeno sindicato como o Napo, que deve redobrar sua rede militante. Por outro lado, como em outros serviços privatizados (Cumbers, MacKinnon e Shaw, 2010), a dispersão dos locais de trabalho, assim como a maior instabilidade e diversidade da mão de obra, cria novas restrições para o recrutamento e a representação dos funcionários. Num contexto de intensificação do trabalho, de demissão por aposentadoria (ou de demissão voluntária) de vários militantes experientes, de diminuição do tempo de delegação no setor público (NPS) e de maiores riscos de discriminação sindical nas CRC, parece cada vez mais difícil recrutar militantes e facilitar a participação dos aderentes nas instâncias decisórias do sindicato (Guillaume e Kirton, 2017b). Como o mostram diferentes trabalhos, esses constrangimentos são particularmente desfavoráveis à participação sindical das mulheres (Munro, 2001; Kirton, 2015; Guillaume, 2018).

No plano da negociação coletiva, as perspectivas são igualmente bastante reduzidas. Os sindicatos primeiro se valeram das garantias oferecidas pela lei para negociar as condições de transferência dos funcionários para as empresas privadas, assim como para o NPS, por meio de um acordo de tipo Tupe.[5] Esse acordo previa sobretudo: uma garantia de emprego para o conjunto dos funcionários, no NPS ou numa das CRC, nenhum licenciamento durante sete meses após a venda e a manutenção das grades nacionais de classificação dos empregos e dos salários. Como para outros contratos Tupe, essas garantias são temporárias e podem ser modificadas ou renegociadas a prazo (Cooke et al., 2004). Em 2016, mais de 1.500 supressões de emprego foram assim anunciadas nas diferentes CRC em razão sobretudo das políticas de redução dos custos e de mutualização dos serviços de suporte adotadas pelas empresas contratantes. Por outro lado, os sindicatos também negociaram a manutenção de um comitê nacional de negociação (National Negotiating Council: NNC) com os diferentes sindicatos e empregadores (NPS e CRC). Como mostram outras pesquisas sobre os efeitos das privatizações (Cunningham e James, 2010; Cumbers, MacKinnon e Shaw, 2010), numerosos entrevistados preveem o colapso desse espaço de negociação nacional conjunto devido sobretudo à vontade das CRC de introduzir uma lógica comercial na fixação dos salários e/ou recorrer a licenciamentos (Smith, 2012).

Enfim, a qualidade do diálogo social que existia em antigos *trusts*, com quadros e diretores muitas vezes oriundos da profissão hoje substituídos por gerentes vindos da administração penitenciária no NPS ou do setor privado nas CRC, corre o risco de se deteriorar rapidamente, tendo sobretudo como consequência a revogação ou a renegociação em baixa dos acordos de igualdade profissional preexistentes. Ora, como o mostram numerosos trabalhos, a fraca aplicação das políticas de igualdade nos serviços públicos privatizados (Whitfield, 2002) tem impacto negativo sobre as condições de emprego das mulheres (Moore e Tailby, 2015; Rubery, 2013).

★ ★ ★

---

[5] As *Transfer of Undertakings (Protection of Employment) Regulations* foram introduzidas em 1981, em obediência à Diretriz 77/187/CEE do Conselho Europeu, de 14 fevereiro de 1977, referente à aproximação das legislações dos Estados-membros relativas à manutenção dos direitos dos trabalhadores em casos de transferências de empresas, de estabelecimentos ou de partes de estabelecimentos. Essa legislação garante três tipos de proteção: (1) a transferência automática dos empregos e dos direitos que lhes são associados; (2) garantias em matéria de licenciamentos e de modificação dos contratos de trabalho; (3) direitos em matéria de informação e de consulta dos funcionários.

Esta pesquisa no interior do serviço de liberdade condicional britânico reestruturado revela um processo bastante inelutável de deterioração das condições de trabalho, de emprego, de profissionalização e de representação sindical de uma categoria muito feminizada de funcionários qualificados do serviço público. A brutalidade e o caráter ideológico do processo de reestruturação iniciado, assim como a recusa do governo a iniciar um diálogo com os sindicatos, contribuem sem dúvida para acentuar os efeitos geralmente deletérios das reestruturações no interior do setor público. Mas este capítulo sublinha a fragilidade desses espaços profissionais até então relativamente protegidos que permitiram a muitas mulheres entrar na camada assalariada estável, formar-se e obter qualificações, evoluir em sua carreira sendo sindicalizadas e se beneficiar de medidas de conciliação compatíveis com suas responsabilidades familiares. Esses efeitos de gênero das políticas de austeridade muitas vezes são invisibilizados (Rubery e Rafferty, 2013; Pochic, 2017), inclusive do lado sindical, quando na verdade comprovam um risco de desvalorização (Bolton e Muzio, 2008) de vários ofícios feminizados (educação, saúde, justiça, trabalho social, primeira infância) e pressagiam uma deterioração da qualidade dos serviços públicos, que terá impacto negativo na vida de milhões de mulheres vindas dos meios menos favorecidos.

Referências

BACH, Stephen. Deprivileging the public sector workforce: austerity, fragmentation and service withdrawal in Britain. *The Economic and Labour Relations Review*, v. 27, n. 1, p. 11-28, 2016.

____; BORDOGNA, Lorenzo. Reframing public service employment relations: the impact of economic crisis and the new EU economic governance. *European Journal of Industrial Relations*, v. 19, n. 4, p. 279-294, 2013.

____; STROLENY, Alexandra. Public service employment restructuring in the crisis in the UK and Ireland: social partnership in retreat. *European Journal of Industrial Relations*, v. 19, n. 4, p. 341-357, 2013.

___; WINCHESTER, David. Industrial relations in the public sector. In: EDWARDS, P. (Org.). *Industrial relations*: theory and practice. Oxford: Blackwell, 2003. p. 285-312.

BACON, Nicolas; SAMUEL, Peter. Partnership agreement adoption and survival in the British private and public sectors. *Work, Employment and Society*, v. 23, n. 2, p. 231-248, 2009.

BOLTON, Sharon; MUZIO, Daniel. The paradoxical processes of feminization in the professions: the case of established, aspiring and semi-professions. *Work, Employment and Society*, v. 22, n. 2, p. 281-299, 2008.

CARTER, Bob. State restructuring and union renewal: the case of the National Union of Teachers. *Work, Employment and Society*, v. 18, n. 1, p. 137-156, 2004.

COLLING, Trevor. Contracting public services: the management of compulsory competitive tendering in two county councils. *Human Resource Management Journal*, v. 3, n. 4, p. 1-15, 1993.

CONLEY, Hazel; PAGE, Margaret. *Gender equality in public services*. Londres: Routledge, 2014.

COOKE, Fang Lee; EARNSHAW, Jill; MARCHINGTON, Mick; RUBERY, Jill. For better or for worse: transfer of undertakings and the reshaping of employment relations. *The International Journal of Human Resource Management*, v. 15, n. 2, p. 276-294, 2004.

CUMBERS, Andrew; MACKINNON, Danny; SHAW, Jon. Labour, organisational rescaling and the politics of production: union renewal in the privatised rail industry. *Work, Employment and Society*, v. 24, n. 1, p. 127-144, 2010.

CUNNINGHAM, Ian; JAMES, Philip. Strategies for union renewal in the context of public sector outsourcing. *Economic and Industrial Democracy*, v. 31, n. 1, p. 34-61, 2010.

DEERING, John; FEILZER, Martina. *Privatising probation*: is transforming rehabilitation the end of the probation ideal? Bristol: Policy, 2015.

EVETTS, Julia. New professionalism and new public management: changes, continuities and consequences. *Comparative Sociology*, n. 8, p. 247-266, 2009.

___. A new professionalism? Challenges and opportunities. *Current Sociology*, v. 59, n. 4, p. 406-422, 2011.

FLECKER, Jörg; HERMANN, Christoph. The liberalization of public services: company reactions and consequences for employment and working conditions. *Economic and Industrial Democracy*, v. 32, n. 3, p. 523-544, 2011.

FOURNIER, Valerie. Boundary work and the unmaking of the professions. In: MALIN, N. (Org.). *Professionalism, boundaries and the workplace.* Londres; Nova York: Routledge, 2000. p. 67-86.

GALE, Jenny. Government reforms, performance management and the labour process: the case of officers in the UK probation service. *Work, Employment and Society,* v. 26, n. 5, p. 822-838, 2012.

GRIMSHAW, Damian; RUBERY, Jill; ANXO, Dominique; BACACHE-BEAUVALLET, Maya; NEWMANN, Laszlo; WEINKOPF, Claudia. Outsourcing of public services in Europe and segmentation effects: the influence of labour market factors. *European Journal of Industrial Relations,* v. 21, n. 4, p. 295-313, 2015.

GUILLAUME, Cécile. *Syndiquées*: défendre les intérêts des femmes au travail. Paris: Presses de Sciences Po, 2018.

____; KIRTON, Gill. Napo, un cas exemplaire des difficultés rencontrées par les syndicats britanniques du public. *Sociologie du Travail,* v. 59, n. 1, 2017a.

____; ____. Challenges and pitfalls for workplace unionism in the restructured probation service. *Economic and Industrial Democracy,* 2017b.

HOOD, Christopher. Contemporary public management: a new paradigm? *Public Policy and Administration,* v. 10, n. 2, p. 104-117, 1995.

KIRKPATRICK, Ian; ACKROYD, Stephen. Transforming the professional archetype? The new managerialism in UK social services. *Public Management Review,* v. 5, n. 4, p. 511-531, 2003.

KIRTON, Gill. Anatomy of women's participation in small professional unions. *Economic and Industrial Democracy,* 13 out. 2015.

____; GUILLAUME, Cécile. *Employment relations and working conditions in probation after transforming rehabilitation*: with a special focus on gender and union effects. Rapport de recherche, Londres, Queen Mary University, 2015.

____; ____. Work, employment and engagement conditions in a female dominated public service occupation after restructuring/outsourcing. *Industrial Relations Journal,* 2017.

LARMINAT, Xavier de. *Hors des murs*: l'exécution des peines en milieu ouvert. Paris: PUF, 2014.

LE GALÈS, Patrick. Contrôle et surveillance. La restructuration de l'État en Grande-Bretagne. In: LASCOUMES, P.; LE GALÈS, P. (Org.). *Gouverner par les instruments*. Paris: Presses de Sciences Po, 2005. p. 237-271.

MCBRIDE, Jo. Resilience or renewal? The persistence of shop steward organisation in the TMCI. *Capital and Class*, n. 82, p. 115-142, 2004.

MAWBY, Rob; WORRALL, Anne. *Doing probation work*: identity in a criminal justice occupation. Nova York: Routledge, 2013.

MOORE, Sian; TAILBY, Stephanie. The changing face of employment relations: equality and diversity. *Employee Relations*, v. 27, n. 6, p. 705-719, 2015.

MUNRO, Anne. A feminist trade union agenda? The continued significance of class, gender and race. *Gender, Work and Organization*, v. 8, n. 4, p. 454-471, 2001.

NOORDEGRAAF, Mirko. Reconfiguring professional work: changing forms of professionalism in public services. *Administration and Society*, v. 48, n. 7, p. 783-810, 2016.

PHILIPS, Jake; WESTABY, Chalen; FOWLER, Andrew. "It's relentless": the impact of working primarily with high-risk offenders. *Probation Journal*, v. 63, n. 2, p. 182-192, 2016.

POCHIC, Sophie. Services publics: des femmes au service de l'intérêt general. *VRS*, n. 48, p. 28-31, 2017.

____; GUILLAUME, Cécile. Les carrières des cadres au coeur des restructurations: la recomposition des effets de genre? *Sociologie du Travail (ABS 2*)*, v. 51, n. 2, p. 275-299, 2009.

RUBERY, Jill. Public sector adjustment and the threat to gender equality. In: VAUGHAN-WHITEHEAD, D. (Org.). *Public sector shock*. Cheltenham: Edward Elgar, 2013. p. 22-43.

____; RAFFERTY, Anthony. Women and recession revisited. *Work, Employment and Society*, v. 27, n. 3, p. 414-432, 2013.

SMITH, Andrew. "Monday will never be the same again": the transformation of employment and work in a public-private partnership. *Work, Employment and Society*, v. 26, n. 1, p. 95-110, 2012.

WHITFIELD, David. Impact of privatisation and commercialisation on municipal services in the UK. *Transfer*: European review of labour and research, n. 8, p. 234-251, 2002.

9. Acesso ao emprego e violências cometidas contra as mulheres

Iman Karzabi e Séverine Lemière

O emprego e as violências cometidas contra as mulheres são duas questões importantes da igualdade entre as mulheres e os homens. Raros, porém, são os estudos que tratam delas em conjunto, que analisam suas relações e exploram suas interseções. Se os trabalhos de pesquisa permitem entender melhor o fenômeno social das violências cometidas contra as mulheres (Hirigoyen, 2005; Jaspard, 2005; Romito, 2006) e sua consideração pelas políticas públicas (Debauche, 2013; Delage, 2017; Herman, 2016; Lieber, 2008), o impacto dessas violências sobre os percursos profissionais das mulheres e a resposta das políticas de emprego continuam pouco explorados (Perrier, 2014). No entanto, as associações que acompanham as mulheres vítimas de violências dão prioridade à questão do emprego. Encontrar um emprego ou conservar o seu é uma condição primordial da emancipação dessas mulheres.

As mulheres sem emprego vítimas de violências são invisíveis entre os invisíveis. De um lado, a taxa de desemprego das mulheres é, desde o final de 2012, igual ou mesmo inferior à dos homens, mascarando o fato de que as mulheres sem emprego são muito mais numerosas do que os homens. Elas estão no "halo" do desemprego, em subemprego ou são consideradas inativas (Guergoat-Larivière e Lemière, 2014; Lemière, 2013). As pessoas que desejam trabalhar mas não procuram emprego e não estão disponíveis para assumir um são na maioria das vezes mulheres e estão relativamente menos inscritas no Pôle Emploi (Bessone, Cabannes e Marrakchi, 2016). As situações de emprego das mulheres são também conhecidas por serem menos "polarizadas" entre emprego em tempo integral e desemprego do que as dos homens (Maruani e Meron, 2012). Enfim, não esqueçamos que a inatividade é ainda mais importante, e elevada, para as mulheres nos bairros prioritários (48,7% das mulheres de 15 a 64 anos em 2015 contra 47,6% em 2014) (Observatoire National de la Politique de la Ville, 2016). Essas mulheres ficam assim fora dos números do desemprego, são pouco visíveis e menos prioritárias para os dispositivos da política de emprego. De outro lado, as violências cometidas contra as mulheres continuam mal-entendidas; o poder do autor das violências é minimizado, e as violências continuam relegadas à esfera privada. As violências atingem as mulheres de maneira maciça, qualquer que seja sua idade ou meio social. Afetam sua vida e têm consequências graves em sua saúde física e psicológica, e sua situação social e econômica. Essas violências e suas consequências constituem para as vítimas sem emprego um freio específico, e muitas vezes o mais importante, à sua inserção profissional.

As mulheres sem emprego vítimas de violências sofrem assim a dupla invisibilidade do não emprego e das violências, acentuada pela ausência de dados estatísticos específicos sobre essa população. Foi para tirar essas mulheres dessa dupla invisibilidade e interpelar os atores das políticas públicas que montamos um grupo de trabalho no Observatoire Régional d'Île-de-France des Violences Faites aux Femmes (integrado ao Centre Francilien pour l'Égalité Femmes-Hommes Hubertine-Auclert). Entre 2014 e 2016, atores do emprego, associações, pesquisadoras e atores sindicais trabalharam em conjunto e realizaram diferentes tomadas de depoimentos. Uma pesquisa qualitativa foi feita sobre uma amostra particular de mulheres vítimas de violências sem emprego e acompanhadas por associações de luta contra as violências cometidas contra as mulheres. Um guia destinado aos atores do emprego foi publicado em maio de 2016.[1]

---

[1] Ver: <www.centre-hubertine-auclert.fr/outil/ameliorer-l-acces-a-l-emploi-des-femmes-victimes-de-violences-guide-pratique-a-destination-des>.

Integrar a problemática das violências cometidas contra as mulheres no acompanhamento do emprego ajuda a entender as dificuldades específicas de inserção profissional de certas mulheres. Ter noção desse freio é um elemento--chave de eficácia da inserção profissional. Essa reivindicação apresentada pelo guia foi integrada no final de 2016 ao quinto plano de mobilização e de luta contra todas as violências cometidas contra as mulheres (20172019) do Ministério das Famílias, da Infância e dos Direitos das Mulheres.

Este capítulo se baseia nessa pesquisa-ação-sensibilização, com suas contribuições e seus limites, considerando-se a natureza do tema, ainda exploratória.

As violências: um freio específico ao emprego das mulheres

A amplitude das violências cometidas contra as mulheres

> A violência em relação às mulheres é uma manifestação das relações de força historicamente desiguais entre as mulheres e os homens que levou à dominação e à discriminação das mulheres pelos homens, privando assim as mulheres de sua plena emancipação [Convenção do Conseil de l'Europe sur la Prévention et la Lutte contre la Violence à l'égard des Femmes et la Violence Domestique, dita Convenção de Istambul, ratificada pela França em 2014].

As violências afetam um número importante de mulheres ao longo da vida. Lembremos que uma entre 10 mulheres declara ter sido vítima de violências conjugais e que as violências psicológicas representam o tipo mais frequente das violências perpetradas por um cônjuge: uma entre quatro mulheres declara tê-las sofrido (Jaspard, Demur e equipe Enveff, 2000). Por outro lado, 14,5% das mulheres de 20 a 69 anos declaram ao menos uma forma de agressão sexual (todas as esferas misturadas) ao longo da vida (Debauche et al., 2017).

As violências são múltiplas e proteiformes (verbais, psicológicas, físicas, sexuais, econômicas e administrativas) e frequentemente se acumulam: os dados da Île-de-France coletados pelo telefone 3919 (Violences Femmes Info) indicam entre duas e três formas de violências acumuladas declaradas por quem liga (Observatoire Régional des Violences Faites aux Femmes do Centre Hubertine--Auclert e Fédération Nationale Solidarité Femmes, 2015).

O impacto das violências cometidas contra as mulheres sobre sua situação de emprego

Se as violências dizem respeito a todas as mulheres, o desemprego, uma grande instabilidade profissional e a exclusão temporária ou definitiva do mundo do trabalho são fatores agravantes. Na Île-de-France, as desempregadas e as estudantes tinham um indicador global de violências conjugais sofridas duas vezes mais alto do que as outras mulheres. Por outro lado, "mais da metade das mulheres que sofreram violências conjugais declarou que essas violências tinham trazido consequências, perturbações em sua vida cotidiana, sobretudo em seus estudos ou seu trabalho" (pesquisa 2015 "Cadre de vie et sécurité", do Institut National des Statistiques et des Études Économiques et do Observatoire National de la Délinquance et de la Réponse Pénale). A dependência econômica de uma esposa freia sua partida do lar violento; as mulheres sem nenhuma renda pessoal estão ainda mais mergulhadas numa situação "muito grave" de violências: duas em três são inativas ou desempregadas não indenizadas (Jaspard, 2005).

As mulheres vítimas de violências são levadas a ter comportamentos considerados "irracionais e incoerentes" em sua busca de emprego, e os casos de irradiações existem, devido por exemplo ao não comparecimento a convocações, à impossibilidade de apresentar documentos justificando a procura de emprego ou à recusa de uma ação ou de uma oferta sem explicação etc.

Esses comportamentos se explicam pelo fenômeno do domínio, que se instala progressivamente: primeiro, o isolamento e a desvalorização sistemática da vítima, o controle, a possessão e a vigilância, sobretudo por meio do controle financeiro, a inversão da culpa e a instauração de um clima de medo, com ameaças e intimidações, por vezes acompanhadas de golpes e de violências sexuais. O agressor põe em prática uma estratégia para garantir sua impunidade. Esses mecanismos foram descritos principalmente por Marie-France Hirigoyen

(2005). São reforçados pelo "ciclo da violência conjugal" (Walker, 1984, apud Jaspard, 2005), precisando como o agressor mantém e reforça o domínio sobre a vítima. Esse ciclo se repete, intensifica-se e compreende sempre as mesmas etapas: aumento progressivo da violência até uma crise aguda, à qual sucede uma fase de justificação, seguida de um período de arrependimento, "lua de mel", até a retomada das etapas desde o início.

A compreensão desses mecanismos explica que em média sete tentativas de partida sejam em geral necessárias para essas mulheres antes de deixar definitivamente o agressor, segundo as associações. Entre as mulheres que se declararam vítimas de violências físicas e/ou sexuais dentro do casal, mais de dois terços continuam a morar com seu cônjuge (Observatoire National des Violences faites aux Femmes, 2015).

No quadro do grupo de trabalho, realizamos uma pesquisa qualitativa junto a associações especializadas no acompanhamento das mulheres vítimas de violências — na Île-de-France e além, por meio da rede nacional dos Centres d'Information sur les Droits des Femmes et des Familles (CIDFF) e da Fédération Nationale Solidarité Femmes. Vinte e nove associações participaram. O objetivo era conhecer a situação profissional das pessoas acompanhadas por essas associações; as repercussões das violências cometidas contra as mulheres sobre sua situação de emprego e de procura de emprego; e também identificar as boas práticas que facilitavam sua inserção profissional.

O primeiro freio à busca de emprego das mulheres vítimas de violências identificado por esta pesquisa é a falta de autoestima, de autoconfiança, e as instabilidades emocional e material geradas pela situação de violência. Outros freios se somam, igualmente ligados às violências, como a ausência de rede social e o isolamento. Vêm enfim freios mais clássicos, como a falta de qualificação, o fato de não ter trabalhado ao menos nos últimos dois anos e os problemas de cuidado das crianças pequenas. Se a amostra dessa pesquisa qualitativa é especial, por ser constituída de mulheres acompanhadas por associações, lembremos que, segundo a pesquisa nacional de 2015 "Cadre de vie et sécurité", mais da metade das mulheres que tinham sofrido violências conjugais declarou que essas violências haviam provocado perturbações sobretudo em seus estudos ou em seu trabalho.

Essas conclusões se cruzam também com as dos projetos IN PRO VIC e Pro-victima do Ministério da Justiça, sobre a inserção profissional das mulheres vítimas de violências conjugais, desenvolvidos de 2005 a 2008 em parceria com as associações do Instituto Nacional de Ajuda às Vítimas e de Mediação (Inavem), da Fédération Nationale Solidarité Femmes (FNSF) e do Centre National d'Information sur les Droits des Femmes et des Familles (CNIDFF). Os resultados desses projetos expunham o sentimento de vergonha e de culpa das mulheres vítimas, induzido e encorajado pelo autor das violências, para explicar o fato de que elas calavam o que viviam quando encontravam os intermediários do emprego.

Quadro 1 | Foco nas mulheres jovens vítimas de violências
No caso das mulheres mais jovens, a violência tem impacto na escolaridade e em sua interrupção precoce. As jovens (20-24 anos) são as mais atingidas pelas violências, quer seja no espaço público, no trabalho e no espaço do casal (Jaspard, Demur e equipe Enveff, 2000). Mais expostas às violências sexuais, "elas são também mais sensíveis a esses tipos de atos, denunciam-nos com mais frequência e por isso os declaram mais" (Debauche et al., 2017). Segundo a pesquisa Enveff, as mulheres vítimas de violências sexuais antes dos 15 anos interrompem sua escolaridade numa idade mais precoce do que aquelas que não foram violentadas, deixam o lar paterno mais cedo e na maioria das vezes num clima de conflito com os pais (Vion, 2014). Por exemplo, 34% das filhas de imigrantes casadas contra a vontade não têm nenhuma qualificação (Hamel, 2011), uma porcentagem alta, levando-se em conta o fato de que elas cresceram na França. Um casamento precoce e as violências que ele engendra podem assim interromper a escolaridade. Enfim, "55% das mulheres jovens entre 18 e 25 anos que ligam para o 3919 na Île-de-France estão sem atividade profissional em 2014 (contra 15% do total das que ligam), [...] [da mesma forma] a porcentagem de mulheres vítimas de violências sem emprego acolhidas pelos CIDFF é de 45% contra 65% em média para as jovens entre 18 e 25 anos, ou seja, mais de 20 pontos de diferença" (Observatoire Régional des Violences Faites aux Femmes, 2016:40). A Associação FIT (*une femme, un toit*, ou uma mulher, um teto) constata a mesma ligação entre violências e interrupção precoce da escolaridade: da centena de mulheres jovens abrigadas em 2016, 47% haviam deixado o sistema escolar sem nenhum diploma.

Acompanhar as mulheres vítimas de violências em direção ao emprego: boas práticas

Formar-se sobre as violências para um acompanhamento no emprego mais eficaz

Reconhecer o freio específico das violências cometidas contra as mulheres no acesso ao emprego requer localizar as violências. Se essa preliminar é certamente a mais importante, é também a mais complexa.

Uma experiência já antiga foi realizada pela associação Objectif Emploi de Saint-Denis, que acolhe as pessoas à procura de emprego, de formação, e toda iniciativa ligada à inserção socioprofissional (no total, mais de 4 mil pessoas são aí acompanhadas por ano).[2] Em 2010-2011, em parceria com a rede local associativa, essa estrutura se formou e realizou um questionamento junto às mulheres acompanhadas sobre as violências sofridas. As conclusões foram esmagadoras: 84% delas haviam sofrido ou sofriam repetidamente violências psicológicas e verbais por parte do marido, companheiro, concubino, e 72%, violências físicas. Dar-se conta das violências e de sua frequência modificou certas práticas profissionais. Por exemplo, enquanto uma ausência ou um atraso antes eram sancionados pelos atores do emprego, essa mesma situação foi em seguida acompanhada de um apoio e uma felicitação por ter conseguido vir.

A formação dos atores do emprego é primordial. Muito recentemente, o quinto plano interministerial de mobilização e de luta contra todas as violências praticadas contra as mulheres integrou a adaptação do acompanhamento em direção à inserção profissional das mulheres vítimas de violências. O plano prevê sensibilizar o serviço público do emprego e os atores do emprego com um desenvolvimento de modos de acompanhamento inovadores e ajudantes dedicadas. Ele quer também integrar as violências cometidas contra as mulheres nos diferentes acordos-quadros que tratam da igualdade assinados entre o Estado e os atores do emprego. Um módulo sobre as violências deverá ser

---

[2] Trechos de uma apresentação realizada por Virginie Dalmar, conselheira de inserção profissional na Objectif Emploi, em março de 2011, e trazida ao grupo de trabalho.

acrescentado às formações já previstas sobre a igualdade mulheres-homens. Assim também, as disposições de apoio financeiro das mulheres vítimas de violências conjugais após a perda de seu emprego e/ou ruptura com o cônjuge violento — cálculo dos direitos ao salário de solidariedade ativa (RSA), as violências conjugais constituindo um motivo legítimo de demissão, dando direito à indenização desemprego — deverão ser mais mobilizadas.

Durante muito tempo, a questão do caráter misto das profissões parecia ser a única questão prioritária no compromisso com a igualdade do Pôle Emploi. Hoje, articular caráter misto e violências é um eixo importante de progressão da igualdade.

O exemplo de um dispositivo dos atores do emprego específico para as mulheres vítimas de violências

Se as associações de combate às violências contra as mulheres há muito tempo acionam dispositivos específicos de acompanhamento em direção ao emprego — por exemplo, as agências de acompanhamento individualizado da rede nacional dos Centres d'Information sur les Droits des Femmes et des Familles —, raras são as iniciativas diretamente acionadas pelos atores do emprego.

As missões locais do departamento da Essonne propõem desde 2010 um ateliê específico para as mulheres jovens que abandonaram os estudos (16-25 anos) e que mostraram ser em grande parte vítimas de violências. A experiência nasceu do sentimento da prefeita de Les Ulis, alarmada diante da situação de algumas jovens que haviam abandonado os estudos e/ou não tinham emprego, para as quais fora detectada uma situação de precariedade social (ruptura familiar, gravidez precoce, hospedagem instável). Nenhuma dessas jovens apresentava um projeto de vida, todas estavam desinvestidas, sendo a gravidez para elas muitas vezes um meio de serem reconhecidas e de obter um estatuto social. Foi desde a primeira sessão de estágio que a situação das violências se impôs no suporte a essas situações: 85% das jovens acompanhadas declararam ter sofrido ou sofrer violências (violências conjugais, violações e agressões sexuais, mutilações sexuais, casamentos forçados, prostituição). Essa constatação se revelou similar em todo o departamento da Essonne. Após a participação no estágio, 74% das jovens estavam empregadas e/ou em formação nos seis meses seguintes, 79% tomavam providências ativas em direção ao emprego ou para melhorar sua vida (providências administrativas, engajamento associativo, providências jurídicas etc.) e 89% descreviam uma nítida melhora na autoestima.

Quadro 2 | Além do direito comum: a experiência berlinense

Gwenaëlle Perrier (2010) analisa um dispositivo para as mulheres vítimas de violências adotado em alguns *job centers* de Berlim. Os *job centers* assumem o acompanhamento e a indenização dos inscritos há mais de um ano na relação dos desempregados na Alemanha. As mulheres envolvidas são aquelas que deixaram o domicílio conjugal e foram registradas por um centro de acolhimento de mulheres vítimas de violências. Sem entrar no detalhe do acompanhamento, algumas medidas específicas são interessantes. Assim, o sistema de registro dos desempregados tendo em vista suas chances de encontrar um emprego é posto de lado para aquelas mulheres, quando normalmente ele é obrigatório. Derrogações do direito comum também foram decididas, sobretudo para garantir confidencialidade e discrição no interior dos *centers*. Para o pagamento dos salários-desemprego, o procedimento é igualmente específico para essas mulheres: o mesmo serviço monta o dossiê e garante seu acompanhamento financeiro. Enfim, derrogações das regras dos salários-desemprego existem, como a não apresentação de certos documentos administrativos (pelo fato de ter deixado o domicílio), a possibilidade de adiantamento dos abonos ou o cálculo do montante do abono com base nos recursos de que realmente dispõe a vítima etc. O *job center* considera que essas mulheres "saíram da situação de extrema urgência" quando encontraram um abrigo estável. Desde então, integram o quadro do acompanhamento institucional clássico.

O interesse dessa experiência em missões locais é acentuado pelo fato de que, se as meninas se dão melhor na escola e saem com menos frequência sem diploma,[3] elas continuam mais numerosas, mas nem em formação, nem na escola, nem no emprego: na França, o índice de mulheres jovens sem emprego

---

[3] Dos rapazes, 19% não têm nenhum diploma no início da vida ativa, e essa proporção não baixou desde 1999, enquanto a proporção das moças sem diploma diminuiu de 16% em 1999 para 12% em 2008 (Mainguené e Martinelli, 2010).

e saídas do sistema educativo continua 10% superior ao dos homens jovens[4] (Organisation de Coopération et de Développement Économiques, 2016).

Por outro lado, essas estruturas generalistas são uma porta de entrada importante para ajudar as mulheres jovens a se afastar das violências, pois pode ser difícil para elas se dirigir diretamente a uma associação especializada nas violências. A experiência da Essonne responde também de modo antecipado aos muito recentes compromissos do quinto plano interministerial contra as violências (objetivo 23), que prevê experimentar ações de formação e de sensibilização com relação às violências cometidas contra mulheres jovens em 20 missões locais em nível nacional em 2017.

Permanecendo no quadro do direito comum, essas experiências mostram o interesse em integrar as especificidades das mulheres vítimas de violências em seu acompanhamento em direção ao emprego. A experiência berlinense vai mais longe, infringindo em parte o direito comum (quadro 2).

★ ★ ★

O reconhecimento, pelas políticas públicas de emprego em níveis nacional e local, das violências cometidas contra as mulheres como uma família específica de freios periféricos ao emprego constitui assim uma questão importante da autonomia financeira e da emancipação das mulheres. O cruzamento entre o campo da igualdade entre mulheres e homens no mercado de trabalho e o das violências cometidas contra as mulheres em grande parte ainda está por ser construído, sobretudo em termos de estudos estatísticos sobre as ligações entre situação no mercado de trabalho, inatividade, abandono da escola e violências.

As violências também têm impacto sobre a situação das mulheres que têm emprego. Apenas alguns acordos de empresas sobre a igualdade profissional integram essa questão, enquanto há vários anos existem experimentações nos Estados Unidos, na Inglaterra ou na Austrália (Hennequin e Wielhorski, 2012). Esse é um próximo tema que gostaríamos de desenvolver, articulando políticas públicas, mundo associativo, empresas e sindicatos. O credo "trabalho, logo existo" é certamente ainda mais importante para as mulheres vítimas de violências!

---

[4] Sublinhemos que essa diferença ainda assim é menor que os 40% médios dos países da OCDE.

Referências

BESSONE, Anne-Juliette; CABANNES, Pierre-Yves; MARRAKCHI, Anis. Halo autour du chômage: une population hétérogène et une situation transitoire. *Insee Références* (dossiê "Halo autour du chômage"), 2016.

DEBAUCHE, Alice. Les violences sexuelles en France: une reconnaissance inachevée? *Les Cahiers Français*, n. 376, p. 49-54, 2013.

____; LEBUGLE, Amandine; BROWN, Elizabeth; LEJBOWICZ, Tania; MAZUY, Magali; CHARRUAULT, Amélie; DUPUIS, Justine; CROMER, Sylvie; HAMEL, Christelle. Présentation de l'enquête Virage et premiers résultats sur les violences sexuelles. *Documents de Travail*, Ined, n. 229, jan. 2017.

DELAGE, Pauline. *Violences conjugales*: du combat féministe à la cause publique. Paris: Presses de Sciences Po, 2017.

GUERGOAT-LARIVIÈRE, Mathilde; LEMIÈR, Séverine. Emploi, non-emploi: une analyse femmes-hommes. *Document de Travail du Centre d'Études de l'Emploi*, n. 176, 2014.

HAMEL, Christelle. Immigrées et filles d'immigrées: le recul des mariages forces. *Population et Sociétés*, n. 479, jun. 2011.

HENNEQUIN, Émilie; WIELHORSKI, Nouchka. Quand l'intime s'immisce dans l'entreprise: les conséquences organisationnelles des violences familiales. *RIMHE*: revue interdisciplinaire management, homme & entreprise, v. 4, n. 4, p. 42-56, 2012.

HERMAN, Élisa. *Lutter contre les violences conjugales*: féminisme, travail social, politique publique. Rennes: Presses Universitaires de Rennes, 2016.

HIRIGOYEN, Marie-France. *Femmes sous emprise*. Paris: Oh! Éditions, 2005.

JASPARD, Maryse. *Les violences contre les femmes*. Paris: La Découverte, 2005.

____; DEMUR, Anne-Françoise; ÉQUIPE ENVEFF. *Les violences envers les femmes en Île-de--France*. Paris: Institut de Démographie de l'Université Paris-I, 2000.

LEMIÈRE, Séverine. *L'accès à l'emploi des femmes*: une question de politiques... Rapport remis à la ministre des Droits des Femmes, dez. 2013.

LIEBER, Marylène. *Genre, violences et espaces publics*: la vulnérabilité des femmes en question. Paris: Presses de Sciences Po, 2008.

MAINGUENÉ, Alice; MARTINELLI, Daniel. Femmes et hommes en début de carrière: les femmes commencent à tirer profit de leur réussite scolaire. *Insee Première*, n. 1284, fev. 2010.

MARUANI, Margaret; MERON, Monique. *Un siècle de travail des femmes en France*: 1901-2011. Paris: La Découverte, 2012.

OBSERVATOIRE NATIONAL DE LA POLITIQUE DE LA VILLE. *Rapport*, 2016.

OBSERVATOIRE NATIONAL DES VIOLENCES FAITES AUX FEMMES. Violences faites aux femmes: principales données. *La Lettre de l'Observatoire National des Violences Faites aux Femmes*, n. 8, p. 1-20, 2015.

OBSERVATOIRE RÉGIONAL DES VIOLENCES FAITES AUX FEMMES DU CENTRE HUBERTINE-AUCLERT. *Recherche-action jeunes femmes victimes de violences*: situations et parcours des jeunes femmes entre 18 et 25 ans victimes de violences en Île-de-France. 2016.

____; ASSOCIATION FIT UNE FEMME UN TOIT. *Améliorer l'accès à l'emploi des femmes victimes de violences*: guide à destination des acteurs et actrices de l'emploi. 2016. Disponível em: <www.centre-hubertine-auclert.fr/outil/ameliorer-l-acces-a-l-emploi-des--femmes-victimes-de-violences-guide-pratique-a-destination-des>.

____; FÉDÉRATION NATIONALE SOLIDARITÉ FEMMES. *Les violences à l'encontre des femmes en Île-de-France*: situations et parcours de femmes victimes de violences conjugales. Dados 2013, 2015.

ORGANISATION DE COOPÉRATION ET DE DÉVELOPPEMENT ÉCONOMIQUES. *Panorama de la société 2016*: un éclairage sur les jeunes — la situation de la France. 2016.

PERRIER, Gwenaëlle. *Intégrer l'égalité entre les hommes et les femmes dans la mise en oeuvre des politiques de l'emploi*: une comparaison entre Berlin et la Seine-Saint-Denis. Tese (doutorado), IEP, Paris, 2010.

____. L'objectif d'égalité des sexes dans la mise en oeuvre des politiques d'emploi en Seine--Saint-Denis et à Berlin: entre prescriptions communautaires, dynamiques nationales et initiatives locales. *Revue Internationale de Politique Comparée*, v. 21, n. 3, p. 111-136, 2014.

ROMITO, Patrizia. *Un silence de mortes*: la violence masculine occultée. Paris: Syllepse, 2006.

VION, Pascale. *Combattre toutes les violences faites aux femmes, des plus visibles aux plus insidieuses*. Conseil Économique, Social et Environnemental, nov. 2014.

10. A contribuição das pesquisas sobre o gênero e o trabalho para os estudos chineses sobre a "transição"*
Tang Xiaojing

As questões de trabalho e de gênero se dividem na China em dois campos de pesquisa separados. As pesquisas sobre as mulheres/o gênero e aquelas sobre o trabalho e as classes sociais. Nos trabalhos desenvolvidos dentro desses dois campos, a "transição econômica" constitui uma perspectiva de análise recorrente. Apresentaremos aqui, primeiro, essas duas abordagens, e depois mostraremos, partindo da experiência do trabalho das mulheres do período socialista, como as pesquisas sobre o gênero e o trabalho podem permitir à sociologia entender melhor a "transição" da sociedade chinesa.

As pesquisas chinesas sobre as mulheres/o gênero e sobre o trabalho sob o prisma da "transição"

Nos anos 1970, enquanto a disciplina sociológica estava se reconstruindo na China, os sociólogos enfrentavam uma pergunta candente: que teorias poderiam ser mobilizadas, capazes de lhes permitir entender as profundas transfor-

---
* Texto traduzido do chinês para o francês por Justine Rochot.

mações da sociedade chinesa? Algumas teorias macrossociológicas passaram então a ocupar o primeiro plano, como as da modernização, do desenvolvimento, da transição etc. As questões relativas às mulheres e ao gênero tornaram-se com bastante rapidez um campo de pesquisa que mobilizou essas teorias. No início dos anos 1980, com a mercantilização da economia, o desnível salarial entre os dois sexos se aprofundou consideravelmente, e enfatizou-se novamente a importância do papel doméstico das mulheres. A sociedade e o mundo acadêmico foram atravessados por inúmeros debates envolvendo a "questão das mulheres": as mulheres devem "voltar para o lar"? Como resolver as questões de dupla jornada ou de conflito dos papéis das mulheres? A economia de mercado beneficia ou prejudica as mulheres? O que implicam respectivamente a economia planificada e a economia de mercado em termos de emprego das mulheres? Enquanto a questão dos efeitos negativos da concorrência de mercado sobre as mulheres era amplamente debatida, vários universitários insistiam no papel essencial que o mercado devia ter: "Homens e mulheres estão enfim em pé de igualdade para fazer escolhas e enfrentar desafios", e as mulheres, tendo largado a "proteção" do Estado, devem consequentemente redobrar o esforço para se tornarem concorrentes no mercado. Para esses universitários, o sistema de economia planificada que deveria permitir a participação das mulheres na vida econômica havia sobretudo produzido entre as mulheres um "estado de espírito de fracas" e "de preguiçosas" (Jiang, 1993; Liu, 1995; Jin, 2000).

Após a realização em Pequim, em 1995, da quarta conferência mundial sobre as mulheres, o conceito acadêmico de "gênero", central para o feminismo, difundiu-se amplamente na China. Além disso, organizações internacionais e fundações começaram a sustentar financeiramente programas de desenvolvimento num grande número de regiões pobres exigindo uma abordagem generificada. Vários trabalhos científicos surgiram então, na categoria "gênero e desenvolvimento". Um número crescente de pesquisas empíricas também elegeu como objeto a questão do emprego das mulheres, a segregação dos sexos ou ainda o nivelamento salarial (Liu, 1995; Tong, 1999; Jiang, 1993, 2000; Liu e Niu, 2000). Passou-se a falar cada vez mais em "divisão sexuada do trabalho" (Jin, 2000; Tong e Long, 2002), enquanto pesquisadores especializados no estudo da família se interessavam pela divisão sexuada do trabalho doméstico, pelas políticas públicas relativas à família e pelas relações de poder dentro do casal, abrindo o caminho para numerosos debates (Xu, 1992a, 1992b; Zheng, 2003; Jiang, 2003). Nessas pesquisas, os conceitos de "modernização", de "transição" e de "sistema patriarcal" passaram a ser utilizados bastante regularmente. É o caso, por exemplo, de Jin Yihong, que em sua obra *O declínio do patriarcado* se pergunta se o patriarcado foi abalado durante o processo de transição econômica e de industrialização dos campos (Jin, 2000).

Mas, enquanto o conceito de "gênero" se difundia amplamente no mundo da pesquisa referente às mulheres chinesas, é interessante notar, como Wang Zheng, que o meio acadêmico ainda tinha uma compreensão teórica insuficiente do "gênero", vendo nele em geral apenas um conceito sinônimo de "mulher" (Wang, 2009). O termo "transição", por sua vez, designava principalmente a transição econômica, entendida como a passagem da economia planificada para a economia de mercado, ou ainda da "tradição" para a modernidade. Além disso, embora os estudos sobre as mulheres chinesas e sobre o gênero tivessem tido um desenvolvimento nada desprezível, eles ainda ocupavam apenas uma posição marginal no meio acadêmico, e os diálogos com outras disciplinas continuavam raros.

Outro conjunto de investigações diz respeito às pesquisas sobre o trabalho, do ponto de vista da ligação entre classe e trabalho. Um dos temas mais populares da sociologia chinesa depois dos anos 1980 concernia aos "camponeses-operários".[1] Após as reformas econômicas, centenas de milhões de camponeses afluíram de fato para cidades a fim de trabalhar. As primeiras pesquisas se desenvolveram assim em torno das questões de mobilidade social desses camponeses-operários, de integração social e de vida dentro das comunidades de bairro. Num artigo de 2006, intitulado "Transição social e recomposição da

---

[1] O termo chinês *nongmin gong* (农民工) designa de maneira geral os trabalhadores migrantes chineses oriundos de regiões rurais pobres que a partir dos anos 1980 vieram em massa trabalhar nas grandes cidades litorâneas chinesas para aí executar os serviços manuais e menos valorizados pela população urbana. Esse contingente incluiria de 100 a 200 mil indivíduos. Ainda assim, embora o termo esteja hoje bastante banalizado, parece difícil traduzi-lo de maneira justa, de tal forma essa categoria designa na realidade uma população diversificada. (N.T. fr.)

classe operária", Shen Yuan insistia no fato de que era preciso "ultrapassar o paradigma de pesquisa dos camponeses-operários" e "recolocar a classe operária no centro da análise" (Shen, 2006). Shen Yuan reintegrava, por outro lado, as pesquisas sobre o trabalho numa abordagem em termos de transição social, mostrando que a China se encontrava na "interseção de duas grandes transformações": ela estaria sendo, de um lado, profundamente influenciada pela mercantilização e pela nova ideologia liberal, trazidas pelos capitais provenientes da globalização; de outro lado, a sociedade chinesa estaria experimentando uma transição sistêmica produzida pela redistribuição em direção ao mercado. Na interseção dessas duas transformações, a China teria assim se tornado a maior usina do mundo.

Nestes últimos anos, de Marx a Braverman passando por Burawoy, as pesquisas sobre o "processo de trabalho" foram introduzidas na China. Seguindo Burawoy, as pesquisas de Li Jingjun, Robert J. Thomas e outros integraram as questões de sexo, de raça e de cidadania em suas análises políticas da produção. Essas análises desde então se tornaram, na China, as principais referências de pesquisa sobre o trabalho. Assim, He Mingjie descreveu as divisões existentes no interior dos restaurantes entre as "irmãs mais velhas" (*dajie*) e as "irmãs mais novas" (*xiaomei*), e a maneira como as construções de idade e de gênero eram reintegradas pelo capital como estratégia de recrutamento. Entretanto, como mostraram Shen Yuan e Wen Xiang (2007), a experiência chinesa coloca alguns desafios às teorias do processo de trabalho. Entre estes, um elemento essencial é a desigualdade salarial entre os cidadãos chineses provocada pelo sistema de registro dos lares que distingue os urbanos e os rurais.[2] Shen Yuan distinguiu assim o que ele chama de "velhos operários", vindos das empresas estatais, dos "novos operários", surgidos após as reformas econômicas ao longo do processo de urbanização. Ele postula que o processo de formação da classe dos "novos

---

[2] O sistema de registro dos lares se baseia no *hukou*, um pequeno catálogo que distingue os moradores urbanos e rurais e com base nessa distinção lhes dá acesso a direitos diferenciados. Assim, os camponeses-operários que vêm trabalhar nas empresas e nos canteiros de obras das cidades e das zonas periurbanas permanecem oficialmente classificados como "camponeses" devido ao seu *hukou* rural, e não podem, por conseguinte, beneficiar-se do mesmo acesso aos serviços públicos e aos benefícios sociais que os citadinos. (N.T. fr.)

operários" pode se explicar pelo conceito de exploração, dentro do modelo teórico marxista; por outro lado, o processo de formação da classe dos operários das empresas estatais dataria de antes do afastamento desses operários do campo da produção, em decorrência de sua licença ou aposentadoria, e se construiu progressivamente na vida cotidiana das comunidades do bairro. A ligação entre trabalhadores e Estado foi assim construída *a posteriori* como principal quadro de referência dos operários e principal recurso disponível em termos identitários. A pesquisa experimental de Wu Qingjun (2010) confirmou a pertinência da análise teórica de Shen Yuan: com base no estudo de caso de uma grande empresa estatal do nordeste da China, este último mostrou que a identidade coletiva e a consciência de si dos operários industriais tradicionais só haviam emergido após as reformas econômicas, ao longo do processo de degradação e retração de seus direitos e interesses, ou seja, fora do processo de trabalho propriamente dito.

As questões de gênero e de cidadania foram portanto progressivamente integradas nas pesquisas sobre classe e trabalho. Essa constelação de pesquisas tomou a transição econômica como ponto de partida para "examinar a sociedade pelo ângulo da fábrica". Além disso, os métodos tendem cada vez mais a uma abordagem etnográfica, passando de considerações abstratas sobre os trabalhadores a pesquisas bem mais concretas.

As pesquisas sobre o trabalho e o gênero sob o socialismo

Seguindo as definições dadas pelos pesquisadores Sun Liping, Shen Yuan ou ainda Guo Yuhua, o termo "transição" designa na verdade um conjunto sistêmico de transformações econômicas, mas também políticas, sociais e culturais. Qual é portanto essa "transição" que transforma a sociedade chinesa atual? O que distingue de modo essencial o período "socialista" do período "pós-socialista"? Em que essa transição difere da dos primeiros países a ingressar no processo de modernização?

Para responder a essas perguntas, convém voltar a uma abordagem empírica da experiência do período socialista. Os debates da sociologia da transição já destacaram várias vezes as continuidades existentes entre as formas do governo, no que concerne tanto à reprodução dos detentores dos recursos quanto ao problema dos direitos cívicos dos operários-camponeses. Também se diz de modo geral que os citadinos do período anterior às reformas se beneficiavam de direitos sociais e de proteções no direito do trabalho relativamente mais completas. Contudo, se nos distanciamos do ponto de vista dominante que considera os operários do período socialista um grupo homogêneo que se beneficia da proteção do sistema redistributivo do Estado, damo-nos conta de que, fora do que era chamado de "bolo de ferro", existia na cidade um sistema de "bolo de argila", composto sobretudo de mulheres, mas também de indivíduos que voltavam do campo, de antigos vagabundos urbanos, de desempregados etc., e que se baseava em salários baixos, condições de trabalho deploráveis e sucessivos empregos temporários (Tang, 2010).

Em 2006, enquanto eu circulava entre os *lilong*[3] dos arredores da fábrica em busca da primeira geração de operárias que haviam sido "liberadas" nos anos 1950, encontrei várias mulheres que haviam acumulado uma dezena, ou mesmo várias dezenas de anos de experiência de trabalho dentro de uma mesma fábrica, mas que se designavam como "não sendo empregada da fábrica A", e sim como "do lar". Elas tinham precisamente feito a experiência, por ocasião do Grande Salto para Frente,[4] desse "movimento de liberação das mulheres", historicamente sem precedente. A maioria delas trabalhava como empregadas temporárias subcontratadas[5] em empresas estatais. E, ainda que uma parte delas tenha sido convertida em trabalhadoras formais no final dos anos 1950 e nos anos 1960, o emprego subcontratado perdurou. Segundo fontes estatísticas oficiais, em julho de 1977, em Xangai, esse tipo de emprego ainda envolvia 142.800 pessoas.

---

[3] Bairro fechado composto de várias ruelas, típico da arquitetura de Shangai. (N.T. fr.)
[4] O Grande Salto para Frente se refere ao plano de reformas posto em prática a partir de maio de 1958 pelo Partido Comunista Chinês sob o impulso de Mao Tsé-Tung.
[5] O termo *waibaogong* designa aqui as trabalhadoras precárias da época maoista que trabalhavam para empresas estatais mas permaneciam fora do sistema formal da "bola de ferro". (N.T. fr.)

De fato, nos primeiros tempos após a Liberação de 1949, com o partido no poder pretendendo resolver o problema do desemprego, uma ordem hierárquica fora instaurada, tornando os homens urbanos alvo prioritário, enquanto as mulheres, "desprovidas" de competências técnicas e de conhecimentos, eram relegadas ao estatuto ideológico de "dona de casa". Assim, durante o período que precedeu o Grande Salto para Frente, antes de 1958, enquanto uma parte das mulheres era convertida em trabalhadoras oficiais ou quadros dentro das unidades de trabalho seguindo a adoção do sistema da "bola de ferro", ainda restava nas cidades uma população considerável de mulheres sistematicamente vinculadas à categoria de "dona de casa". Foi somente com o forte crescimento econômico gerado pelo Grande Salto para Frente que uma grande parte dessas "donas de casa" pôde obter oportunidades de emprego. Elas assumiram então os postos mais penosos fisicamente. Várias entrevistadas me disseram que "as trabalhadoras subcontratadas da época eram como os operários-camponeses de hoje: o trabalho que ninguém queria fazer, era a elas que eles entregavam". Seu salário era irrisório. Até o início dos anos 1960, o salário médio de uma "trabalhadora temporária" da fábrica A se situava entre 25 e 37 iuanes, ou seja, a metade do salário de uma trabalhadora titular, e seu contrato de trabalho era temporário — o que significa que elas não se beneficiavam das vantagens sociais concedidas pelo Estado, tais como as licenças-maternidade ou a assistência médica gratuita. Seu trabalho era assim reduzido ao estatuto de complemento salarial doméstico e de compromisso com o coletivismo e o socialismo, e o Estado assumia seus minúsculos salários em nome do "construamos depressa e bem, intensa e economicamente, o socialismo". Muito rapidamente, com a chegada da recessão econômica, um número considerável de mulheres foi "devolvido" ao lar, sendo elas encorajadas mais uma vez a se voltar para o trabalho doméstico. Depois, com o restabelecimento da economia no início dos anos 1960, quando o sistema industrial precisou novamente recrutar força de trabalho, o Estado recomeçou a recrutar sob condições as "donas de casa". Vemos assim que muitas mulheres trabalharam e deixaram a fábrica várias vezes, quando não trabalhavam a longo prazo nas empresas estatais com um estatuto de trabalhadora temporária e externa.

Portanto, embora no início do período do Grande Salto para Frente o Estado tenha convocado as mulheres a se liberarem das "velhas relações familiares", ele acabou por relegá-las ao estatuto de "donas de casa".

Sobre a contribuição das pesquisas sobre o gênero e o trabalho para a sociologia da transição

A pesquisa sobre o emprego das "mulheres do Grande Salto para Frente" oferece uma perspectiva de análise que permite apreender a questão das mulheres e do trabalho ao largo das teorias habituais referentes à classe e à política dentro da fábrica. Partindo daí, podemos portanto avançar em direção a uma melhor compreensão das formas assumidas pelas mecânicas do poder durante o período socialista e entabular um diálogo com a sociologia da transição. O que significava portanto o emprego temporário e subcontratado, numa época em que o sistema do emprego era completamente moldado e controlado pelo Estado? Nossa pesquisa permite mostrar que, ao menos durante o período anterior à Revolução Cultural, para as mulheres urbanas do Grande Salto para Frente, o estabelecimento de direitos sociais era determinado pelo sexo. Suas oportunidades de trabalho, seu estatuto, o posto ocupado e o salário eram todos ligados a seu estatuto de "dona de casa" estabelecido pelo sistema. Sem dúvida, o trabalho doméstico havia sido então parcialmente integrado ao domínio público: vários trabalhos acadêmicos mostraram contudo que numerosas tarefas domésticas continuavam a cargo das mulheres, sobretudo no tocante ao cuidado das crianças, e isso mais ainda numa época em que as casas ainda estavam muito pouco equipadas com eletrodomésticos. Cabia portanto às mulheres dois tipos de papéis: com relação ao Estado e com relação à família. O Estado mobilizou então de maneira utilitária a força de trabalho das mulheres, justificando assim o mito da construção do "pleno emprego" socialista. Por isso mesmo, quando hoje debatemos a questão da "classe operária" no contexto da mercantilização, não podemos considerar de maneira simplista que durante o período socialista só existia uma classe de "grandes irmãos operários" que se beneficiavam de direitos sociais completos e homogêneos.

Qual era a base social por trás do modo de funcionamento do poder de Estado, ou, dito de outro modo, como o sistema estatal era recebido pela sociedade? Em 2005, Sun Liping mostrou que o comunismo produziu, fora do capitalismo, uma civilização com uma esfera de influência historicamente muito ampla (Sun, 2005). Ele mobilizou os trabalhos de Hannah Arendt para mostrar que o movimento socialista era uma reação bastante específica à modernidade e, como forma de civilização, era uma maneira de mobilizar elementos de modernidade no interior de uma nova estrutura. Guo Yuhua, em seu artigo "A coletivização do espírito: a memória das cooperativas rurais entre as mulheres da aldeia de Ji no norte do Shaanxi" (Guo, 2003), voltou ao fato de que as mulheres rurais guardavam uma memória viva das fadigas corporais e das afecções da época, uma memória dolorosa da impossibilidade de alimentar e criar seus filhos pequenos, da penúria alimentar etc. Mas, ao fazer o relato de seus sofrimentos, aquelas mulheres muitas vezes também demonstravam um entusiasmo e uma alegria reais. Guo Yuhua propõe explicar isso mobilizando o conceito de efervescência coletiva, vendo aí o que Pierre Bourdieu chamaria de um desconhecimento. No processo de coletivização, as mulheres de fato passaram da esfera privada à esfera pública, o que na realidade significa passar de um estado de dominação para outro, mas essa passagem se fez trazendo a ilusão de uma "liberação". Podemos perceber aqui a complexidade do que foi chamado de "liberação das mulheres". As técnicas de controle do Estado, instrumentalizando as mulheres, na verdade as ajudaram a sair do espaço familiar e a fazer parte da vida coletiva. Nossas pesquisas no entanto mostraram que o Estado socialista instaurou uma hierarquia de valores, sendo os interesses do Estado superiores aos da família e do indivíduo. Quer se tratasse de "sair de casa" ou de "voltar para o lar", tudo era feito em nome do Estado, cujas justificações podiam variar a todo momento de acordo com as necessidades da industrialização. Assim, essa Revolução desde o início careceu de uma forma de valor individualista, podendo-se encontrar esse espírito de "sacrifício" em nome do coletivo, como mostrou Zuo Jiping, na cultura confuciana da tradição chinesa, que consiste em valorizar o dever e depreciar o direito (Zuo, 2005).

Por outro lado, entendemos, por meio das pesquisas sobre a ligação entre Estado, gênero e regime de trabalho, que a família é um agente intermediário importante situado no centro das relações entre Estado e sociedade. Quando aquelas mulheres que trabalhavam como operárias temporárias subcontratadas eram incitadas pelo sistema industrial a "se recolher" ao lar em períodos de recessão econômica, o Estado insistia no fato de que elas "tinham obrigações familiares", "não preenchiam as condições de emprego", e as persuadia de que "se ocupar de sua família era também construir o socialismo". Em compensação, nos momentos de forte crescimento econômico, em que as obrigações de produção eram mais pesadas, o tempo de trabalho não era limitado. As horas suplementares eram moeda corrente, e o tempo que sobrava depois das oito horas de trabalho era em grande parte dedicado à educação política. Por conseguinte, para muitas mulheres, era difícil cuidar ao mesmo tempo de suas missões de produção e do trabalho doméstico; algumas não dispunham de tempo de repouso suficiente, o que teve efeitos sobre seu estado de saúde, enquanto para outras essa impossibilidade de estar ao mesmo tempo na cozinha e no moinho gerou depressões. O trabalho dos escalões de base da Liga das Mulheres e das unidades sindicais consistia justamente em encorajar as mulheres a se envolver ativamente na produção e a encontrar a qualquer preço soluções para superar as dificuldades ligadas às tarefas domésticas e à educação das crianças. Por exemplo, encorajavam-se as trabalhadoras a transferir as tarefas domésticas para membros de sua família, na maioria das vezes para seus pais (Tang, 2015). Desse ponto de vista, a família era instrumentalizada de acordo com os interesses do Estado: quando este mobilizava a mão de obra feminina, a família era descrita como "entrave" e o "familiarismo" era atacado; e quando o Estado precisava que as mulheres se engajassem com sacrifício no trabalho, os laços intergeracionais eram mobilizados para assumir o trabalho gratuito de se encarregar das crianças; em compensação, quando o Estado precisava que os indivíduos "voltassem para o lar", a família reencontrava sua função de proteção social e voltava a ser o lugar onde as mulheres podiam desempenhar plenamente seu papel.

Uma pesquisa de Chen Yingfang permitiu mostrar que, durante o período socialista e após a Revolução Cultural e a mercantilização da economia, a família se tornou uma base estrutural importante para amortecer as tensões entre "o Estado e o indivíduo". Por exemplo, durante a Revolução Cultural, o Estado propôs aos pais dos jovens instruídos[6] que pediam para voltar para a cidade que antecipassem sua aposentadoria, a fim de deixar seu posto de trabalho no interior do sistema para seus próprios filhos. Eu mesmo mostrei em pesquisas recentes que o sistema e os valores do "centralismo produtivo" do período socialista se transformaram, após as reformas econômicas, em algo que se parece muito com uma doutrina do sucesso num contexto de mercantilização, mas que substancialmente não passa de uma forma sistematizada de "rejeição da vida familiar". As mulheres se encontram no cruzamento de pressões e de inquietações múltiplas: um papel econômico de coarrimo de família, um papel dentro de um local de trabalho masculinizado e altamente competitivo e um papel de provedora do *care* junto aos filhos. Entre alguns migrantes vindos do campo, hoje é comum ver crianças crescendo com famílias "despedaçadas" e nas quais "os pais estão ausentes dos banquetes". A forma de apoio familiar recíproco representada pelo fato de fazer os filhos serem criados pelos avós[7] tornou-se hoje uma solução recorrente mobilizada pelas famílias para resolver essa tensão entre o parental e o profissional. A razão pela qual esse modelo foi largamente aceito hoje pelas duas gerações tem justamente a ver com os valores desenvolvidos após o próprio período socialista, consistindo em colocar o trabalho acima do direito dos filhos e dos pais.

Assim, as pesquisas sobre a ligação entre gênero e trabalho nos levam a reflexões sobre a família, as quais, ao introduzir uma nova dimensão que questiona a passagem do poder público à construção da vida privada, contribuirão para a renovação da sociologia da família.

---

[6] Os "jovens instruídos" (*zhishi qingnian*) são os 17 milhões de colegiais e estudantes enviados entre 1968 e 1980 para trabalhar nos campos chineses, sobretudo dentro de uma estratégia de Mao Tsé-Tung para acalmar os ardores das Guardas Vermelhas no início da Revolução Cultural. (N.T. fr.)

[7] Em chinês, *gedai fuyu*, literalmente "a educação que pula uma geração". (N.T. fr.)

Referências

GUO, Yuhua. Xinling de jitihua: Shanbei Jicun nongye hezuohua de nüxing jiyi [A coletivização do espírito: a memória das cooperativas rurais entre as mulheres da aldeia de Ji no norte do Shaanxi]. *Zhongguo Shehui kexue* [Ciências Sociais da China], n. 4, p. 79-92, 2003.

JIANG, Yongping. Shichang jingji yu funü jiuye [Economia de mercado e emprego das mulheres]. *Funü yanjiu luncong* [Compilações de Pesquisas sobre as Mulheres], n. 1, p. 16, 1993.

____. 50nian zhongguo chengshi nüxing jiuye de huigu [Retorno sobre cinquenta anos de emprego das mulheres urbanas na China]. *Laodong baozhang tongxun* [Comunicação sobre a Proteção do Trabalho], n. 3, p. 29-30, 2000.

____ (Org.). *Shiji zhi jiao de Zhongguo funü shehui diwei* [O estatuto social das mulheres chinesas na virada do século]. Pequim: Zhongguo funü chubanshe [Edições das Mulheres Chinesas], 2003.

JIN, Yihong. *Fuquan de shiwei*: Jiangnan nongcun xiandaihue jingcheng zhong de xingbie yanjiu [O declínio do patriarcado: estudo sobre o processo de modernização dos campos de Jiangnnan do ponto de vista do gênero]. Sichuan Renmin Chunbanshe [Edições do Povo do Sichuan], 2000.

LIU, Bohong. Zhongguo nüxing jiuye zhuangkuang [Estado de emprego das mulheres chinesas]. *Shehuixue yanjiu* [Pesquisas Sociológicas], n. 2, p. 39-48, 1995.

LIU, Dezhong; NIU, Bianxiu. Zongguo de zhiye xingbie geli yu nüxing jiuye [Segregação profissional dos sexos na China e emprego feminino]. *Funü yanjiu luncong* [Compilações de Pesquisas sobre as Mulheres], n. 4, p. 18-20, 2000.

SHEN, Yuan. Shehui zhuanxing yu gongrenjieji de zaixingcheng [Transição social e recomposição da classe operária]. *Shehuixue yanjiu* [Pesquisas Sociológicas], n. 2, p. 13-36, 2006.

____; WEN, Xiang. Zhuanxing shehuixue shijiao xia de laodong yanjiu: wenti, lilun yu fangfa [As pesquisas sobre o trabalho do ponto de vista da sociologia da transição: problemas, teorias e métodos], *Qinghua Shehuixue pinglun* [Comentários Sociológicos de Tsinghua], p. 155-173, 2007.

SUN, Liping. Shehui zhuangxing: fazhan shehuixue de xin yiti [A transição social: um novo objeto para a sociologia do desenvolvimento], *Shehuixue yanjiu* [Pesquisas Sociológicas], n. 1, p. 124, 2005.

TANG, Xiaojing. Les femmes du Grand Bond en avant: miroirs et masques idéologiques. *Travail, Genre et Societés*, v. 23, n. 1, p. 61-78, 2010.

____. "L'émancipation des femmes" par le travail dans la Chine communiste de 1958 à 1976: un jeu de dupes? *Vingtième Siècle*, v. 2, n. 126, p. 33-44, 2015.

TONG, Xin. Shehui bianqian yu zhongguo funü jiuye de lishi yu qushi [Mudança social, história e tendências do emprego das mulheres chinesas], *Funü yanjiu luncong* [Compilações de Pesquisas sobre as Mulheres], n. 1, p. 38-41, 1999.

____; LONG, Yan. Fansi yu chonggou: dui Zhongguo laodong xingbie fengong yanjiu de huigu [Reflexão e reconstrução: um retorno às pesquisas sobre a divisão sexual do trabalho na China], *Zhejiang xuekan* [Revista Acadêmica do Zhejiang], n. 4, p. 211-216, 2002.

WANG, Zheng. Shehui xingbie yanjiu zai guoneiwai de fazhan [O desenvolvimento dos estudos sobre gênero na China e ao nível internacional], *Zhonghua nüzi xueyuan Shandong fenyuan xuebao* [Revista da Região do Shandong do Instituto das Mulheres da China], n. 5, p. 17, 2009.

WU, Qingjun. Guoqi gaige yu chuantong chanye gongren de zhuanxing [Reformas das empresas estatais e transição dos operários da indústria tradicional], *Shehui kexue wenxian chubanshe* [Edições de Literatura em Ciências Sociais], 2010.

XU, Anqi. Zhongwai funü jiating diwei de bijiao [Uma comparação do status das mulheres na família na China e ao nível internacional], *Shehui* [Sociedade], n. 1, 1992a.

____. Fuqi quanli moshi yu nüxing jiating diwei manyidu yanjiu [Pesquisa sobre os tipos de poder no seio do casal e o grau de satisfação das mulheres quanto ao seu lugar na família], *Zhejiang xuekan* [Revista Acadêmica do Zhejiang], n. 1, 1992b.

ZHENG, Dandan. Richang shenghuo yu jiating quanli [Vida cotidiana e poder familiar]. In: JIANG, Y. (Org.). *Shiji zhi jiao de Zhongguo funü shehui diwei* [O status social das mulheres chinesas na virada do século]. Pequim: Zhongguo funü chubanshe [Edições das Mulheres Chinesas], 2003.

ZUO, Jiping. 20 shiji 50 niandai de funü jiefang yu nannü yiwu pingdeng: Zhongguo chengshi fuqi de jingli yu ganshou [A libertação das mulheres e a igualdade das tarefas entre homens e mulheres nos anos 1950: experiências e vivências de casais chineses urbanos], *Shehui* [Sociedade], n. 1, p. 182-209, 2005.

11. Tecer novas histórias: os trabalhos de agulha na escola feminina (França-Argélia colonial)
Rebecca Rogers

[A costura] permite à mulher se adaptar melhor à sua tarefa doméstica e a prepara eventualmente para uma tarefa profissional. O ensino de noções também expressamente úteis para a valorização do indivíduo, em seu meio próprio — a família e o lar — e no meio social em que ele é levado a viver, é portanto bastante fundamental. Acrescentemos que essa concepção moral e econômica de um ensino manual [...] é muito legítima numa democracia, em que se considera que o trabalho manual, tanto quanto o trabalho intelectual, pode assumir um caráter nobre e liberal. Ela contribuirá necessariamente para amortecer os preconceitos sociais quanto à distinção hierárquica das profissões e ofícios, e, desse modo, para reduzir o número daqueles que duvidam da nobreza e do caráter benéfico do trabalho manual [Rauber, 1911].

A definição dos trabalhos de agulha proposta pela inspetora Marie Rauber no *Nouveau dictionnaire de pédagogie et d'instruction primaire* (1911) oferece uma representação interessante dessa "disciplina" escolar tantas vezes esquecida na história da educação.[1] Formação generificada por excelência, ela se afirma na

---
[1] Ver entretanto o útil esclarecimento em d'Enfert (2003).

escola da Terceira República em sua dimensão moral e econômica, suscetível de transformar os preconceitos sociais e de contribuir para a nobreza do trabalho manual. Sem grande surpresa, a historiografia há 40 anos repercute muito pouco uma tal representação das aulas de costura ou de bordado, de tal forma os trabalhos de agulha parecem participar do reforço dos papéis de gênero na sociedade e das desigualdades mulheres/homens no mundo do trabalho. Este capítulo propõe, contrariamente a essa visão, examinar mais de perto os laços entre os trabalhos manuais na escola e o mercado de trabalho. Não para reabilitar a "nobreza" do trabalho manual, mas para insistir em suas transformações, num contexto de industrialização e de expansão imperial. O campo empírico que alimenta esta reflexão é o da Argélia colonial da segunda metade do século XIX até a Primeira Guerra Mundial. O deslocamento do nosso olhar para o mundo das meninas "indígenas" provoca novas interrogações alimentadas pelas orientações de uma história global ou conectada. A partir da colônia, vê-se mais claramente de que maneira uma disciplina como o trabalho manual participa de reconfigurações sociais capazes de tecer novas histórias do trabalho feminino. Assim como a profissão de professora é hoje objeto de pesquisas no cruzamento do mundo escolar e do mundo do trabalho, o trabalho das alunas também merece ser mais bem conhecido.

Pensar o trabalho na escola: trabalhos manuais e ofícios de meninas

Dizer que a escola fabrica o feminino é uma observação ao mesmo tempo exata e perfeitamente banal. Mais interessantes são as abordagens que procuram estudar os efeitos sociais dos ensinamentos transmitidos na escola sobre a construção de identidades sexuadas. De que maneira evoluem os cursos de trabalho manual e que relações eles mantêm com as possibilidades de trabalho ao sair da escola? Na França, a história da educação e a história do trabalho durante muito tempo permaneceram separadas, relegando à sombra, com poucas exceções (Duru-Bellat, Kieffer e Marry, 2000; Divert, 2002; Zylberberg-Hocquard, 2002), o lugar do trabalho dentro da escola, sobretudo para as meninas. Quando se pensou na articulação entre as formações escolar e profissional das meninas, foram sobretudo as profissões qualificadas que mobilizaram a atenção dos(as) pesquisadores(as) que estudaram a procura do vestibular, a entrada nas universidades e a seguir nas profissões liberais ou científicas (Schweitzer, 2010; Charron, 2014; Marry, 2004). Esse tipo de questionamento recentemente se estendeu às formações comerciais e técnicas e a seu papel na evolução sexuada das profissões e das representações destas (Bodé e Thivend, 2012). Mas e quanto ao ensino primário e às possibilidades de emprego que se oferecem àquelas que deixam a escola entre 12 e 13 anos, destinadas a um futuro de "donas de casa", expressão que recobre no século XIX uma função tanto social quanto laboral? (Perrot, 1998; Sachs, 2017.) De que maneira a escola participou, por intermédio de seus ensinamentos, da formação de novas oportunidades de trabalho? Que historicidades se podem restituir aos trabalhos de agulha no século da industrialização?

Na França, encontramos poucos ecos da corrente historiográfica que marcou a história das mulheres na Grã-Bretanha ou nos Estados Unidos com a publicação do livro da historiadora da arte Rozsika Parker, *The subversive stitch* (1984). Nesse "clássico" feminista, a costura é sem dúvida um ensinamento e uma prática tipicamente femininos, mas a autora mostra também como as mulheres podiam se apoderar dela para exprimir sua individualidade, seus talentos artísticos, até sua resistência às normas de gênero. Seguindo Parker, e sem com isso pretender que a costura ou o bordado sejam realmente "subversivos", iremos retraçar aqui em linhas gerais a importância dos trabalhos de agulha na formação das meninas pobres na França, antes de atravessar o Mediterrâneo para avaliar seus efeitos na situação colonial.

Se os trabalhos de agulha figuram tanto no programa de estudos de jovens burguesas quanto de jovens operárias, a ligação desses trabalhos com uma futura profissão só existe para as meninas dos meios modestos. A burguesia aprende a bordar para se distrair em seu próprio meio e para participar de uma economia doméstica que inclui a fabricação de enxovais, ou até de objetos destinados a um uso de caridade. A operária, em compensação, precisa dessa formação para atender às necessidades de sua família, mas também para ganhar dinheiro nas profissões muito feminizadas do têxtil. Em meados do século XIX, num contexto de desenvolvimento econômico, emergiram iniciativas que visavam profissionalizar os trabalhos manuais para meninas. O verbete do dicionário de Buisson citado no início deste capítulo evoca a organização de cursos para iniciar as meninas no corte de roupas comuns. Entre as iniciativas mencionadas, observemos a de Mlle E. Grandhomme, uma "engenhosa operária parisiense" que ministra esses cursos na "primeira escola superior de Paris". Muito antes desse verbete da inspetora Marie Rauber, porém, Octave Gréard (1887:192-200), então diretor do ensino primário da região do Sena, já havia apontado na capital o papel das iniciativas privadas em que a instrução geral se conjugava com a aprendizagem profissional. Como nas cidades industriais do Norte ou da região de Lyon, existe um grande número de estabelecimentos que formam as meninas para o trabalho desde os anos 1860 (Lembré, 2009; Thivend, 2005).

A lista feita por Gréard dessas instituições mostra também a importância das congregações de ensino nessa nova oferta de formações profissionais em que os "trabalhos de agulha" são muitas vezes valorizados. Majoritárias como professoras no ensino primário das meninas antes de 1880, as freiras também foram muitas a abrir, ao lado das escolas primárias, oficinas em que as alunas seguiam uma forma de aprendizagem destinada a facilitar sua entrada no mercado de trabalho. A oficina de Wassy (Haute-Marne), dirigida por senhoras do Sagrado Coração de Maria, precisava em seu prospecto: "A ideia portanto era fundar para as meninas uma instituição onde elas pudessem se subtrair do contato com o mundo, durante os anos tão perigosos que se seguem à sua primeira comunhão, e ao mesmo tempo aprender a ciência do trabalho, que ganha o pão, e a da virtude, que ganha o céu".[2] A ciência do trabalho dizia respeito antes de tudo às "obras industriais" numa época em que a indústria e o artesanato ainda estavam estreitamente misturados. Em Wassy, formaram-se futuras costureiras e produtoras de roupa branca, ao lado de bordadeiras de ouro e de operárias capazes de produzir a imitação de "antigos manuscritos".

---

[2] *Notice sur l'ouvroir de Wassy (Hte Marne)*. Durrolet (Ed.), 1857, p. 6.

Em meados do século XIX, na esteira da lei de 1841 que regulamentava o trabalho das crianças e da de 1851 que fixava as condições do contrato de aprendizagem, os laços entre a escola e o trabalho se tornaram mais formalizados.[3] As meninas, assim como os meninos, foram afetadas por essas mudanças, como o revelam tanto os arquivos de estabelecimentos quanto pesquisas feitas na época. A comissão de pesquisa sobre o ensino profissional em 1863-1864, instituída sob a presidência do ministro da Agricultura, Comércio e Obras Públicas, mostra a que ponto essas formações "profissionalizantes" pululavam na França, prova de uma ligação entre trabalhos manuais e mercado de trabalho que merece um olhar mais atento (*Enquête sur l'enseignement professionnel*, 1864-1865; Rogers, 2017). Propomos a seguir olhar para essa ligação a partir do terreno argelino, lugar de experimentação pedagógica em que o trabalho manual de meninas indígenas é valorizado.

Aprendizagens e oficinas na Argélia colonial

A biografia da professora francesa Eugénie Luce abre uma vasta janela para a escola como empreendimento de formação e local de aprendizagem dos trabalhos manuais na Argélia colonial (Rogers, 2013a). Nascida em 1804, Mme Luce chegou à Argélia em 1832, no início da colonização francesa. Deixou para trás uma pequena escola primária, sua filha de quatro anos e seu marido, rejeitando assim a opressão de sua vida de professora e de mãe de família. Apaixonada pelas ideias de Saint-Simon, abraçou uma visão da missão civilizadora francesa em que as mulheres eram parte interessada. Defendeu com sucesso junto às autoridades coloniais a ideia de associar as mulheres autóctones à "pacificação" do território, abrindo-lhes as portas da escola, ensinando-lhes o francês e o árabe e dando-lhes aulas de trabalhos manuais. Os recursos de sua escola árabe-francesa em Argel, que foi mantida pelo Estado de 1847 a 1861, mostram a que ponto a questão do trabalho, tanto dos professores quanto dos alunos,

---

[3] Para uma análise na época moderna, ver Crowston (2004).

estava no centro do projeto escolar no contexto colonial. Mme Luce lutou o tempo todo para garantir um nível de salário conveniente tanto para ela própria quanto para suas professoras francesas e árabes. Como para os homens, os salários concedidos às professoras nas colônias eram claramente mais altos do que na metrópole, permitindo um nível de vida relativamente confortável. Mais interessante, contudo, é ver como o conjunto das relações sociais no interior da escola era marcado pelas questões econômicas com consequências sobre o futuro das meninas escolarizadas.

A instituição escolar foi organizada seguindo os princípios da escola de ensino mútuo, que permite a economia em termos de salário dos que ensinam ao mesmo tempo que forma os alunos no ofício do ensino. Mme Luce, auxiliada por uma ou duas professoras assistentes, recebeu em algumas ocasiões mais de 150 alunos e teve de recorrer à ajuda de alunas monitoras para as diferentes aprendizagens. As monitoras, que eram alunas mais velhas, encarregavam-se do ensino de pequenos grupos e em troca recebiam algum dinheiro por suas atividades, o que as introduzia num mercado de trabalho inédito para as meninas autóctones naquela época. Mas, sobretudo, todas as alunas recebiam aulas de costura à tarde e aprendiam a fabricar *foulards*, lenços ou roupas árabes. Elas recebiam em troca pequenas somas de dinheiro ou eram pagas com gêneros.

As inspeções que marcavam o ano escolar revelam a que ponto as autoridades, Mme Luce e sua clientela escolar encaravam conjuntamente trabalho escolar e trabalho manual. Ao lado do ensino dos rudimentos de leitura e escrita em árabe e em francês, de aritmética e do Alcorão, eram assim oferecidos cursos de trabalhos manuais e sobretudo de bordado, dados por uma professora de costura francesa. De saída os trabalhos de bordado fizeram a economia do trabalho entrar no interior da escola, já que era preciso comprar o material com o qual as alunas iriam trabalhar e em seguida revender os produtos do trabalho escolar. Mme Luce adotou uma "caixa econômica" para as alunas e pôs nessa caixa uma parte do produto da venda dos objetos fabricados. Ao introduzir as meninas na prática da economia, a professora instaurou em pequena escala uma visão da sociedade marcada pelos valores do liberalismo e do livre-mercado, bem afastada das realidades mais comuns das famílias pobres que lhe enviavam suas filhas.

A partir de 1861, entretanto, a escola de Mme Luce sofreu críticas ligadas à sua forte personalidade, mas também às reticências dos notáveis árabes com relação à sua ação em favor das meninas. Estes últimos não apreciavam a educação "francesa" que as pequenas argelinas recebiam, e ela foi acusada de formar concubinas para europeus, e não mulheres para lares modestos. As respostas das autoridades francesas são reveladoras da importância dada naquele momento às questões de formação profissional para alunas pobres. Sensível à crítica da imoralidade ligada ao aprendizado do francês, o conselho regional parou de financiar a escola e destinou a mesma quantidade de dinheiro a bolsas de aprendizagem na área do bordado de luxo. A escola se transformou em instituição de costura e acolheu não apenas alunas que aprendiam, mas também operárias que vinham procurar trabalho dentro do estabelecimento.

Podemos interpretar essa evolução como o sinal de dominações múltiplas sofridas por meninas que eram jovens, pobres e indígenas; daí em diante, elas não tiveram mais acesso às aulas de francês e tiveram de passar o dia aprendendo as técnicas de um trabalho remunerador, sem dúvida, porém manual. Outra interpretação, baseando-se nas contribuições de pesquisas recentes no campo do trabalho, da literatura, das circulações transnacionais e do mundo da arte e da museografia, examina mais de perto a natureza das aprendizagens profissionais e dos objetos que delas decorrem para propor uma análise que interroga a ligação entre escola, trabalho e (in)visibilidade das mulheres em situação colonial.

Têxteis que cobrem, que se exibem e que circulam

A oficina dirigida por Mme Luce a partir de 1861 marcou a paisagem urbana de Argel durante mais de 50 anos após o fechamento da escola. Retomada por sua neta Henriette Benaben no final dos anos 1870, a oficina perdeu seu apoio oficial, mas ganhou em reputação internacional por intermédio de feministas inglesas que permaneceram em Argel nos anos 1850 e 1860. Enquanto as autoridades coloniais julgavam inconveniente o ensino do francês às meninas e insistiam na necessária discrição que devia marcar toda ação voltada para as mulheres autóctones, a oficina foi objeto de relatórios elogiosos na imprensa inglesa, tanto feminista quanto missionária (Rogers, 2009). Os bordados feitos na oficina foram exibidos e vendidos durante a Exposição Universal de Londres em 1862 e depois nas exposições de Paris (1867, 1878, 1889, 1900) e de Chicago (1893). Em Argel, eram também vendidos em loterias ou em exposições locais e industriais; eles entraram progressivamente num circuito turístico e comercial atestado nos guias de viagem, na imprensa e em correspondências. Acompanhando esse caminho dos objetos produzidos na oficina se desenha outra representação dos trabalhos de agulha e de seus efeitos na sociedade argelina colonial.

Passaremos agora a arrolar algumas aquisições desta pesquisa sobre Mme Luce e novas questões provocadas pela busca de fontes e pela evolução dos diálogos universitários. De fato, a escola árabe-francesa de meninas e sua oficina oferecem um belo terreno para estudar as interações entre mulheres francesas e autóctones, em que a agulha e a costura abrem perspectivas interessantes para questionar as relações de sexo, de classe e de "raça" (Rogers, 2013b). Como atesta Marguerite Bel, inspetora do ensino artístico e profissional nas escolas de meninas indígenas da Argélia nos anos 1930, Mme Luce e sua neta Henriette Benaben reabilitaram em sua oficina a prática do bordado turco desaparecida no momento da conquista (Clancy-Smith, 1999). Ao reunir moldes antigos e ressuscitar métodos esquecidos, elas contribuíram para salvaguardar um patrimônio artesanal feminino que foi celebrado no final do século XIX, quando foi criado o Museu de Antiguidades muçulmanas (Benjamin, 2003). Os tecidos que cobriam as mulheres e que participavam de sua invisibilidade no espaço público adquiriram nesse contexto outro sentido. Mas esses tecidos não tinham apenas um valor patrimonial ou artístico. Eles também circulavam e eram vendidos no exterior em exposições, em Argel na loja associada à oficina. E essas vendas permitiam às mulheres viver de seu trabalho. É claro que o bordado não representava a conquista de um espaço de trabalho masculino, mas, na Argélia colonial, a adoção do aprendizado do bordado num lugar onde as operárias podiam se reunir e encontrar o material necessário para se tornarem produtoras forneceu os meios de criar novas relações de gênero sobre as quais os escritos da romancista franco-argelina Leïla Sebbar fornecem alguns esclarecimentos (2005).

Em 1893, Henriette Benaben enviou para a Feira Internacional de Chicago um conjunto de bordados e de tecidos trabalhados pelas mulheres de sua oficina. Ela desejava que esses objetos fossem expostos no Palácio das Mulheres, construído para homenagear o trabalho das mulheres no mundo e sua contribuição para as economias nacionais. Quando soube que o comissário-geral francês tinha decidido exibir seus tecidos no pavilhão da Argélia do Palácio da Agricultura, ela tomou de sua caneta para protestar, em inglês, junto a Bertha Potter Palmer, presidente do Board of Lady Managers. Os objetos "autêntica e profundamente argelinos" feitos por suas operárias, jovens e idosas (de 12 a 75 anos), deviam ter seu lugar ao lado de outros produtos do trabalho feminino, escreveu ela.[4] A seu modo de ver, o Palácio das Mulheres encarnava um espírito de solidariedade feminina em torno das obras fabricadas por mulheres. Longe de assentar a dominação masculina e colonial, os trabalhos de bordado abriam assim uma brecha nesse domínio transmitindo talentos e dando um pouco de independência financeira. Benaben reivindicava a presença dos bordados de suas alunas operárias e artistas como forma de reconhecimento internacional das aprendizagens transmitidas, mesmo que as próprias operárias permanecessem na sombra.

Quase 40 anos depois, a comemoração do centenário da conquista da Argélia veio mostrar outra leitura da instituição de Mme Luce e de seus efeitos na sociedade argelina da segunda metade do século:

> Em 1845 revelava-se uma admirável iniciadora, Mme Luce, aquela que com suas alunas devemos proclamar a Avó da arte argelina. Vida de pura abnegação e de desinteresse apaixonado! Mme Luce nunca pediu nada. Foi assumindo seus "riscos e perigos" — um documento oficial o demonstra — que ela criou em Argel, em 1845, a primeira escola-oficina nativa. A França sempre teve esses colaboradores

---

[4] Chicago Historical Society, World Columbian Exposition, Palmer, Incoming letters 1892-1893, boxe 5, carta de 10 de abril de 1892 de Henriette Benaben para Bertha Potter Palmer (final da carta faltando).

que permaneciam na sombra e que, com seus dedos ágeis, teciam o futuro. Mme Luce, com uma intuição viva e sutil, recuperou todas as finezas do bordado turco. Ela formou várias gerações de discípulas que sua grande alma e sua arte ligaram à nossa causa. Sua neta, Mme Luce Benaben, continuou a obra da avó até a morte (1915), completando-a através da conservação de bordados antigos, hoje reunidos nas duas salas do Museu das Antiguidades de Argel que têm seu nome, e do estabelecimento de novos modelos que se tornaram o primeiro fundo do gabinete de Desenho da Academia [Berque, 1930:122].

Essa descrição, bem pouco fiel à personalidade de Eugénie Luce, recoloca sua escola numa história artística e não escolar: os aprendizados saudados são os do bordado e os resultados são inscritos num patrimônio artístico digno de figurar nos museus. As professoras e suas alunas, entretanto, são figuras da sombra que com "seus dedos ágeis" tecem o futuro.

Essa última observação, bastante metafórica, não contradiz uma maneira de entender os "trabalhos de agulha" como uma prática de sujeição em que as meninas experimentam, na escola oficina, relações sociais de sexo e de raça que as relegam à sombra da história. Aliás, pode-se notar que Augustin Berque guarda o nome das professoras francesas, mas não o das operárias bordadeiras. Entretanto, o trabalho ensinado e as técnicas transmitidas permitem às jovens ganhar sua vida honradamente numa sociedade em que o mercado de trabalho é muito pouco aberto às mulheres e as possibilidades de emprego remunerado são muito raras. Essa realidade merece ser mais bem conhecida para entender como os trabalhos de agulha dentro de um estabelecimento de formação puderam, em momentos precisos e em contextos específicos, derrubar normas de gênero. Fazer esse trabalho sair da sombra permite também lançar luz sobre aquelas que o praticaram e restitui uma espessura social sexuada que ainda falta à história da Argélia colonial.

Referências

BENJAMIN, Roger. *Orientalist aesthetics*: art, colonialism, and French North Africa, 1880-1930. Berkeley; Los Angeles: University of California Press, 2003.

BERQUE, Augustin. *L'art antique et l'art musulman en Algérie*. Paris: Publications du Comité National Métropolitain du Centenaire de l'Algérie, 1930. v. VI: Cahiers du centenaire de l'Algérie.

BODÉ, Gérard; THIVEND, Marianne (Org.). Les formations commerciales pour les filles et les garçons: XIXe-XXe siècles. *Histoire de l'Éducation*, n. 136, 2012.

CHARRON, Hélène. *Les formes de l'illégitimité intellectuelle*: les femmes dans les sciences sociales françaises, 1890-1940. Paris: CNRS Éditions, 2014.

CLANCY-SMITH, Julia. A woman without her distaff: gender, work, and handicraft production in colonial North Africa. In: MERIWETHER M. L.; TUCKER, J. E. (Org.). *Social history of women and gender in the modern Middle East*. Boulder: Westview, 1999. p. 25-62.

CROWSTON, Clare. An industrious revolution in late seventeenth-century Paris: new vocational training for adolescent girls and the creation of female labor markets. In: MAYNES, M. J.; SØLAND, B.; BENNINGHAUS, C. (Org.). *Secret gardens, satanic mills*: placing girls in European history, 1750-1960. Bloomington: Indiana University Press, 2004. p. 69-82.

DIVERT, Nicolas. De la promotion à la relégation: le déclin des CAP de couture. *Revue Française de Pédagogie*, n. 180, p. 53-62, 2002.

DURU-BELLAT, Marie; KIEFFER, Annick; MARRY, Catherine. Les filles, éternelles perdantes face aux formations professionnelles? *Revue Suisse des Sciences de l'Éducation*, n. 2, p. 377-384, 2000.

ENFERT, Renaud d'. "Manuel (travail)": préparer au métier ou éduquer? In: DENIS, D.; KAHN, P. (Org.). *L'école républicaine et la question des savoirs*: enquête au coeur du Dictionnaire de pédagogie de Ferdinand Buisson. Paris: CNRS Éditions, 2003. p. 198-220.

ENQUÊTE sur l'enseignement professionnel ou Recueil de dépositions faites en 1863 et 1864 devant la Commission de l'Enseignement Professionnel. Paris: Imprimerie Impériale, 1864-1865. 2 v.

GRÉARD, Octave. *Éducation et instruction*. Paris: Hachette, 1887. v. 1: Enseignement primaire.

LEMBRÉ, Stéphane. Les écoles de dentellières en France et en Belgique des années 1850 aux années 1930. *Histoire de l'Éducation*, n. 123, p. 45-70, 2009.

MARRY, Catherine. *Les femmes ingénieures*: une révolution respectueuse. Paris: Belin, 2004.

PARKER, Rozsika. *The subversive stitch*: embroidery and the making of the feminine. Londres: Women's Press, 1984.

PERROT, Michelle. *Les femmes ou les silences de l'Histoire*. Paris: Flammarion, 1998.

RAUBER, Mme Marie. Aiguille (travaux à l'). In: BUISSON, F. (Org.). *Nouveau dictionnaire de pédagogie et d'instruction primaire*. Paris: Librairie Hachette, 1911. Disponível em: <www.inrp.fr/edition-electronique/lodel/dictionnaire-ferdinand-buisson/document.php?id=2005>.

ROGERS, Rebecca. Telling stories about the colonies: British and French women in Algeria in the nineteenth century. *Gender and History*, n. 21, p. 39-59, abr. 2009.

____. *A Frenchwoman's imperial story*: Madame Luce in nineteenth-century Algeria. Stanford: Stanford University Press, 2013a.

____. Relations entre femmes dans l'Alger colonial: Henriette Benaben (1847-1915) et son école de broderies "indigènes". *Genre & Colonisation*, n. 1, p. 147-169, primavera 2013b. Disponível em: <www.genreetcolonisation.fr/>.

____. Quelles écoles professionnelles pour les jeunes filles pauvres? Débats et réalisations en Algérie et en France métropolitaine (années 1860). *Revue du XIXe siècle*, v. 2, n. 55, p. 109-123, 2017.

SACHS, Miranda. *Child's work, the transformation of childhood in Third Republic Paris*. Dissertação (Ph.D.), Yale University, 2017.

SCHWEITZER, Sylvie. *Femmes de pouvoir*: une histoire de l'égalité professionnelle en Europe (XIXe-XXIe siècle). Paris: Payot, 2010.

SEBBAR, Leïla. *Isabelle l'Algérien*: un portrait d'Isabelle Eberhardt. Neuilly: Al Mannar, 2005.

THIVEND, Marianne (Org.). Apprentissage et formations techniques et professionnelles de filles et de garçons, XIXe-XXe siècles. *Cahiers Pierre Léon*, n. 6, 2005.

ZYLBERBERG-HOCQUARD, Marie-Hélène. L'aiguille, outil du féminin. In: CHABAUD-RYCHTER, D.; GARDEY, D. (Org.). *L'engendrement des choses*: des hommes, des femmes et des techniques. Paris: Éditions des Archives Contemporaines, 2002. p. 173-190.

12. O sexo das artes: da desconfiança à efervescência
Hyacinthe Ravet

A criação e as artes constituem campos historicamente refratários à análise em termos de trabalho, de um lado, em termos de gênero, de outro, e portanto à abordagem articulada dos dois. Há cerca de 20 anos, contudo, constatamos uma efervescência de pesquisas em universos artísticos variados que esclarecem os fundamentos e os contornos simbólicos das diferenças sexuadas em matéria de poder criador, suas resistências e suas vacilações. Esses trabalhos interrogam também a maneira como as lógicas de gênero se decompõem e se reinventam no campo cultural. Este capítulo procurará assim mostrar como as pesquisas sobre o gênero progressivamente ganharam lugar nesse campo e quais são suas contribuições para a reflexão sociológica sobre as profissões artísticas, mas também sublinhar o quanto pensar "o artista" é heurístico para apreender as diferenças em termos de reconhecimento profissional entre os sexos no seio de nossa sociedade.[1]

---
[1] Este texto se baseia sobretudo num trecho do capítulo "Problématiques transversales et renouvellements" de minha obra *Sociologie des arts* (2015b). Cabe igualmente a referência a meu artigo "Le sexe du travail: un genre nouveau!" (Paradeise, Lorrain e Demazière, 2015:283293) para considerações mais amplas sobre a emergência dos trabalhos sobre sociologia do gênero no campo artístico.

Um "novo" campo de pesquisa

As reflexões sociológicas sobre o gênero no campo artístico e cultural são frequentemente apresentadas em meio aos novos objetos de pesquisa e às novas abordagens. Isso se liga a uma longa história em que certa desconfiança entre campo artístico e abordagem sociológica foi muitas vezes dominante.

Os primeiros sociólogos e outros pensadores sociais dedicaram algumas de suas reflexões ao lugar da arte e às suas funções na sociedade desde o fim do século XIX. Mas, se os fundadores da sociologia iniciaram uma reflexão propriamente sociológica sobre a arte, não dedicaram a ela o essencial de seus trabalhos. O que hoje é comumente designado como sociologia da arte só se constituiu realmente como campo disciplinar após a Segunda Guerra Mundial.

O atraso no desenvolvimento de trabalhos importantes em comparação com outros campos sociológicos liga-se a várias ordens de razões. Um primeiro conjunto veio das profundas transformações sociais e culturais por que passou o campo cultural e artístico. Enquanto os universos do trabalho não paravam de se transformar, o desenvolvimento do lazer se realizou para uma parte da sociedade: a partir do século XIX, para a burguesia; ao longo do século XX, para categorias sociais mais amplas. Essa extensão do "tempo livre" e a interrogação sobre o advento de uma "civilização do lazer" (Dumazedier, 1962) atravessaram as reflexões sobre a cultura (mais que sobre a arte), sobretudo após 1945.

Outra ordem de razões inclui o fato de que o interesse dos sociólogos voltou-se mais para outros campos da vida social do que para o campo da arte. Tratou de problemáticas julgadas menos fúteis ligadas a temas vistos como mais urgentes socialmente: por exemplo, o trabalho operário ou, mais tarde, o desemprego e a exclusão. Alguns sociólogos apontaram a influência de Durkheim, para a França, nessa visão das coisas (Menger, 2009). De fato, este último aproximava a arte da patologia e da doença, fontes de desordem social: "Uma sensibilidade artística muito grande é um fenômeno doentio que não pode se generalizar sem perigo para a sociedade" (Durkheim, 2013:219). A arte era assim considerada uma atividade ambivalente, potencialmente portadora de anomia. Não tendo outra finalidade que não ela própria, ela desviaria o indivíduo de outras atividades, socialmente reguladas, cuja finalidade seria determinada e útil. É portanto um julgamento moral que Durkheim faz sobre a arte, opondo a utilidade à futilidade, e nesse mesmo caminho, a ciência à literatura, e às artes em geral. No entanto, seria preciso aprofundar essa visão expressa por Durkheim. Ele de fato afirma, por outro lado, que "a humanidade colocou os valores artísticos e especulativos bem acima dos valores econômicos. Assim como a vida intelectual, a vida moral tem sua estética que lhe é própria". E acrescenta: "Viver é antes de tudo agir, agir sem contar, pelo prazer de agir, e se evidentemente não podemos dispensar a economia, se precisamos acumular para poder gastar, é portanto o gasto que é o objetivo. É o gasto que faz a ação" (Durkheim, 1913).[2] A futilidade não parece mais tão condenável... (Entretanto, trabalhar com as artes em sociologia — ainda mais com as mulheres — pareceu exótico até os anos 1990, como percebi ao iniciar as pesquisas que levaram à minha tese!)

Enfim, terceira ordem de motivos, no campo intelectual, o lugar dominante em matéria de reflexão sobre a arte era ocupado desde o século XIX pelos filósofos e estetas de um lado, e os historiadores da arte de outro. A abordagem sociológica suscitava reticências ou temores. O que podem os sociólogos trazer de novo ou de diferente em comparação com os historiadores ou os estetas? De que competências específicas — de ordem estética? — podem eles se gabar? O olhar sociológico, muitas vezes percebido como materialista ou desencantador, não corre o risco de degradar a obra? Os atores do meio artístico, artistas ou estetas, já temeram ver manchado e/ou vulgarizado um objeto considerado intocável, de uma grandeza absoluta, a Arte. Esse temor não desapareceu completamente. Certa desconfiança permanece com relação aos sociólogos, seu procedimento baseado na pesquisa e seu olhar crítico. Estes, aliás, por vezes se expuseram a críticas bem fundamentadas, formulando reflexões caricaturais. É o caso, por exemplo, da ideia da arte como simples reflexo da sociedade. Isso fez Pierre Bourdieu dizer que "a sociologia e a arte não se dão bem" (1984).

---

[2] Muito obrigada a Catherine Marry por ter me apresentado esse texto.

Quando se acrescenta a essas delicadezas uma interrogação sobre as dimensões sexuadas e generificadas da criação, o sentimento de uma futilidade do propósito e a incompreensão diante de uma tal reflexão num campo que parece *a priori* não ter a ver com essas questões — pois é considerado decorrente do desenvolvimento da singularidade e do talento individual — podem ser totais. De fato, nos primeiros trabalhos sociológicos sobre as artes, essas dimensões são muito pouco exploradas, quando não totalmente ausentes. Sua consideração se faria progressivamente a partir do fim dos anos 1990.

A contribuição das pesquisas históricas

Entretanto, dois tipos de abordagens vindas da história já interrogavam o estatuto das mulheres artistas e as representações sobre as mulheres na arte: as pesquisas pioneiras de história (social) das artes, especialmente sobre as pintoras e as compositoras, e as de história cultural, principalmente sobre o cinema. No início dos anos 1970, o ensaio de Linda Nochlin tentou desconstruir a eterna pergunta "Por que não existiram grandes artistas mulheres?", mostrando todas as implicações de uma pergunta como essa em matéria de ideais sociais e culturais ligados à criação (Nochlin, 1993). Num contexto de efervescência feminista, a historiadora da arte norte-americana explica que o "mito do Grande Artista" que faz deste um ser definido por uma "essência batizada de Gênio ou Talento" se coloca como uma concepção descontextualizada e atemporal quando ela é historicamente datada e culturalmente situada.

É precisamente o que mostram os trabalhos de sociólogos como Raymonde Moulin ou Pierre Bourdieu nos anos 1960 a propósito da criação (Moulin, 1967; Bourdieu e Darbel, 1969). Mas Linda Nochlin mostra também que essa essência caracteriza — por contraste, durante muito tempo como uma evidência — homens brancos; ela faz da criação inspirada uma atividade "masculina". Assim, mais que uma incapacidade "natural" das mulheres para a criação — capacidade que se oporia então simbolicamente às atividades de "reprodução" e de procriação —, é o conjunto das impossibilidades institucionais de desenvolvimento de carreiras que seria conveniente examinar. Essa concepção androcentrada explica também que se tenha esquecido a grandeza de algumas delas em seu tempo. Donde chegamos à reflexão essencial sobre a maneira de escrever a história (no caso, a das artes), omitindo quase sempre a obra das mulheres (Thébaud, 1998).

Essas primeiras investigações pioneiras sobre as criadoras e as que se desenvolveram ao longo dos anos 1990 — essencialmente feitas por pesquisadores e pesquisadoras vindos(as) da história ou dos estudos literários — permitem dar conta de fenômenos históricos de exclusão e de processos de esquecimento no campo artístico. Trabalhos de história cultural, como o artigo de Marcelle Marini sobre "O lugar das mulheres na produção cultural", publicado em 1992 na *Histoire des femmes en Occident* organizada por Georges Duby e Michelle Perrot, matizam porém essa visão (Marini, 1992). Eles mostram que o século XX foi o século do reconhecimento profissional e simbólico das criadoras, a despeito de dificuldades e de resistências. O conjunto desses escritos deixa entrever as fortes apostas simbólicas em torno da criação e da definição "masculina" do poder criador, pensado em oposição a um poder reprodutor "feminino". Eles mostram os limites e as armadilhas dessa oposição repisada.

Outra abordagem, a da história cultural e do estudo das representações, desenvolveu-se na França nos anos 1990 e veio enriquecer as abordagens sociológicas nascentes. Amplos trabalhos se interessaram pela maneira como eram mostradas as imagens das mulheres, sobretudo como a mídia as construía. Esses trabalhos apontaram a variedade das figuras femininas, particularmente no cinema, e também a recorrência de imagens que encerravam homens e mulheres em papéis estereotipados. Noël Burch e Geneviève Sellier (1996, 2009) cruzaram assim a sociologia com a história cultural, sobretudo em sua obra *La drôle de guerre des sexes dans le cinéma français, 1930-1956*, e acentuaram as representações simbólicas ligadas ao "casal incestuoso" (homem de idade madura/mulher jovem), tão frequente nos filmes de grande público (os "*nanars*", como os chamam a autora e o autor). Nathalie Heinich, por sua vez, interroga as figuras femininas por intermédio da literatura em sua obra *États de femme: l'identité féminine dans la fiction occidentale*, a partir de um procedimento ligado especificamente à sociologia da arte (Heinich, 1996).

Mulheres e homens de criação, em vez de "o artista"

As representações ligadas às artes, às mulheres e aos homens, e não mais somente "ao artista", passaram a ser portanto profundamente questionadas. Levá-las em consideração permite entender melhor o acesso (ou não) delas e deles a um campo. O acesso é entendido do ponto de vista da história: desde quando? quem? É entendido também do ponto de vista dos processos de carreira: como? com que direitos de entrada? com que limitações? Podemos então perceber melhor o lugar reservado às mulheres e aos homens num campo cultural específico. Dito de outro modo, colocar a questão da presença de artistas mulheres ao lado dos homens permite abrir a caixa negra do "gênio" e do "dom", duas concepções pensadas como "universais" quando elas são ao mesmo tempo androcentradas e etnocentradas. É também se autorizar a analisar a construção das "vocações" e a pensar os ofícios artísticos como universos de trabalho com suas lógicas de reconhecimento e suas hierarquias estéticas e sociais.

Ora, desde os anos 1970, as pesquisas sobre as relações sociais entre os sexos se desenvolviam consideravelmente nos campos da história e da sociologia. A partir de meados dos anos 1990, a realização regular de seminários (Ephesia, 1995), a constituição de redes de pesquisa como o Mage (Marché du Travail et Genre), a criação da revista *Travail, Genre et Societés*, cujo primeiro número saiu em 1999, foram marcos importantes para a socialização dessas questões. Várias obras analisando o trabalho das mulheres, as relações entre homens e mulheres dentro dos universos profissionais e a maneira como se elaboram os percursos de mulheres e de homens (Maruani, 1998, 2000; Ferrand, Imbert e Marry, 1999) revelaram-se contribuições essenciais para o desenvolvimento de trabalhos sobre as profissões artísticas do ponto de vista do gênero. Diversas obras de síntese também desempenharam papel formador para várias(os) jovens pesquisadoras(es) (Laufer, Marry e Maruani, 2001; Blöss, 2001).

Citemos quatro direções em que as pesquisas sobre as profissões artísticas do ponto de vista do gênero se desenvolveram, as quais correspondem a pistas já exploradas pela sociologia do trabalho e do emprego das mulheres, assim como pela história dos ofícios de homens e mulheres. Uma primeira direção consistiu em analisar o lugar respectivo dos homens e das mulheres no interior das profissões artísticas, e estudar a divisão dos papéis (sobretudo entre criação e acompanhamento da criação). Uma segunda direção de pesquisa consistiu em estudar os processos de construção diferenciada das carreiras dos homens e das mulheres. Assim procedendo, e esta é uma terceira direção de pesquisa, a ligação com a esfera familiar se revelou com muita força, ao mesmo tempo em termos de aprendizagem (às vezes muito precoce, como na música dita clássica), mas também na distinção entre amadorismo e profissionalismo, ou ainda em termos dos papéis distintos dos homens e das mulheres no que tange à prática artística na vida cotidiana (por exemplo, em relação ao(à) cônjuge). Outra direção ainda consistiu em interrogar mais adiante a construção do valor artístico, tanto estético quanto econômico, mostrando o quanto os "cânones" e os critérios de apreciação estão longe de ser neutros sobretudo do ponto de vista do gênero.

Muito concretamente, no campo artístico e cultural, a importação de conceitos e de teorias vindas das pesquisas ligadas à análise das relações sociais de sexo depois dos estudos de gênero foi frequente. Eles permitiram, em particular, apontar com o dedo a divisão sexuada do trabalho artístico e os processos de reconhecimento diferenciados entre mulheres e homens nos campos ligados à criação, portanto melhor questionar esse tipo de atividade, suas especificidades e seu estatuto social.

Pesquisas pioneiras e múltiplos prolongamentos

As primeiras pesquisas sociológicas sobre a presença das mulheres nas áreas artísticas na França se voltaram para as artistas plásticas e as escritoras, seguindo dois tipos de abordagens que inspiraram vastos prolongamentos, o primeiro deles questionando diretamente o trabalho. A partir de uma investigação quantitativa e qualitativa realizada junto a artistas plásticos, Dominique Pasquier (1983) indagava sobre o lugar que as mulheres ocupavam no meio e seu reconhecimento em um artigo pioneiro publicado na revista *Sociologie du Travail*. Se não encontravam barreira na entrada na profissão, elas não atingiam contudo os mesmos níveis de visibilidade social que seus colegas homens e penavam para se fazer reconhecer como verdadeiras artistas. Suas carreiras também não tinham as mesmas configurações, a constituição de uma família representando para elas antes um obstáculo, ao contrário dos homens. Essa análise de uma profissão artística ressaltando os processos de divisão sexuada do trabalho preparou uma reflexão que a seguir teve desdobramentos especialmente do lado das profissões de interpretação artística: entre os(as) músicos(as), em que reinam fortes fenômenos de segregação horizontal e vertical (Ravet e Coulangeon, 2003; Ravet, 2011), entre os(as) dançarinos(as) (Rannou e Roharik, 2008; Sorignet, 2004a, 2004b), mas também entre os(as) atores(atrizes), segundo uma perspectiva histórica (Evain, 2001), ou ainda comparando essas três profissões (Coulangeon, Ravet e Roharik, 2005).

Outra pesquisa inspiradora analisava o lugar das mulheres na área literária segundo o campo de exercício e o subcampo estético (Saint-Martin, 1990). Referindo-se sobretudo aos trabalhos de Christine Planté (1989), com a ajuda de dados históricos, ela analisa principalmente os processos de exclusão e de autoexclusão fora do campo literário (em direção ao "amadorismo") que as escritoras conhecem. Mostra também a diversidade das situações das mulheres artistas e a maneira como as relações de poder ficam exacerbadas entre diferentes espaços de um mesmo campo. Aí também, ricos prolongamentos se seguem com uma tese dedicada precisamente às escritoras por Delphine Naudier (2000) e outra pesquisa sobre as pintoras do final do Antigo Regime até a metade do século XIX por Séverine Sofio (2016).

A primeira combina uma metodologia pluridisciplinar, associando sociologia, história e estudos literários, para analisar as modalidades de acesso e de consagração das escritoras no interior do campo literário a partir dos anos 1970, permitindo revelar as evoluções da morfologia desse campo em que as mulheres conquistaram uma visibilidade, embora permanecendo minoritárias, especialmente nas instâncias mais consagradas. Quanto a Séverine Sofio, ela mostra ao contrário que o final do século XVIII e a primeira metade do XIX foram favoráveis às artistas mulheres, em comparação com outras épocas, a ponto de se ver eclodir um grande número de "vocações femininas". Seguindo uma abordagem sócio-histórica, ela mostra também que esse período permitiu uma "relativa igualdade dos sexos na desigualdade de acesso à consagração acadêmica" para essas profissionais das belas-artes.

Outros trabalhos mobilizaram mais particularmente a abordagem etnográfica, na esteira das pesquisas de Howard S. Becker. Marie Buscatto examina assim o arranjo dos sexos no trabalho e no cotidiano entre as cantoras de *jazz* e os instrumentistas homens, depois também entre esses músicos e as instrumentistas mulheres, muito pouco numerosas. Ela mostra particularmente que a voz não é reconhecida aí como um instrumento como os outros, e que a naturalização das técnicas investidas pelas músicas mulheres tende a lhes negar um porte de "artista" igual ao de seus colegas instrumentistas (Buscatto, 2003, 2007). Em minhas pesquisas sobre a maneira como maestros(maestrinas) constroem coletivamente uma interpretação musical, a observação particular de maestrinas permitiu mostrar o quanto as mulheres tinham de trabalhar e construir uma postura de autoridade para poderem se posicionar como "chefas" e assim dirigir uma orquestra (Ravet, 2015a, 2016). Os efeitos de "teto de vidro" atuam, como no interior de outras profissões de prestígio, mas talvez de maneira ainda mais exacerbada. É que a autoridade, aqui, deve ser entendida também como a capacidade de se considerar e ser considerado(a) "autor(a)" de uma (re)criação, portanto, como autoralidade.[*]

A necessidade de re-historicizar, ainda e sempre, "artista" e "criação"

É impossível citar o conjunto das pesquisas de sociologia das artes dedicadas às questões de gênero, que mobilizam ainda outras abordagens, como por exemplo a da performatividade — em todos os sentidos da palavra — na arte (Foucher Zarmaninan, 2016; Zapperi, 2016). Cada vez mais os gêneros — entendendo-se a palavra desta vez no sentido das formas e dos gêneros estéticos — tornam-se

---

[*] Em francês, *auctorialité*, termo usado na crítica literária em oposição à noção de "autor" e "autoridade". (N.T.)

objeto de estudos que esclarecem tanto a natureza da criação quanto os contornos específicos assumidos por cada expressão artística (Jan-Ré, 2012). Vários trabalhos convidam, além disso, a mobilizar uma abordagem ligada à intersecionalidade para analisar os campos artísticos e culturais a fim de pensar plenamente a articulação entre gêneros estéticos "masculinos" e "femininos".

Para citar apenas uma área entre outras, assinalemos as pesquisas sobre as romancistas da África do Norte de Christine Détrez (2012) e Abir Krefa (2013), que cruzam as questões ligadas às relações entre áreas culturais com os efeitos da (des)colonização. Estas últimas analisam as práticas de escrita próprias das mulheres nesse espaço artístico. Mas trata-se também de analisar o que as práticas de escrita dizem das transformações e das resistências nessas sociedades magrebinas. Seria preciso citar ainda os numerosos seminários e os números de revistas lançados sobre essas questões, por exemplo a propósito da força heurística do feminismo e do conceito de gênero para repensar a construção do valor no campo das artes plásticas (Sofio, Yavuz Perin e Molinier, 2007).

Contradizendo a imagem segundo a qual as mulheres seriam apenas acompanhadoras da criação, como musas, egérias, inspiradoras, companheiras ou auxiliares, as diferentes pesquisas mostram a variedade das práticas e a presença bastante real de mulheres artistas. Sobretudo, os últimos estudos insistem na construção em eco do "feminino" e do "masculino" na arte, das feminilidades e das masculinidades no interior dos ofícios artísticos e nas representações expostas. O foco portanto se deslocou do estudo do lugar das mulheres dentro dos universos artísticos para a construção relativa do gênero, para as mulheres como para os homens, mesmo que a primeira categoria de pesquisa continue essencial para entender os processos de exclusão das mulheres da história das artes como em outros universos. É também o meio de entender melhor outras formas de exclusão (o sexismo muitas vezes acompanhando o racismo, a homofobia etc.), quando re-historicizamos sob todos os pontos de vista a visão do gênio criador.

★★★

A articulação entre gênero e trabalho teve assim muitos efeitos sobre as pesquisas sociológicas nos campos artísticos e culturais. Conjugado a outros trabalhos que mostraram o quanto a arte era um trabalho e uma atividade coletiva — lembremos os de Howard S. Becker (1988) ou Pierre-Michel Menger (2009) —, o fato de interrogar o gênero do trabalho criador permitiu mostrar o quanto o artista era um *ser sexuado*. O conhecimento dessas profissões assim como o da maneira como se constrói o valor de uma obra em função disso é hoje mais profundo. Isso levou também a ressaltar as inter-relações entre as práticas e as representações associadas a um ofício, dentro de campos onde o simbólico é consubstancial à atividade.[3]

Para voltar brevemente à situação das maestrinas hoje na França (Ravet, 2015a) e abrir para outras possíveis, o gênero se revela um verdadeiro *analisador social* que põe a nu os considerandos de uma situação coletiva de criação, que questiona as "evidências" ligadas a uma função que se supõe ser decorrente em primeiro lugar do carisma pessoal, e que portanto interroga também a concepção do poder dentro de nossa sociedade em geral. As resistências à divisão do poder criador entre mulheres e homens continuam tenazes. Mas situações inventivas levam a reinvestir de maneira diferente, por exemplo, a função de guia de um conjunto musical, quando o(a) maestro(maestrina) se considera em pé de igualdade com outros(as) músicos(as) e reivindica uma "autoridade compartilhada". A produção cultural pode contribuir — também — para recolocar em questão os estereótipos sexuados, subverter as imagens que encerram as mulheres e os homens em papéis convencionados sobretudo no trabalho, e mesmo propor outras visões do gênero.

---

[3] Isso deu lugar, também, a encontros muito frutíferos entre as duas redes de pesquisa Marché du Travail et Genre (Mage) e OEuvres, Publics, Sociétés (OPuS), como ocorreu nos dois seminários internacionais "Le genre à l'oeuvre" (2011) — que deu lugar à publicação epônima (Jan-Ré, 2012) — e "L'oeuvre du genre" (2014).

Referências

BECKER, Howard S. *Les mondes de l'art* [1982]. Paris: Flammarion, 1988.

BLÖSS, Thierry (Org.). *La dialectique des rapports hommes-femmes*. Paris: PUF, 2001.

BOURDIEU, Pierre. Mais qui a créé les créateurs? In: BOURDIEU, P. *Questions de sociologie*. Paris: Minuit, 1984. p. 207-221.

____; DARBEL, Alain. *L'amour de l'art*: les musées d'art européens et leur public [1966]. Paris: Minuit, 1969.

BURCH, Noël; SELLIER, Geneviève. *La drôle de guerre des sexes dans le cinéma français*: 1930-1956. Paris: Nathan, 1996.

____; ____. *Le cinéma au prisme des rapports de sexe*. Paris: Vrin, 2009.

BUSCATTO, Marie. Chanteuse de jazz n'est point métier d'homme: l'accord imparfait entre voix et instrument en France. *Revue Française de Sociologie*, v. 44, n. 1, p. 33-60, 2003.

____. *Femmes du jazz*: musicalités, féminités, marginalisations. Paris: CNRS Éditions, 2007.

COULANGEON, Philippe; RAVET, Hyacinthe; ROHARIK, Ionela. Gender differentiated effect of time in performing arts professions: musicians, actors and dancers in contemporary France. *Poetics*, v. 33, n. 56, p. 369-387, 2005.

DÉTREZ, Christine. *Femmes du Magreb*: une écriture à soi. Paris: La Dispute, 2012.

DUMAZEDIER, Joffre. *Vers une civilisation du loisir?* Paris: Seuil, 1962.

DURKHEIM, Émile. *Des jugements de valeur*. 1913. Archives de la Parole. AP 53. Bibliothèque Nationale de France, Département de l'Audiovisuel.

____. *De la division du travail social* [1893]. Paris, PUF, 2013.

EPHESIA. *La place des femmes*: les enjeux de l'identité et de l'égalité au regard des sciences sociales. Paris: La Découverte, 1995.

EVAIN, Aurore. *L'apparition des actrices professionnelles en Europe*. Paris: L'Harmattan, 2001.

FERRAND, Michèle; IMBERT, Françoise; MARRY, Catherine. *L'excellence scolaire*: une affaire de famille – le cas des normaliennes et normaliens scientifiques. Paris: L'Harmattan, 1999.

FOUCHER ZARMANIAN, Charlotte. Arts visuels. In: RENNES, J. (Org.). *Encyclopédie critique du genre*. Paris: La Découverte, 2016. p. 67-76.

HEINICH, Nathalie. *États de femme*: l'identité féminine dans la fiction occidentale. Paris: Gallimard, 1996.

JAN-RÉ, Mélody (coletivo composto por M. BUSCATTO, M. LEONSTINI, M. MARUANI, B. PÉQUIGNOT e H. RAVET). *Le genre à l'oeuvre*. Paris: L'Harmattan, 2012. t. I: Réceptions; t. 2: Créations; t. III: Représentations.

KREFA, Abir. *Activités littéraires et rapports sociaux de sexe*: le cas des écrivains tunisiens. Tese (doutorado), Lyon II, 2013.

LAUFER, Jacqueline; MARRY, Catherine; MARUANI, Margaret. *Masculin-féminin*: questions pour les sciences de l'homme. Paris: PUF, 2001.

MARINI, Marcelle. La place des femmes dans la production culturelle. In: DUBY, G.; PERROT, M. (Org.). *Histoire des femmes en Occident*. Paris: Plon, 1992. p. 275-296.

MARUANI, Margaret (Org.). *Les nouvelles frontières de l'inégalité*: hommes et femmes sur le marché du travail. Paris: La Découverte, 1998.

____. *Travail et emploi des femmes*. Paris: La Découverte, 2000.

MENGER, Pierre-Michel. *Le travail créateur*: s'accomplir dans l'incertain. Paris: Hautes Études; Gallimard; Seuil, 2009.

MOULIN, Raymonde. *Le marché de la peinture en France*. Paris: Minuit, 1967.

NAUDIER, Delphine. *La cause littéraire des femmes*: modes d'accès et de consécration des femmes dans le champ littéraire (1970-1998). Tese (doutorado), Paris, EHESS, 2000.

NOCHLIN, Linda. Pourquoi n'y a-til pas eu de grands artistes femmes? [1971] *Femmes, Art et Pouvoir*, Nîmes, Jacqueline Chambon, p. 201-244, 1993.

PARADEISE, Catherine; LORRAIN, Dominique; DEMAZIÈRE, Didier (Org.). *Les sociologies françaises*: héritages et perspectives 1960-2010. Rennes: Presses Universitaires de Rennes, 2015.

PASQUIER, Dominique. Carrières de femmes: l'art et la manière. *Sociologie du Travail*, n. 4, p. 418-431, 1983.

PLANTÉ, Christine. *La petite soeur de Balzac*: essai sur la femme auteur. Paris: Seuil, 1989.

RANNOU, Janine; ROHARIK, Ionela. La segmentation sexuée des marchés de la création chorégraphique. In: MARRY, C.; NAUDIER, D.; BUSCATTO, M. (Org.). *Travail, Genre et Art*, Document de travail du Mage, n. 13, p. 91-106, 2008.

RAVET, Hyacinthe. *Musiciennes*: enquête sur les femmes et la musique. Paris: Autrement, 2011.

____. *L'orchestre au travail*: interactions, négociations, coopérations. Paris: Vrin, 2015a.

____. *Sociologie des arts*. Paris: Armand Collin, 2015b.

____. Le sexe du travail: un genre nouveau! In: PARADEISE, C.; LORRAIN, D.; DEMAZIÈRE, D. (Org.). *Les sociologies françaises*: héritages et perspectives 1960-2010. Rennes: Presses Universitaires de Rennes, 2015c. p. 283-293.

____. Cheffes d'orchestre: le temps des pionnières n'est pas révolu! *Travail, Genre et Sociétés*, n. 35, p. 107-125, 2016.

____; COULANGEON, Philippe. La division sexuelle du travail chez les musiciens français. *Sociologie du Travail*, n. 3, p. 361-384, 2003.

SAINT-MARTIN, Monique de. Les "femmes écrivains" et le champ littéraire. *Actes de la Recherche en Sciences Sociales*, n. 83, p. 52-56, 1990.

SOFIO, Séverine. *"L'art ne s'apprend pas aux dépens des moeurs!"* Construction du champ de l'art, genre et professionnalisation des artistes (1789-1848). Tese (doutorado), Paris, EHESS, 2009.

____. *Artistes femmes*: la parenthèse enchantée, XVIIIe-XIXe siècles. Paris: CNRS Éditions, 2016.

____; YAVUZ PERIN, Emel; MOLINIER, Pascale (Org.). *Cahiers du Genre* (dossiê: "Genre, féminisme et valeur de l'art"), n. 43, p. 5-210, 2007.

SORIGNET, Pierre-Emmanuel. Être danseuse contemporaine: une carrière "corps et âme". *Travail, Genre et Sociétés*, n. 12, p. 33-53, 2004a.

____. La construction des identités sexuées et sexuelles au regard de la socialisation professionnelle: le cas des danseurs contemporains. *Sociologie de l'Art*, OPuS, n. 5, p. 9-34, 2004b.

THÉBAUD, Françoise. *Écrire l'histoire des femmes*. Paris: ENS Éditions, 1998.

ZAPPERI, Giovanna. Regard et culture visuelle. In: RENNES, J. (Org.). *Encyclopédie critique du genre*. Paris: La Découverte, 2016. p. 549-559.

13. Trabalho e gênero: abordagens intersecionais e pós-coloniais
Amélie Le Renard

A sociologia francófona do trabalho e do gênero oferece perspectivas teóricas e metodológicas interessantes para entender a articulação entre classe e gênero em diferentes contextos. Entretanto, ao longo de pesquisas sobre o trabalho e o gênero realizadas principalmente em Riad (capital da Arábia Saudita) e Dubai (Emirados Árabes Unidos), outras questões, relativamente deixadas de lado por esse conjunto ou formuladas apenas a propósito de pessoas subalternizadas, emergiram: por exemplo, como analisar a nacionalidade e sua articulação com as relações de gênero, de classe e de raça? Como levar em conta as circulações transnacionais assim como as hierarquias entre diferentes regiões do mundo que moldam os mercados de trabalho e as organizações? Este capítulo pleiteia uma mobilização mais ampla dessas questões, a fim de esclarecer os processos que produzem posições estruturalmente favorecidas, inspirando-se em abordagens intersecionais e pós-coloniais. Estas de fato propõem pontos de vista, questionamentos e aberturas estimulantes para quem se interessa pelo trabalho e pelo gênero; reciprocamente, construir objetos de pesquisa relacionados com o trabalho e as organizações pode ser estratégico a fim de contribuir para esses questionamentos com base em elementos empíricos.

Alguns princípios das abordagens intersecionais e pós-coloniais

Por que falar de abordagens intersecionais e pós-coloniais? A combinação entre esses dois tipos de abordagens me parece heurística para levar em conta diferentes relações de poder contextualizadas em sua historicidade. Os estudos feministas pós-coloniais sobre o Oriente Médio, que particularmente me inspiraram desde o início de minhas pesquisas, criticaram os pressupostos dos discursos desenvolvimentistas sobre a "condição das mulheres" na região e em outros lugares. Segundo esses discursos, as sociedades teriam evoluções paralelas, e aquelas qualificadas como ocidentais seriam as mais avançadas sobretudo em termos de igualdade de gênero. Tal pressuposto modela numerosas análises estatísticas do trabalho das mulheres, sobretudo as realizadas por instituições internacionais (as únicas disponíveis em muitos países). No Marrocos ou no Egito, por exemplo, a definição do trabalho homologada por essas estatísticas subestima em grande medida o trabalho das mulheres ao invisibilizar o trabalho informal (Destremau, 2009). Os comentários habituais que qualificam o Oriente Médio como "retardatário" no tocante ao trabalho das mulheres ratificam uma visão em termos de trajetória linear, única, em direção a um "progresso", ao mesmo tempo que reduzem ao silêncio a história dessas regiões e a maneira como a questão do trabalho das mulheres foi colocada. Para romper com tal visão das mulheres e do gênero em diferentes países não hegemônicos, Lila Abu Lughod (1998) propôs, na introdução de uma obra coletiva fundadora para os estudos feministas pós-coloniais, considerar de maneira central, nos estudos de gênero no Oriente Médio, as políticas de modernização nacional, o capitalismo e o colonialismo. Tratava--se sobretudo de explorar "como ideias e práticas consideradas 'modernas' e progressistas implantadas nas colônias europeias, ou a que as elites locais emergentes tinham recorrido, levaram não apenas a formas de emancipação mas também a novas formas de controle social" (Abu Lughod, 1998:6). Tal procedimento permite questionar as políticas nacionais e internacionais de promoção do trabalho profissional das mulheres em diferentes contextos e mostrar seus efeitos por vezes ambivalentes.

A meu ver, as abordagens pós-coloniais vão ao encontro daquelas em termos de intersecionalidade, ao menos se considerarmos que a noção de intersecionalidade se impôs para designar um movimento intelectual coletivo e bastante anterior, rico e múltiplo. No recente livro de síntese de Patricia Hill Collins e Sirma Bilge sobre a intersecionalidade, as autoras propõem uma genealogia muito ampla desse termo, que leva em conta não apenas o *black feminism*, mas também autoras e movimentos de pensamento descolonial, fora dos Estados Unidos inclusive: é o que elas chamam de "narrativas múltiplas da intersecionalidade" (Collins e Bilge, 2016:71). A intersecionalidade torna-se então um termo de referência, de certa maneira, para designar pessoas e grupos cujas práticas são um pouco diferentes, mas, longe de serem incompatíveis, são até sinérgicas. Essas correntes têm de fato vários pontos comuns. Elas recusam as leituras universalistas do patriarcado — que teriam vocação para poder ser aplicadas a qualquer contexto social — e defendem uma definição do gênero como hierarquia social não autônoma. De acordo com essas abordagens, o gênero é coformado com outras relações de poder (em termos de classe, raça, mas também, na esteira das abordagens pós-coloniais, de estatuto nacional e de região do mundo) ao longo de histórias longas envolvendo o capitalismo, a colonização, a escravidão (Bacchetta, 2015). Donde o interesse em combinar essas duas vastas correntes de pensamento para esclarecer as transformações contemporâneas do trabalho e das hierarquias sociais.

O trabalho nas abordagens intersecionais e pós-coloniais

O trabalho está há bastante tempo no centro das abordagens que procuraram complexificar as apreensões do gênero e articular gênero, classe e raça. Os textos fundadores do *black feminism*, sobretudo, analisaram de maneira central as vidas das mulheres escravas, ao mesmo tempo destinadas a um trabalho apropriado, e cujas vidas íntimas foram entravadas (Davis, 1981; Collins, 2000). O trabalho, remunerado ou não, foi historicamente um ponto central de construção das hierarquias sociais de gênero, classe e raça. Isso se aplica tanto às pessoas mais subalternizadas quanto às que ocupam posições elevadas nessas hierarquias. Assim, a branquidade se construiu sobretudo pela divisão do trabalho; ela foi fabricada pela escravidão e pelas colonizações, e hoje se atualiza mediante as hierarquias nas organizações de trabalho (para uma síntese, ver Leonard, 2010:1934). Para o período contemporâneo, trabalhos inspirados ao mesmo tempo nas abordagens intersecionais e feministas transnacionais analisaram as transformações da divisão do trabalho em uma escala global (Ehrenreich e Hoschschild, 2003; Falquet et al., 2010). Eles ressaltaram sobretudo a "cadeia mundial do *care*", conceito que designa a delegação do trabalho de cuidado e seus efeitos globais (Parrenas, 2000; Hochschild, 2000), ou ainda as questões transnacionais do trabalho do sexo. Por meio desses objetos, muitas vezes eles problematizaram as articulações entre gênero, classe e racialização de maneira transnacional, inscrevendo-se num procedimento crítico que leva em conta a longa história de hierarquias territorializadas na escala global.

Num texto anterior, que trata das maneiras de articular gênero, classe e raça na sociologia do trabalho, destaquei que as pesquisas (sobretudo francófonas) que adotam abordagens intersecionais na sociologia do trabalho, com ou sem dimensão transnacional e/ou pós-colonial,[1] muitas vezes se concentram em pessoas que ocupam empregos não qualificados, enquanto aquelas que tratam de empregos qualificados raramente adotam abordagens intersecionais (Le Renard, 2013). Minha intenção aqui não é criticar a primeira tendência, que me parece necessária. Ela permite além disso evidenciar diferenciações entre pessoas subalternizadas, como faz a pesquisa de Christelle Avril (2014) sobre ajudantes domiciliares. A ideia aqui é interrogar a segunda tendência, ou seja, a raridade das abordagens tanto intersecionais quanto feministas pós-coloniais referentes a pessoas mais favorecidas na hierarquia dos empregos. Estas parecem mobilizadas somente quando se trata de estudar pessoas subalternizadas.

---

[1] A abordagem feminista transnacional, a meu ver, vai ao encontro da abordagem feminista pós-colonial, na medida em que ela leva em conta processos de racialização de maneira transnacional, contrariamente a outras abordagens transnacionais ou de estudo da globalização que não têm essa perspectiva crítica.

As organizações, reveladoras de hierarquias transnacionais?

Fazer uma pesquisa sociológica dentro de uma organização de trabalho permite aceder a diferentes posições que se constroem na interação, por meio das experiências de pessoas situadas em diversos níveis hierárquicos. Num contexto social circunscrito, mas atravessado por questões que o ultrapassam, é uma maneira de confrontar e de analisar juntas as posições de pessoas favorecidas e subalternizadas. Por ocasião de uma pesquisa num banco multinacional em Riad, tive oportunidade de entrevistar ao mesmo tempo gerentes homens, europeus e sauditas, e funcionárias sauditas que em geral ocupavam posições mais ou menos subordinadas — entre outros funcionários de várias nacionalidades diferentes. Os gerentes homens, tanto europeus quanto sauditas, tinham discursos que pretendiam ser progressistas e antissexistas; contudo, isso não tinha consequência concreta na posição das funcionárias dentro da organização. Raras eram as gerentes mulheres nos níveis hierárquicos superiores. Em compensação, o progressismo que os gerentes homens reivindicavam, sobretudo os europeus, implicava a promoção de normas específicas de feminidade: eles pareciam considerar o fato de ser "ocidentalizada" ou "liberada", para os salários das mulheres, praticamente como uma competência. Esses termos remetiam à aparência das mulheres e a seu figurino (maquiagem ou não, maneira de usar o véu ou não), que condicionavam suas possibilidades de carreira. Das poucas funcionárias que tinham uma carreira ascendente, muitas viviam essas expectativas dos gerentes homens como constrangedoras. Elas tinham de recusar determinada imagem, o que podia levá-las a dissimular alguns elementos ou mentir sobre sua vida social e familiar fora do banco. Assim, as conclusões que formulei quanto a masculinidades em competição dentro da organização (Le Renard, 2014) foram informadas tanto pelas experiências de funcionários(as) subalternizados(as) quanto pelos discursos dos gerentes mais bem colocados. Elas contribuem para esclarecer as transformações atuais do imperialismo na Arábia Saudita e sua articulação com as relações de gênero, classe, raça e nação.

Ora, as abordagens intersecionais em sociologia das organizações, embora teorizadas (Acker, 2006; Holvino, 2010), na prática permanecem raras (Zanoni et al., 2010; Harding, Ford e Fotaki, 2013). Se a difusão da intersecionalidade sem dúvida permitiu que fosse dada maior atenção ao caso de pessoas subalternizadas de várias maneiras, nem sempre foi acompanhada do questionamento do paradigma inicial segundo o qual o gênero poderia ser analisado de maneira isolada de outras hierarquias sociais. Em vários trabalhos, a questão dos estereótipos de masculinidade e de feminilidade é tratada de maneira relativamente universalista, como se eles se aplicassem a todas as mulheres e a todos os homens. A situação das mulheres subalternizadas (racializadas e/ou migrantes) é muitas vezes abordada com a visão do caso particular, da discriminação suplementar, a não ser nos trabalhos que lhes são inteiramente dedicados. Inversamente, levar em consideração a longa história de hierarquias sociais coformadas através de uma abordagem processual evita tratar um caso como geral reduzindo o que não se conforma a ele a "adicional" e portanto implicitamente secundário (Choo e Ferree, 2010).

Quanto às abordagens feministas pós-coloniais das organizações, que defenderiam a consideração da longa história das hierarquias globalizadas, são raras, até inexistentes, que eu saiba, em língua francesa. Entretanto, focar em uma organização permite, de um lado, "materializar" a reflexão pós-colonial, cujos autores mais conhecidos focaram mais no simbólico e nas representações (Jack et al., 2011). De outro lado, as abordagens pós-coloniais permitem revelar dinâmicas estruturantes dentro de organizações que passam bastante despercebidas na literatura existente, como a construção do estatuto de ocidental (no masculino e no feminino) através das vantagens estruturais.

A noção de vantagem estrutural num mundo globalizado

Se nos interessamos por pessoas ou grupos relativamente dominantes, adotar uma abordagem feminista pós-colonial articulando gênero, classe, raça, sexualidade e nação permite destacar vantagens estruturais que contribuem para construir sua posição e, assim, para analisá-la com mais precisão. A noção de vantagem estrutural vem dos estudos sobre a masculinidade, de um lado

(Connell, 2014), e sobre as relações de raça e a branquidade, de outro (hooks, 1992; Kebabza, 2006; Cervulle, 2013). Se a masculinidade foi tema de numerosos trabalhos de sociologia do trabalho e das organizações (Collinson e Hearn, 1996; Guillaume e Pochic, 2007), está longe de ser o único estatuto produzido por vantagens estruturais. Assim, nos mundos profissionais multinacionais que eu estudo, a nacionalidade é um elemento central de diferenciação dos salários e das carreiras em benefício das pessoas titulares de um "passaporte ocidental" — uma expressão resumida que remete a uma linha de divisão social. Nas entrevistas que fiz em Dubai com pessoas levadas a recrutar, dentro de diversas empresas, elas associavam de modo rotineiro nacionalidade e nível salarial. Elas próprias não apenas se beneficiavam de salários elevados em função de seu passaporte ocidental (britânico, francês, estadunidense, alemão...), como também ocupavam mais facilmente que os outros posições de gerentes, mesmo sem diploma superior, e algumas conseguiam progredir muito depressa nos níveis hierárquicos, fazendo-se "dispensar" de uma empresa para outra. Esse tipo de carreira envolvia tanto homens quanto mulheres solteiras, muitas das quais provinham das classes populares e médias de seu país de origem. Os homens mais dotados trabalhavam, por seu lado, muitas vezes sob contrato de expatriação, com condições ainda mais vantajosas. Quanto a suas esposas, elas eram fortemente discriminadas nesse mercado de trabalho.

Encontrei muito poucos recursos na literatura existente para problematizar a "ocidentalidade" tal como é produzida por vantagens estruturais no mercado de trabalho. Isso decorre provavelmente da relativa separação entre sociologia do trabalho e sociologia das migrações, da falta de trabalhos sobre os(as) "migrantes" mais abastados(as) ou "expatriados(as)", ou ainda da raridade de abordagens intersecionais/pós-coloniais que analisem a posição de pessoas abastadas. Como analisar o valor atribuído ao passaporte dito ocidental num mercado de trabalho pós-colonial globalizado? Como as organizações de trabalho constroem o estatuto, generificado, de ocidental? Como essa construção distintiva da ocidentalidade molda hierarquias que ultrapassam o mundo profissional? Até quanto sei, essas reflexões foram pouco desenvolvidas pela sociologia do trabalho e das organizações. Assim, o debate referente às qualificações e às competências, ao que parece, integrou pouco a questão da hierarquia dos diplomas em função do lugar de sua obtenção, ou ainda da atribuição de competências a pessoas em virtude de seu pertencimento nacional real ou suposto, afora os numerosos trabalhos sobre a etnicização da mão de obra que trataram principalmente de categorias de emprego ditas pouco qualificadas (ver todavia Gobe, 2013).

Tais questões poderiam ser esclarecidas por diferentes tipos de objetos. O trabalho, em todas as suas formas — seja ou não remunerado —, é um objeto privilegiado para analisar os estilos de vida e posicionamentos dessas frações ditas "expatriadas" das classes superiores. Pode também haver interesse tanto pelas "masculinidades transnacionais do *business*" (Connell e Wood, 2005) quanto pelas formas de trabalho das "mulheres expatriadas" e pela maneira como estas se articulam com o trabalho de empregadas domésticas (Lundström, 2013; Le Renard, 2017). Entretanto, essas tomadas em consideração do transnacional em sua historicidade e da imbricação entre hierarquias sociais de gênero, classe, raça e nação não têm simplesmente vocação para esclarecer contextos construídos como "outros lugares"; elas podem provavelmente renovar o olhar sobre o que se considera familiar, fazendo aparecer a dimensão transnacional da produção de estatutos estruturalmente favorecidos.

Referências

ABU LUGHOD, Lila. *Remaking women*: feminism and modernity in the Middle East. Princeton: Princeton University Press, 1998.

ACKER, Joan. Inequality regimes gender, class, and race in organizations. *Gender and Society*, v. 20, n. 4, p. 441-464, 2006.

AVRIL, Christelle. *Les aides à domicile*: un autre monde populaire. Paris: La Dispute, 2014.

BACCHETTA, Paola. Décoloniser le féminisme: intersectionnalité, assemblages, co-formations, co-productions. *Les Cahiers du Cedref*, n. 20, 2015. Disponível em: <http://cedref.revues.org/833>.

CERVULLE, Maxime. *Dans le blanc des yeux*: diversité, racisme et médias. Paris: Amsterdam, 2013.

CHOO, Hae Yeon; FERREE, Myra Marx. Practicing intersectionality in sociological research: a critical analysis of inclusions, interactions, and institutions in the study of inequalities. *Sociological Theory*, v. 28, n. 2, p. 129-149, 2010.

COLLINS, Patricia. *Black feminist thought*: knowledge, consciousness, and the politics of empowerment. Nova York: Routledge, 2000.

___; BILGE, Sirma. *Intersectionality*. Cambridge: Polity, 2016.

COLLINSON, David L.; HEARN, Jeff R. (Org.). *Men as managers, managers as men*: critical perspectives on men, masculinities and managements. Londres: Sage, 1996.

CONNELL, Raewyn. *Masculinités*: enjeux sociaux de l'hégémonie. Paris: Amsterdam, 2014.

___; WOOD, Julian. Globalization and business masculinities. *Men and Masculinities*, v. 7, n. 4, p. 347-364, 2005.

DAVIS, Angela. *Women, race and class*. Nova York: Zed Books, 1981.

DESTREMAU, Blandine. *Femmes, travail et politiques publiques dans le monde arabe*: réflexions sur les ingrédients du changement social. Communication présentée au Congrès de l'AFS 2009, Paris <hal-00637293>.

EHRENREICH, Barbara; HOCHSCHILD, Arlie. *Global woman*: nannies, maids, and sex workers in the new economy. Nova York: Metropolitan Books, 2003.

FALQUET, Jules; HIRATA, Helena; KERGOAT, Danièle; LABARI, Brahim; LE FEUVRE, Nicky; SOW, Fatou (Org.). *Le sexe de la mondialisation*: genre, classe, race et nouvelle division du travail. Paris: Presses de Sciences Po, 2010.

GOBE, Éric. *Les avocats en Tunisie de la colonisation à la révolution (1883-2011)*: socio-histoire d'une profession politique. Túnis; Paris: IRMC; Karthala, 2013.

GUILLAUME, Cécile; POCHIC, Sophie. La fabrication organisationnelle des dirigeants. *Travail, Genre et Sociétés*, n. 17, p. 79-103, 2007.

HARDING, Nancy; FORD, Jackie; FOTAKI, Marianna. Is the "f"-word still dirty? A past, present and future of/for feminist and gender studies in organization. *Organization*, v. 20, n. 1, p. 51-65, 2013.

HOCHSCHILD, Arlie Russell. Global care chains and emotional surplus value. In: HUTTON, W.; GIDDENS, A. (Org.). *On the edge*: living with global capitalism. Londres: Jonathan Cape, 2000. p. 130-146.

HOLVINO, Evangelina. Intersections: the simultaneity of race, gender and class in organization studies. *Gender, Work & Organization*, v. 17, n. 3, p. 248-277, 2010.

HOOKS, bell. *Black looks*. Boston: South End, 1992.

JACK, Gavin; WESTWOOD, Robert; SRINIVAS, Nidhi; ZIAUDDIN, Sardar. Deepening, broadening and re-asserting a postcolonial interrogative space in organization studies. *Organization*, v. 18, n. 3, p. 275-302, 2011.

KEBABZA, Horia. "L'universel lave-til plus blanc?": "Race", racisme et système de privilèges. *Les Cahiers du Cedref*, n. 14, 2006.

LE RENARD, Amélie. Articuler genre, classe et race: approches empiriques. In: MARUANI, M. (Org.). *Travail et genre dans le monde*. Paris: La Découverte, 2013. p. 98-106.

____. "On n'est pas formatés comme ça en Occident": masculinités en compétition, normes de genre et hiérarchies entre nationalités dans une multinationale du Golfe. *Sociétés Contemporaines*, n. 94, p. 41-67, 2014.

____. Petits arrangements avec l'égalitarisme: les Français·e·s de Dubaï et les employées domestiques. *Genèses*: sciences sociales et histoire, n. 109, 2017.

LEONARD, Pauline. *Expatriate identities in postcolonial organizations*. Farnham: Ashgate, 2010.

LUNDSTRÖM, Catrin. "Mistresses" and "maids" in transnational "contact zones": expatriate wives and the intersection of difference and intimacy in Swedish domestic spaces in Singapore. *Women's Studies International Forum*, n. 36, p. 44-53, 2013.

PARRENAS, Rhacel. Migrant Filipina domestic workers and the international division of reproductive labor. *Gender and Society*, v. 14, n. 4, p. 560-580, 2000.

ZANONI, Patrizia; JANSSENS, Maddy; BENSCHOP, Yvonne; NKOMO, Stella. Guest editorial: unpacking diversity, grasping inequality: rethinking difference through critical perspectives. *Organization*, v. 17, n. 1, p. 9-29, 2010.

14. Gênero, trabalho e migrações
Audrey Lenoël e Ariane Pailhé

O desenvolvimento das pesquisas que cruzam migrações, gênero e trabalho

A questão do gênero durante muito tempo esteve ausente do campo das pesquisas sobre a migração tanto na França quanto em outros países. Até o lançamento em 1984 do primeiro número especial da *International Migration Review* dedicado às mulheres migrantes, o domínio dos homens nos fluxos migratórios era consensual (Morokvasic, 1984). Mesmo as mulheres tendo sempre emigrado, a pesquisa sobre a imigração praticamente só se interessava pelos trabalhadores masculinos. A imagem do homem só, migrando por razões econômicas, permaneceu dominante nas representações da imigração, mesmo nos países em que as migrações de trabalho cessaram. As migrações de mulheres, por sua vez, eram vistas apenas como um fenômeno marginal ou de segunda ordem (Gaspard, 1998; Catarino e Morokvasic, 2005). As mulheres migrantes eram essencialmente pensadas como esposas de trabalhadores migrantes e apenas seus comportamentos familiares despertavam interesse. Sua destinação aos empregos domésticos, de confecção, ou como trabalhadoras a domicílio reforçava essa invisibilidade.

A perspectiva de gênero passou a integrar o campo dos estudos das migrações quando as mulheres migrantes ganharam em visibilidade. Globalmente, os dados estatísticos disponíveis permitiram (re)descobrir que a migração feminina havia muito era um fenômeno longe de ser marginal e que convinha relativizar a ideia de uma feminização de grande amplitude dos fluxos migratórios. Na verdade, as mulheres representavam 46,6% dos migrantes internacionais em 1960, e passaram a 48% em 2015 (Donato e Gabaccia, 2016). Na França, a progressão do reagrupamento familiar e a chegada mais frequente de mulheres sozinhas para estudar ou trabalhar contribuíram para a feminização da população imigrada. Essas transformações impuseram a figura da mulher migrante independente nos países de destino, e mais tarde nos países de origem. Os estudos então dedicados ao trabalho das mulheres migrantes tenderam a se voltar para os empregos muitas vezes informais de domésticas, de trabalhadoras do *care* ou do sexo, contribuindo às vezes para dar uma imagem vitimizante dessas migrantes (Catarino e Morokvasic, 2005).

Um duplo olhar

Após tê-las durante muito tempo ignorado, as pesquisas sobre as migrações incorporaram assim progressivamente as contribuições das pesquisas sobre o gênero (Kofman, 1999) e a imbricação das diferentes relações sociais de poder. Contrariamente aos trabalhos qualitativos, as análises quantitativas permaneceram parcelares. Devido ao número crescente de mulheres que migram independentemente para trabalhar, à progressão da demanda de empregos no campo do *care* e à centralidade do emprego nos processos de incorporação nas sociedades de instalação, as questões de emprego e de trabalho foram um dos primeiros campos investigados. Este capítulo propõe um duplo olhar sobre essas pesquisas quantitativas cruzando gênero, trabalho e migrações, em que dialogam duas gerações de pesquisadoras vindas de horizontes disciplinares e de temáticas diferentes, uma interessada nos países de destino, enquanto o olhar da outra se volta para os países de origem, com um mesmo recurso privilegiado aos métodos quantitativos.

Ariane Pailhé defendeu, no final dos anos 1990, uma tese de economia sobre as desigualdades de gênero no mercado de trabalho, em que mobiliza sobretudo a literatura econômica anglo-saxã sobre as discriminações. As interações com seus(suas) colegas sociodemógrafos(as) do Institut National d'Études Démographiques (Ined) especialistas nas questões de integração e de migração a convenceram da necessidade de se interrogar, no início dos anos 2000, sobre a articulação das desigualdades sociais, de gênero e de origem no mercado de trabalho francês. Audrey Lenoël, por sua vez, defendeu em 2014 uma tese sobre as mulheres "que ficam" no país após a partida das emigradas, tomando o Marrocos como estudo de caso. Ela testa a hipótese segundo a qual a ausência dos homens migrantes e as remessas migratórias abririam caminho para uma autonomização dessas mulheres, e foi nesse quadro que ela se interessou pelos efeitos da emigração em sua participação no mercado de trabalho.

Esses dois percursos de pesquisa refletem a maneira como a integração da dimensão de gênero nos estudos sobre as migrações se operou desde os anos 1990, assim como a influência da literatura anglo-saxã na sociologia e na economia do trabalho, e a das migrações no desenvolvimento desse campo. Nossos respectivos objetos mostram também que, para além da figura das migrantes, essa perspectiva de gênero levou os(as) pesquisadores(as) a se interessar por outras populações, cuja implantação geográfica e social cobre o conjunto da trajetória migratória, da partida à chegada e depois à instalação duradoura. Encontramos, de um lado, as famílias de migrantes que permanecem no país e que muitas vezes são participantes da decisão e da realização do projeto migratório e, na outra extremidade do percurso migratório, os(as) descendentes de imigrados(as), cujas trajetórias individuais podem ser longamente afetadas pela migração e a origem étnica e cultural de seus pais e avós. É a essas populações que este capítulo é dedicado. Refletindo a cronologia do desenvolvimento da dimensão de gênero nos estudos sobre as migrações, tanto na França quanto no exterior, este capítulo evoca, num primeiro momento, as pesquisas sobre os(as) imigrados(as) e seus(suas) descendentes nos países de destino e, num segundo momento, as pesquisas sobre as mulheres nos países de origem. Iremos nos concentrar nos estudos quantitativos sobre a participação no mercado de trabalho e a atividade das mulheres, considerando ao mesmo tempo a contribuição das abordagens socioantropológicas para o estabelecimento de novas questões e de novos instrumentos de pesquisa.

Migrações e integração nos países de destino

Sendo a atividade profissional considerada um vetor maior de integração, as pesquisas anglo-saxãs dedicadas às mulheres migrantes desde o início atribuíram um lugar central ao trabalho e ao emprego. Assim, metade dos artigos do primeiro número especial da *International Migration Review* citada anteriormente tratava de sua situação no mercado de trabalho. Em meio a esses trabalhos, dedicados unicamente às mulheres, era interrogada a questão de uma vulnerabilidade própria das mulheres migrantes, da existência de uma dupla desvantagem, ligada a seu sexo e sua origem (até de uma tripla desvantagem para aquelas vindas de países pouco desenvolvidos) em termos de acesso ao emprego, de posição profissional ou de salário (Boyd, 1984). As pesquisas, realizadas principalmente nos Estados Unidos, em Israel, no Canadá e na Austrália, e mais raramente na Europa (Adsera e Chiswick, 2007), demonstraram que as migrantes não são sistematicamente desfavorecidas em termos de emprego, mas que existem diferenças muito grandes dependendo de seu país de origem.

Para além dessa abordagem "aditiva" ou "cumulativa", a teoria feminista negra americana acentuou a articulação das desigualdades múltiplas (de raça, de gênero, de classe etc.) na interseção de vários sistemas de dominação, a fim de dar conta da marginalização das experiências das mulheres negras (Davis, 1981). A abordagem intersecional, proposta em 1989 pela jurista americana Kimberlé Crenshaw, que hoje domina as análises em termos de desigualdades múltiplas (Davis, 2015), teve origem nesses trabalhos pioneiros. As pesquisas empíricas que mobilizam essa aparelhagem teórica sobre o mercado de trabalho estudaram as desigualdades salariais, a segregação profissional ou as discriminações, mas, com poucas exceções, os trabalhos quantitativos penam para operacionalizar a abordagem intersecional. Esses trabalhos, que cruzam as categorias do gênero, da origem — às vezes da classe social ou da idade — e comparam por exemplo as posições das mulheres vindas da imigração com as das mulheres nativas, dos homens nativos e dos homens vindos da imigração, destacam as desigualdades sociais. Mas, além de poderem ser lidos como uma simples acumulação de dominações, eles não permitem identificar a maneira como essas desigualdades são fabricadas e os processos sociais em ação. São os trabalhos sobre o trabalho doméstico e o *care* os que melhor demonstraram a combinação do gênero, da etnicidade e da classe na exploração específica das mulheres negras ou vindas da imigração, enquanto o recurso ao trabalho doméstico permite às mulheres (brancas) das classes médias e superiores ganhar mais no mercado de trabalho (Browne e Misra, 2003).

Na França como do outro lado do Atlântico, foi apenas no início dos anos 2000 que o campo das migrações adotou uma verdadeira perspectiva de gênero. Essa evolução está também ligada à chegada ao mercado de trabalho das mulheres da segunda geração, mais visíveis que suas mães, com mais diplomas que seus irmãos, pondo em evidência problemáticas específicas. Depois dos trabalhos pioneiros de Danièle Kergoat (2009) — em termos de consubstancialidade das relações sociais de classe e de sexo —, a abordagem intersecional passou a ocupar um lugar central nas reflexões e debates contemporâneos no mundo acadêmico francês. A integração das problemáticas raciais nos trabalhos sobre as relações sociais de sexo contribuiu para a abertura das abordagens das discriminações raciais e sexuadas. Contribuiu também para a análise crítica dos estudos de gênero, dando destaque à heterogeneidade do grupo das mulheres, não somente em termos de classe, e à imbricação das relações sociais de dominação.

No nível empírico, se trabalhos qualitativos destacaram desigualdades próprias para as descendentes de imigradas, a invisibilidade estatística dos(as) descendentes de imigrados(as) impediu qualquer estudo quantitativo sobre sua situação até a metade dos anos 1990 (Simon, 2003) e, com exceção de pesquisas especiais, os trabalhos quantitativos durante muito tempo só trataram dos(as) imigrados(as). A nova possibilidade de localizar a população dos(as) descendentes de imigrados(as) nas grandes pesquisas da estatística pública contribuiu para o desenvolvimento das análises sobre as desigualdades e discriminações racistas no emprego. Esses trabalhos de demógrafos, de economistas, de sociólogos quantitativistas, muitas vezes pluridisciplinares, permitiram mostrar desigualdades raciais maciças no acesso ao emprego na França, tanto para os homens quanto para as mulheres (Dayan, Echardour e Glaude, 1996; Silberman e Fournier, 2006). Comparados(as) aos nativos ou nativas, os(as) migrantes e seus(suas) descendentes têm menos chances de obter um emprego, ingressam num número reduzido de profissões e têm poucas perspectivas de ascensão social. Uma vez ultrapassada a barreira do acesso ao emprego, as desigualdades em termos de salários são por sua vez mais fracas. Os instrumentos utilizados para medir as desigualdades e discriminações sexistas no mercado de trabalho foram mobilizados para dar conta das discriminações raciais (probabilidade de acesso ao emprego com características equivalentes, decomposição de diferenças de remuneração, indicadores de segregação, por exemplo). Se os instrumentos de medida são semelhantes, os motivos de discriminação e as possibilidades de expô-los e de lutar contra são bem diferentes. As discriminações sexistas se baseiam principalmente no estigma da maternidade e de um menor investimento no trabalho induzido quando as discriminações racistas são mais diretas. Enfim, as tentativas de medida das desigualdades múltiplas são raras e imperfeitas (Lesné, 2015; Meurs e Pailhé, 2008).

As pesquisas ainda estão emergindo. Falta aprofundar o questionamento teórico sobre a interseção das relações sociais de sexo e de "raça" e sua operacionalização. A medida do crescimento das relações sociais continua difícil. Os estudos quantitativos que compararam as trajetórias profissionais de diferentes tipos de população são ainda exploratórios. Falta também expor as discriminações ligadas ao gênero para os homens oriundos de minoras visíveis, e os percursos específicos — profissionais e familiares — dos(as) migrantes.

Um campo novo: os efeitos da emigração sobre as mulheres que permaneceram no país

A exemplo das mulheres migrantes antes delas, as mulheres que permaneceram no país sofreram durante muito tempo de uma falta de visibilidade nas pesquisas sobre as migrações. No campo da sociologia, o interesse crescente pela figura da migrante acompanhou uma "visão binária" (Moujoud, 2008), até evolucionista (Catarino e Morokvasic, 2005), tendendo a opor as sociedades de origem — sinônimas de tradição e de dominação masculina — às sociedades de destino — encaradas como espaços de emancipação possível para as mulheres migrantes. Por outro lado, as primeiras pesquisas sobre as migrações e as transferências de dinheiro dos(as) migrantes (as "remessas migratórias") tenderam a adotar uma definição estritamente econômica desses fenômenos e a se interessar pelos efeitos desses fluxos sobre os níveis de pobreza dos países e dos lares beneficiários, não prestando atenção aos efeitos diferenciados em função do sexo e a seu impacto social e de gênero nas comunidades de origem. Ao fazê-lo, elas participaram da invisibilidade das mulheres nos discursos sobre a ligação entre migração e desenvolvimento, e do pouco interesse acadêmico inicialmente dedicado às populações que permaneceram no país. Estas últimas muitas vezes aparecem em filigrana nesses estudos, como uma população relativamente homogênea, tradicional, passiva e dependente das remessas.

O interesse pelas mulheres que permaneceram no país aumentou ao longo das últimas décadas, graças às contribuições teóricas de diferentes disciplinas que permitiram evidenciar os efeitos diferenciados da migração e das remessas segundo o sexo do migrante e das dinâmicas de gênero nos lares de origem. Introduzida nos estudos antropológicos sobre as migrações nos anos 1990, a perspectiva transnacional mostrou assim como a perspectiva do Estado nação era limitada para entender a experiência real dos(as) migrantes, destacando os laços muitas vezes fortes entre estes(as) último(as) e seus países e lares de origem, os fluxos multiformes que ligavam essas diferentes entidades para além das fronteiras, assim como as negociações, conflitos e trocas característicos das comunidades e lares transnacionais (Basch, Glick Schiller e Blanc-Szanton,

1994). Foi nesse quadro que se desenvolveram as pesquisas sobre uma das manifestações mais tangíveis do transnacionalismo, a saber, as remessas monetárias. A ampliação desse conceito para as remessas ditas "sociais" (Levitt, 1998), englobando as transferências de ideias, de normas ou de comportamento a que a migração dá lugar, representa também um campo de investigação fértil para entender melhor as dinâmicas de gênero nas comunidades de origem.

Certo número de estudos etnográficos e sociológicos permitiu por outro lado delinear as implicações sociais e humanas da emigração e das remessas para aqueles(as) que não migram, e particularmente os efeitos diretos e indiretos para as mulheres. Eles se interrogam sobre a possibilidade de que, nos países com forte tradição patriarcal, a emigração masculina abra o caminho para a autonomização das mulheres que ficaram no país (principalmente as esposas), por meio de mudanças na divisão sexuada do trabalho dentro dos lares e da gestão das remessas pelas mulheres na sequência da migração (Mondain et al., 2012; Lenoël, 2017). Essas pesquisas se interessam geralmente pela tomada de decisão das mulheres, seu acesso aos recursos financeiros, assim como pela divisão das tarefas dentro do lar. Elas podem também se voltar para o envolvimento das mulheres com sua comunidade e além dela, interessando-se por sua mobilidade e sua participação na vida pública ou no mercado de trabalho remunerado. Esses estudos permitiram assim bombardear a imagem de passividade que aderia a essa categoria de mulheres, evidenciando sua capacidade de ação e as coações particulares que elas enfrentam.

Paralelamente a esses trabalhos em geral baseados em dados qualitativos, os economistas do desenvolvimento procuraram entender como a migração e as remessas afetavam os *indivíduos* nas comunidades de origem, e não mais apenas os lares. Várias pesquisas trataram dos efeitos da migração sobre a participação no mercado de trabalho das mulheres que ficaram no país. Entretanto, embora o trabalho remunerado muitas vezes seja considerado um fator de autonomização econômica das mulheres, esses trabalhos raramente discutem as implicações de seus resultados para o estatuto das mulheres em sua casa e sua comunidade, e de suas significações no tocante à hipótese de autonomização descrita acima (Yabiku, Agadjanian e Sevoyan, 2010; Lenoël e David, 2019). Isso é uma prova do diálogo ainda limitado entre pesquisadores qualitativistas e quantitativistas nesse campo de estudo sobre as comunidades de origem.

Migração e trabalho das mulheres que permaneceram no país

Nesses estudos sobre as mulheres que permaneceram no país, a relação entre gênero, migração e trabalho foi estudada principalmente sob o ângulo dos efeitos da emigração sobre a divisão sexuada do trabalho e, por extensão, sobre o estatuto da mulher e da participação das mulheres no mercado de emprego nos lares que permaneceram no país. Como o primeiro objeto de pesquisa se presta com mais dificuldade a medidas quantitativas, é a segunda perspectiva que é objeto da maioria dos trabalhos de economistas, sociólogos quantitativistas e demógrafos, muitas vezes baseados em dados de pesquisas nacionais como as investigações sobre emprego ou sobre o nível de vida dos lares. Os efeitos da migração e das remessas sobre o emprego das mulheres que permaneceram no país são geralmente considerados por dois mecanismos principais. O primeiro consiste na necessidade de redestinar a mão de obra dentro do lar para substituir o trabalho e/ou a renda do(a) migrante que partiu. Quando a migração é majoritariamente masculina, isso pode dar lugar a transferências de tarefas antes consideradas masculinas (a colheita, por exemplo) dos homens para as mulheres. É a esse mecanismo de substituição que a hipótese de autonomização das mulheres que permaneceram no país faz referência, pois ele pode levar as mulheres a assumir novas responsabilidades e mudar seu estatuto nas sociedades patriarcais em que a distribuição dos papéis sexuados em geral é bastante rígida. A probabilidade de ver essas transferências se produzirem varia porém, notadamente, de acordo com o tipo de trabalho considerado (sobretudo remunerado ou não).

Esse efeito pode contudo ser compensado parcial ou completamente por outro fator: o dos fluxos de remessas monetárias que com frequência resultam da migração dos membros do lar. O dinheiro das remessas pode primeiro compensar os efeitos da reatribuição do trabalho permitindo aos lares contratar trabalhadores e trabalhadoras para substituir as mulheres em suas tarefas, sobretudo agrícolas. Acima de tudo, as remessas podem diminuir a incitação das mulheres a se engajar num trabalho remunerado aumentando o salário pelo qual elas estariam prontas a trabalhar, o salário de reserva (Amuedo Dorantes e Pozo, 2006). Afora esses efeitos diretos sobre os lares, as remessas podem por outro lado ter efeitos indiretos contrários, agindo sobre outras dimensões tais como a mobilidade interna (favorecendo por exemplo a mudança de uma aldeia para a cidade, oferecendo assim aos lares possibilidades de emprego diferentes) ou os investimentos produtivos (as remessas podendo ser utilizadas para investir numa empresa familiar). Essa relação negativa entre as remessas e a participação das mulheres adultas no mercado de trabalho foi observada sobretudo no México (Amuedo Dorantes e Pozo, 2006), no Egito (Binzel e Assaad, 2011) e na Albânia (Mendola e Carletto, 2012). A diminuição do trabalho remunerado que é assumida por esse modelo não se aplica ao trabalho não remunerado no qual as mulheres são super-representadas nos países em desenvolvimento. As remessas podem contudo poupar as mulheres das tarefas mais árduas, sobretudo na agricultura, pelo abandono de atividades pouco produtivas ou pelo recrutamento de trabalhadoras de fora do lar para assumir essas tarefas. Esses efeitos mais negativos da emigração sobre a participação feminina no mercado de emprego são reforçados em contextos em que as normas sociais e culturais valorizam o papel doméstico da mulher e desencorajam seu envolvimento em atividades remuneradoras (Lenoël e David, 2019).

Várias perspectivas de pesquisa

A maior visibilidade das mulheres migrantes e de seus descendentes mudou o olhar voltado para elas: de mulheres passivas, elas passaram a aparecer mais ativas no processo de migração e de integração. A atividade profissional é um vetor essencial de sua integração e emancipação, nos países de origem e nos de destino. Os estudos quantitativos se apoderaram amplamente do campo de estudos sobre a migração, o gênero e a participação no mercado de trabalho nos países de origem e de destino. No futuro, seria interessante poder analisar em profundidade os efeitos diferenciados da migração em função do sexo do migrante, assim como os efeitos da migração sobre o trabalho das mulheres, levando em consideração seu posicionamento nas hierarquias sociais e seus pertencimentos regionais, étnicos ou religiosos. Por outro lado, nos países de origem, interessar-se pelo papel possível das remessas sociais nas mudanças de apreensão da divisão sexuada do trabalho poderia ser um campo de estudo fértil, a difusão de normas e de ideias se fazendo tanto diretamente *via* os(as) migrantes quanto indiretamente pela abertura midiática dos países de origem em direção aos países de destino. Esses temas de estudo necessitam porém de dados que nem sempre estão disponíveis.

Como sublinhado, o desenvolvimento dos estudos estatísticos sobre as mulheres imigradas e suas descendentes está de fato intimamente ligado às novas possibilidades de análise oferecidas pelas grandes pesquisas sociodemográficas das instituições públicas. Nos países de destino, a negligência, até o olhar depreciativo sobre as populações que permaneceram no país, assim como seu menor interesse econômico — comparado aos(às) migrantes — do ponto de vista dos países de origem, certamente não favoreceram a produção de dados estatísticos sobre elas. A falta de dados adequados para estudar os efeitos diferenciados das migrações sobre os lares em função do sexo, assim como a dificuldade para obter esses dados em muitos países, até hoje entravam a pesquisa sobre o tema. Medir a migração e as remessas continua a ser, por outro lado, um desafio nas pesquisas sociodemográficas (Carletto, Brauw e Banerjee, 2012). Estudar o trabalho das mulheres exige igualmente que se tenha dados individuais sobre suas características sociodemográficas e de emprego. Ora, os dados de pesquisas da estatística pública nem sempre são a melhor fonte de informação sobre o trabalho das mulheres nos países em desenvolvimento, sobretudo por seus limites na medida do trabalho informal (Donahoe, 1999) e por sua tendência a minimizar o nível real do desemprego das mulheres, sendo estas mais suscetíveis que os homens de se declarar inativas mesmo quando procuram um emprego. Enfim, certos conceitos como o de remessas sociais são muito difíceis de operacionalizar em instrumentos de pesquisa e precisarão de importantes desenvolvimentos metodológicos, a fim de melhor medi-los e de integrá-los mais amplamente aos estudos quantitativos.

Referências

ADSERA, Alicia; CHISWICK, Barry R. Are there gender and country of origin differences in immigrant labor market outcomes across European destinations? *Journal of Population Economics*, v. 20, n. 3, p. 495-526, 2007.

AMUEDO DORANTES, Catalina; POZO, Susan. Migration, remittances, and male and female employment patterns. *The American Economic Review*, v. 96, p. 222-226, 2006.

BASCH, Linda; GLICK SCHILLER, Nina; BLANC-SZANTON, Cristina. *Nations unbound*: transnational projects — postcolonial predicaments and derritorialized nation-states. Londres; Nova York: Routledge, 1994.

BINZEL, Christine; ASSAAD, Ragui. Egyptian men working abroad: labour supply responses by the women left behind. *Labour Economics*, v. 18, supl. 1, p. 98-114, 2011.

BOYD, Monica. At a disadvantage: the occupational attainments of foreign born women in Canada. *International Migration Review*, v. 18, n. 4, p. 1091-1119, 1984.

BROWNE, Irene; MISRA, Joya. The intersection of gender and race in the labor market. *Annual Review of Sociology*, n. 29, p. 487-513, 2003.

CARLETTO, Calogero; BRAUW, Alan de; BANERJEE, Raka. Measuring migration in multi-topic surveys. In: VARGAS-SILVA, C. (Org.). *Handbook of research methods on migration*. Londres: Edward Elgar, 2012. p. 207-228.

CATARINO, Christine; MOROKVASIC, Mirjana. Femmes, genre, migration et mobilités. *Revue Européenne des Migrations Internationales*, v. 21, n. 1, p. 7-27, 2005.

DAVIS, Angela. *Women, race and class*. Nova York: Random House, 1981.

DAVIS, Kathy. L'intersectionnalité, un mot à la mode: ce qui fait le succès d'une théorie féministe. *Les Cahiers du Cedref*, n. 20, p. 67-96, 2015.

DAYAN, Jean-Louis; ECHARDOUR, Annick; GLAUDE, Michel. Le parcours professionnel des immigrés en France: une analyse longitudinale. *Économie et Statistiques*, n. 299, p. 107-128, 1996.

DONAHOE, Debra Anne. Measuring women's work in developing countries. *Population and Development Review*, n. 25, p. 543-576, 1999.

DONATO, Katharine; GABACCIA, Donna. The global feminization of migration: past, present and future. *Migration Information Source*, 1º jun. 2016.

GASPARD, Françoise. Invisibles, diabolisées, instrumentalisées: figures de migrantes et de leurs filles. In: MARUANI, M. (Org.). *Les nouvelles frontières de l'inégalité*: hommes et femmes sur le marché du travail. Paris: La Découverte, 1998. p. 183-192.

KERGOAT, Danièle. Dynamique et consubstantialité des rapports sociaux. In: DORLIN, E. (Org.). *Sexe, race, classe*: pour une épistémologie de la domination. Paris: PUF, 2009. p. 111-125. Actuel Marx confrontations.

KOFMAN, Eleonore. Female "birds of passage" a decade later: gender and immigration in the European Union. *International Migration Review*, v. 33, n. 2, p. 269-299, 1999.

LENOËL, Audrey. The "three ages" of left-behind Moroccan wives: status, decision-making power, and access to resources. *Population Space Place*, v. 23, n. 8, p. 111, 2017.

____; DAVID, Anda. Leaving work behind? The impact of emigration on female labour force participation in Morocco. *International Migration Review*, v. 53, n. 1, p. 122-153, mar. 2019.

LESNÉ, Maud. *La perception et la mesure des discriminations racistes et sexistes*. Tese (doutorado), Université Paris-VIII, 2015.

LEVITT, Peggy. Social remittances: migration driven locale-level forms of culturale diffusion. *International Migration Review*, v. 32, n. 4, p. 926-948, 1998.

MENDOLA, Mariapia; CARLETTO, Calogero. Migration and gender differences in the home labour market: evidence from Albania. *Labour Economics*, n. 19, p. 870-880, 2012.

MEURS, Dominique; PAILHÉ, Ariane. Descendantes d'immigrés en France: une double vulnérabilité sur le marché du travail? *Travail, Genre et Sociétés*, n. 20, p. 87-107, 2008.

MONDAIN, Nathalie; RANDALL, Sara; DIAGNE, Alioune; ELLIOT, Alice. Les effets de l'émigration masculine sur les femmes et leur autonomie: entre maintien et transformation des rapports sociaux de sexe traditionnels au Sénégal. *Autrepart*, n. 2, p. 81-97, 2012.

MOROKVASIC, Mirjana. Birds of passage are also women. *International Migration Review*, v. 18, n. 4, p. 886-907, 1984.

MOUJOUD, Nasima. Effets de la migration sur les femmes et sur les rapports sociaux de sexe: au-delà des visions binaires. *Les Cahiers du Cedref*, n. 16, p. 57-79, 2008.

SILBERMAN, Roxane; FOURNIER, Irène. Les secondes générations sur le marché du travail en France: une pénalité ethnique ancrée dans le temps — contribution à la théorie de l'assimilation segmentée. *Revue Française de Sociologie*, v. 47, n. 2, p. 243-292, 2006.

SIMON, Patrick. France and the unknown second generation. *International Migration Review*, v. 37, n. 4, p. 1091-1119, inverno 2003.

YABIKU, Scott T.; AGADJANIAN, Victor; SEVOYAN, Arusyak. Husbands' labour migration and wives' autonomy, Mozambique 2000-2006. *Population Studies*, n. 64, p. 293-306, 2010.

PARTE III
Trabalho, gênero e feminismos
Coordenação de Isabelle Clair e Jacqueline Laufer

INTRODUÇÃO
Isabelle Clair e Jacqueline Laufer

O principal objetivo desta parte do livro é conduzir à discussão. Os textos que ela reúne examinam a pertinência de conceitos de diferentes longevidades e histórias que fazem parte do repertório contemporâneo da pesquisa feminista francesa. Danièle Kergoat e Laure Bereni discutem assim, à luz de suas respectivas pesquisas e de maneira contrastada, as contribuições e os limites do conceito de divisão sexual/sexuada do trabalho; Kamala Marius contextualiza as contribuições do empoderamento, a fim de renovar a percepção etnocentrada da "mulher do Terceiro Mundo"; e Christelle Avril critica os usos do *care* para o estudo sociológico (e portanto empírico) do trabalho. Os demais capítulos apontam igualmente itens temáticos que devem ser privilegiados para entender como as relações e as atividades de trabalho produzem desigualdades e normas de gênero: Nathalie Lapeyre propõe integrar de maneira mais sistemática a análise dos corpos e da sexualidade; Michel Lallement, por sua vez, acentua os efeitos generificados da "revolução digital".

Essa focalização nos *modos*, conceituais e temáticos, de pensar a produção do gênero no trabalho, e pelo trabalho, permite interrogar duas preocupações cruciais do Mage desde sua criação: a centralidade do trabalho para entender as hierarquias de gênero, de um lado, e a dimensão política da análise generificada do trabalho, de outro. Esses são dois fios condutores do livro como um todo, que esta última parte explora para pô-los em debate.

Trabalho, logo existo?

A revolução digital unida à perspectiva do desenvolvimento da robotização e da inteligência artificial, como mostra Michel Lallement em seu texto, é portadora de evoluções radicais, quer se trate do conteúdo do trabalho, da explosão dos limites espaciais e temporais das atividades, ou ainda das mutações da relação de emprego — "uberização", transformações do trabalho assalariado, desenvolvimento do trabalho independente, subcontratação e globalização. Essas evoluções são capazes de afetar o estatuto das mulheres no universo do trabalho. Estas últimas são hoje minoritárias nos empregos da área digital, refletindo a história das relações entre "gênero" e "técnica" (Cockburn, 1999; Gardey e Löwy, 2000), enquanto o desenvolvimento exponencial dos empregos de serviço personalizado, estudado por Christelle Avril, baseia-se maciçamente em mulheres não ou pouco qualificadas, muitas vezes procedentes das migrações pós-coloniais.

Além dessa constatação, o que figura no centro do artigo de Christelle Avril é a crítica ao uso do *care* para designar a atividade de cuidadoras de pessoas idosas. A autora sublinha o modo como o uso de uma noção tão fortemente associada à ideia de "amor no trabalho" tende a ocultar a análise sociológica das práticas de trabalho efetivas das mulheres das classes populares nesses empregos. Esse uso oculta também, segundo ela, a complexidade dos laços que existem para essas mulheres entre o trabalho gratuito realizado para os seus e o trabalho remunerado realizado para as pessoas idosas, complexidade essa que afeta sua relação com o emprego, com o trabalho doméstico, com o trabalho remunerado. Tendo-se tornado "incontornável" nos estudos de gênero franceses, o *care* aparece como um conceito útil por ser capaz de acrescentar dimensões (afetivas) à análise do trabalho, mas não deve substituir o conceito de trabalho. A aposta aqui é de ordem metodológica (o *care* não permite uma descrição realista das atividades de trabalho) e teórica (ele confunde "a relação com o trabalho e as práticas de trabalho").

Terreno e questão epistemológica estão também no centro da contribuição de Danièle Kergoat, mas sob um ângulo um pouco diferente. A autora sublinha o caráter "paradigmático" do trabalho como "conceito" (que não deve se confundido, segundo ela, com o trabalho como "terreno") pela maneira como ele permite pensar conjuntamente trabalho remunerado e trabalho gratuito, relações sociais de sexo de exploração e de apropriação, variação no tempo e no espaço da divisão sexual do trabalho. O potencial subversivo e reivindicativo do trabalho, seu lugar como alavanca de solidariedade, como lugar de produção de si, como base da autonomia das mulheres, como lugar de emancipação coletiva permanecem e devem permanecer centrais para a sociologia do gênero e para a sociologia do trabalho. Assim, Danièle Kergoat sublinha que o conhecimento dos mecanismos de opressão implica enfrentar sua pluralidade e seu embaralhamento.

É o que faz Kamala Marius, propondo uma análise renovada do trabalho das mulheres sob o prisma da multiplicidade das opressões em articulação com a noção de empoderamento. Os comportamentos de atividade de mulheres indianas que trabalham na indústria do couro na região tâmil se inscrevem no contexto do desenvolvimento de novas oportunidades econômicas ligadas à subcontratação e à deslocalização próprias de uma globalização neoliberal. A abordagem intersecional permite dar conta do modo como as identidades e a relação com o emprego das mulheres envolvidas se constituem em função de múltiplas ancoragens: a classe social, o estatuto, a religião, a comunidade, a casta. Utilizada nessa perspectiva, a noção de empoderamento leva, segundo Kamala Marius, a desconstruir uma imagem da "mulher do Terceiro Mundo", impotente, vítima, vulnerável, podendo então o olhar se voltar para a capacidade dessas mulheres de tomar consciência das relações de dominação que elas sofrem.

Nathalie Lapeyre, por sua vez, num texto também centrado no trabalho ao mesmo tempo como área e como conceito, propõe se ater a observar aquilo que os debates sobre a centralidade do trabalho e a necessidade de pensar o gênero em termos de relações sociais de sexo às vezes tendem a relegar a um segundo plano da análise: a sexualização dos corpos (Clair, 2013). Quer se trate da paquera, do uso de roupas de trabalho, das brincadeiras sexistas, da exclusão das mulheres em nome da promiscuidade em certos espaços de trabalho, os julgamentos feitos sobre o corpo e a sexualidade das mulheres mostram a que ponto o cruzamento dos dois objetos, trabalho e sexualidade, permite restituir experiências que sua oposição impede de perceber. O corpo e a sexualidade aparecem aqui como podendo estar no centro da dureza e da exclusão das mulheres em ambientes profissionais pouco mistos. Nesses contextos, eles interagem com mecanismos estruturais de exclusão das mulheres já bem documentados e que permitem dar conta dos limites das políticas de igualdade entre os homens e as mulheres.

Por seu lado, e para terminar, Laure Bereni explica o quanto o conceito de divisão "sexuada" do trabalho, que dominava a pesquisa feminista quando ela começou sua tese de doutorado, serviu num primeiro momento de "anteparo à objetivação sociológica" do movimento feminista, por se tratar de um conceito que toma partido. A dificuldade encontrada para mobilizá-lo a fim de restituir o que em sua pesquisa tinha se tornado o "espaço da causa das mulheres" ligava-se ao fato de que ele defendia, por sua própria genealogia, uma perspectiva feminista em detrimento de outras. Laure Bereni aborda assim os efeitos normativos das categorias de análise, concebidos para tal perspectiva científica e política, cuja generalização pode colocar problemas.

O feminismo como perspectiva: do não dito à reivindicação?

Os conceitos passados em revista têm em comum o fato não apenas de ligar gênero e trabalho, mas também de alimentar um pensamento político. Todos os textos desta parte se referem ao feminismo: como objeto (Bereni, Lallement), mas também como quadro epistemológico (Avril, Bereni, Kergoat, Lapeyre, Marius). E, pela primeira vez na história do Mage, o adjetivo "feminista" aparece no título de uma obra coletiva para qualificar uma perspectiva de pesquisa comum. O que significa essa aparição e o que significa esse adjetivo?

Pelo fato de que este livro se inscreve na continuidade das publicações anteriores do Mage, pode-se entender a aparição do adjetivo "feminista" em seu título como o reflexo de um *processo de legitimação* em curso de modo mais amplo nas publicações de ciências sociais, no campo acadêmico e no campo dos estudos de gênero. Em 1990, Rose-Marie Lagrave observava o quanto o fato de qualificar a pesquisa de "feminista" podia, na França, expô-la ao descrédito (Lagrave, 1990). Eis por que, durante muito tempo, o adjetivo raramente foi utilizado para caracterizar coletivos de pesquisas ou trabalhos mesmo quando estes visavam desvendar os fundamentos das desigualdades entre homens e mulheres e se inscreviam num projeto político de conquista pelas mulheres de seus direitos, como sempre aconteceu com os trabalhos do Mage (Maruani, 1998; Laufer, Marry e Maruani, 2001).

Só uma pesquisa do tipo da de Rose-Marie Lagrave reproduzida hoje permitiria explicar exatamente o que parece uma saída coletiva do não dito. Podem ser propostas algumas pistas que os textos aqui reunidos permitem formular.

É significativo que, a partir do início dos anos 2000, enquanto a agenda feminista tinha voltado havia pouco à superfície de diversos debates públicos (sobre a paridade, o Pacs ou ainda o "véu"), a universidade tivesse se tornado um lugar de politização importante para estudantes que descobriam, muitas vezes como autodidatas, os textos fundadores da teoria feminista francesa. É o que comprova aqui o texto reflexivo de Laure Bereni, a propósito do importante papel que teve em sua própria trajetória o ateliê "gênero" da École des Hautes Études en Sciences Sociales (EHESS) no qual surgiu o coletivo Clashes.[1] Lugar de saber e lugar político, a universidade a partir de então permitiu, muitas vezes a despeito dela própria, um reconhecimento do caráter sempre político da teoria.

O feminismo como perspectiva aparece também nos textos aqui reunidos quando é feita referência a obras ou artigos redigidos em outros lugares que não a França: do outro lado do Atlântico, mas também em outros países europeus. A importação desses textos vindos de países que há muito reconhecem a existência de uma teoria feminista não está provavelmente desvinculada da possibilidade de que de hoje em diante esse adjetivo também seja utilizado em francês, fora de alguns coletivos de pesquisa delimitados.

---

[1] Coletivo de Luta contra o Assédio Sexual no Ensino Superior: <https://clasches.fr/>.

Dessa forma, uma tal referência aparece como uma *reivindicação*, tanto mais necessária na medida em que o período atual é marcado por uma regressão política no tocante aos direitos das mulheres e, no espaço acadêmico, por uma despolitização do "gênero", um rótulo que hoje recobre um conjunto díspar de abordagens. Esse termo, embora tendo alimentado violentas polêmicas, tornou-se mesmo um parceiro institucional que pode ser proveitoso estampar. É por isso que ele é objeto, como aconteceu muito antes nos Estados Unidos, de forte "cooptação" por parte de autores(as) que o mobilizam como uma categoria que descreve a diferença dos sexos sem levar em conta a relação de dominação que está na base da diferença, a faz acontecer, a justifica e a perpetua (Stacey e Thorne, 1985:307). O subtítulo de *Trabalho, logo existo* assinala assim que, contrariamente a outras obras coletivas ligadas aos "estudos de gênero", esta reúne textos que se inscrevem numa perspectiva explicitamente *crítica*.

Referências

CLAIR, Isabelle. Pourquoi penser la sexualité pour penser le genre en sociologie? Retour sur quarante ans de réticence. *Cahiers du Genre*, n. 54, p. 93-120, 2013.

COCKBURN, Cynthia. The material of male power. In: MACKENZIE, D.; WAJCMAN, J. (Org.). *The social shaping of technology*. Filadélfia: Open University Press, 1999. p. 17-198.

GARDEY, Delphine; LÖWY, Ilana. Pour en finir avec la nature. In: GARDEY, D.; LÖWY, I. (Org.). *L'invention du naturel*: les sciences et la fabrication du féminin et du masculin. Paris: Archives Contemporaines, 2000. p. 1-28.

LAGRAVE, Rose-Marie. Recherches féministes ou recherches sur les femmes? *Actes de la Recherche en Sciences Sociales*, v. 83, n. 1, p. 27-39, 1990.

LAUFER, Jacqueline; MARRY, Catherine; MARUANI, Margaret (Org.). *Masculin-féminin*: questions pour les sciences de l'homme. Paris: PUF, 2001. Sciences sociales et sociétés.

MARUANI, Margaret (Org.). *Les nouvelles frontières de l'inégalité*: hommes et femmes sur le marché du travail. Paris: La Découverte, 1998.

STACEY, Judith; THORNE, Barrie. The missing feminist revolution in sociology. *Social Problems*, n. 4, p. 301-316, 1985.

15. Sob o rótulo do *care*, o trabalho das mulheres das classes populares: para uma crítica empírica de uma noção de sucesso
Christelle Avril

Na sociologia do trabalho francesa, e sobretudo nos estudos sobre os empregos ocupados majoritariamente por mulheres, o termo *care* se tornou indispensável. Ele se difundiu como um rastilho de pólvora nos títulos e nas palavras-chave dos artigos que tratam dos trabalhos ligados ao social, à saúde, ao paramédico. O *care* ou trabalho de *care* substitui hoje com frequência a palavra "trabalho" nas pesquisas sobre as mulheres trabalhadoras das classes populares, como empregadas domésticas, cuidadoras de idosos ou babás.

Mesmo que várias publicações tenham preparado sua difusão, pode-se dizer que o termo se impôs sob sua forma anglófona no campo francês das ciências sociais a partir de 2008-2009 (por exemplo, Molinier, Laugier e Paperman, 2009). Sem entrar numa genealogia dessa noção, começarei por lembrar que seu caráter polissêmico e impreciso já deu lugar a intensos debates feministas (Thomas, 1993; Leira, 1994; Daly e Lewis, 2000; Letablier, 2001; Avril, 2008; Mosconi e Paoletti, 2011). Acrescentarei em seguida outro detalhe: a noção se impôs na França com um sentido muito particular que está longe de cobrir todas as tradições intelectuais feministas que a mobilizaram a partir dos anos 1970. O *care* à francesa é o de uma tradição filosófica política e moral que defende o advento de uma sociedade baseada na ética do *care*.[1] Para Joan Tronto (2009), trata-se de defender um novo contrato social baseado mais no reconhecimento das relações interpessoais de cuidado (e de dependência) do outro do que em direitos políticos no sentido clássico do termo. O projeto é interessante: tornar visível o papel político desempenhado por certas categorias mais provedoras de *care* do que o de outras categorias como as mulheres e os(as) imigrantes, quando todos os indivíduos precisam de *care* num momento ou noutro da vida (ou seja, de cuidados que eles não podem prestar a si mesmos). Meu objetivo aqui não é debater o projeto político trazido pela ética do *care*, e sim sublinhar que evidentemente a definição de Tronto não é uma categoria de análise sociológica. Trata-se de uma definição normativa, deliberadamente genérica, imprecisa, que define a linha política a ser seguida para fazer advir uma sociedade baseada na ética do *care*. Lembremos, com efeito, que, segundo Joan Tronto (e Berenice Fisher), o "*care* designa uma atividade genérica que compreende tudo o que fazemos para manter, perpetuar e reparar nosso 'mundo' de maneira que possamos viver nele da melhor forma possível. Esse mundo compreende nossos corpos, nós mesmos e nosso ambiente, todos eles elementos que procuramos ligar numa rede complexa, em apoio à vida" (Tronto, 2009:143). Lanço a hipótese de que o sucesso dessa definição nas publicações sociológicas e nos trabalhos dos(as) estudantes se liga precisamente a seu caráter genérico: ela pode se aplicar a todas as atividades humanas e, ao fazê-lo, pode dar a impressão de funcionar "todas as vezes" no campo da pesquisa.

Ora, uma noção que se aplica a todas as atividades humanas é fragilmente, ou não é de todo, heurística para uma sociologia empírica (Avril, Cartier e Serre, 2010:12). O fio condutor de minhas palavras será o seguinte: mostrar que a perspectiva do *care* abre caminhos de análise estimulantes para a sociologia das atividades de serviços em que hoje se concentram as mulheres das classes popu-

---

[1] A bem da verdade, existem outros caminhos de promoção do termo *care* na França, mesmo sendo a definição de Tronto a que hoje predomina nos textos publicados. Um primeiro caminho, visível na segunda metade da década de 1990, mas que foi relativamente eclipsado nos últimos anos, é o da sociologia das políticas familiares que se baseiam na análise dos regimes de *care* (Letablier, 2001). Outro caminho é o que acentua a divisão internacional do trabalho do *care* e o aparecimento de uma "nova classe servil" (Kergoat, 2005:99, 2009).

lares, sob a condição, porém, de não utilizar o termo para descrever e analisar as práticas de trabalho. Para tanto, usarei o exemplo da minha pesquisa sobre as cuidadoras de idosos (Avril, 2014), da comparação feita junto com Marie Cartier entre empregadas domésticas, cuidadoras de idosos ou babás (Avril e Cartier, 2014) e, finalmente, a pesquisa etnográfica que desenvolvo desde 2013 sobre as secretárias de hospital. Irei deter-me em três dimensões implícitas do *care* e em seu alcance e seus limites para o estudo do trabalho: o termo designa o amor no cuidado dos outros; designa o cuidado dos outros ao mesmo tempo na esfera privada e na esfera profissional; confunde, enfim, o que se faz para os outros e a preocupação com os outros, ou seja, as práticas e uma relação moral com as práticas. Em que condições essa noção pode nos esclarecer *sociologicamente* sobre a situação de trabalho das mulheres das classes populares?

Alcance e limites do *care* para o estudo das situações de trabalho

A noção de *care* foi moldada na Europa no quadro dos debates feministas dos anos 1970 que pretendiam tornar visível o trabalho doméstico realizado gratuitamente pelas mulheres para os seus na esfera privada. Mas essa noção, proveniente da sociologia da família, opera um deslocamento com relação à do trabalho doméstico: enquanto esta última tende a destacar as tarefas materiais realizadas pelas mulheres, o *care* pretende acentuar o amor, a benevolência, a afeição que as mulheres dedicam aos membros de sua família.

Por isso mesmo, simplesmente substituir, como é tendência hoje, o termo "trabalho" por "trabalho de *care*" ou "*care*" para estudar as mulheres comprometidas com os empregos domésticos não é um gesto neutro: a noção tem uma história que não se pode ignorar. Ela destaca o amor no trabalho, confere ao trabalho feito por essas mulheres uma conotação positiva (Avril, 2008; Zelizer, 2010). Encontrei cuidadoras de idosos que declararam claramente "não gostar das pessoas idosas", "não gostar de cuidar delas", "não gostar de falar com elas" etc. Durante as entrevistas, para se livrar delas e se concentrar nas tarefas domésticas, elas me mandavam "discutir com a vovó". Minhas observações mostram que é possível trabalhar como cuidadora de idosos sem entrar numa relação interpessoal com as pessoas idosas. Isso não quer dizer que essas mulheres fazem mal seu trabalho. Apenas algumas consideram que, pelo dinheiro que recebem e diante do que diz seu contrato de trabalho, elas podem legitimamente se limitar à limpeza da casa, às compras, à preparação das refeições, e escolher se envolver ou não emocional ou afetivamente.[2] Não se trata de modo algum de dizer que todas as cuidadoras de idosos são indiferentes às relações com as pessoas idosas, e sim de abrir o campo dos possíveis sociológicos, afirmando que o *care* tanto pode fazer parte do trabalho quanto não fazer parte dele. Aliás, desde os anos 1980, sociólogas inglesas põem em questão o implícito altruísta do *care*: inclusive dentro da família, a dimensão afetiva nem sempre está presente, e é perfeitamente possível preencher as obrigações familiares sem amor ou investimento emocional (Land e Rose, 1985; Finch, 1989). Enfatizar as dimensões afetivas do trabalho esperadas das mulheres é uma coisa, pressupô-las é outra.

Substituir a noção de trabalho pela de *care* comporta outro problema: o de mascarar as dificuldades mais comuns do trabalho. Durante muito tempo, a sociologia dos(as) empregados(as) lutou para fazer reconhecer as dificuldades físicas do setor de serviços. Para tanto, foi preciso esperar pelas contribuições da sociologia interacionista que sublinhavam a proximidade entre o trabalho dos operários da indústria e o de certos(as) empregados(as) modestos(as) (por exemplo, Peneff, 1992). As cuidadoras de idosos, assim como as babás, assumem esforços físicos próprios da incumbência de um "material humano" que aproxima sua situação de trabalho da dos operários, e essa dimensão do trabalho é tão constitutiva de sua condição quanto as dimensões afetivas e emocionais (Avril, 2006; Avril e Cartier, 2014). Utilizar o termo *care* para qualificar o conjunto das obrigações de trabalho assumidas por essas mulheres é também contribuir para fazer desaparecerem os esforços físicos do trabalho sob o amor.

---

[2] As pesquisas que retomam a definição do *care* de Tronto consideram logicamente que a limpeza — como todas as atividades humanas — é *care*. É o caso hoje, por exemplo, de Pascale Molinier (2013:48-52). Observemos contudo que, antes dessa postura de adesão e de defesa da ética do *care* próxima da filosofia moral, ela mesma havia expressado uma crítica à noção de *care* (Molinier, 2004), à qual nossa contribuição faz eco.

Se a noção de *care* pode dificultar o estudo da diversidade das tarefas que se impõem às cuidadoras de idosos, ela também ignora os quadros hierárquicos nos quais o trabalho se inscreve. As utilizações atuais dos trabalhos de Arlie R. Hochschild (1983:137) no contexto francês nos permitem perceber esse obstáculo: um novo entendimento implícito recente do *care* é que ele é também um "trabalho emocional" (*emotional labour*). O *care* seria amar e experimentar emoções, controlá-las, produzi-las etc. Se o caminho é atraente, ele não pode ser transposto sem contextualização empírica: a pesquisa que permitiu à socióloga americana destacar o trabalho das emoções se refere a aeromoças trancadas durante o tempo de voo com passageiros, sob o olhar de seus superiores e com o desafio de não deixar um passageiro se exceder a ponto de pôr em perigo a segurança do voo. É nesse "contexto local de trabalho" (Serre, 2009:199) que as aeromoças devem aprender (na prática, mas também durante a formação) a controlar suas emoções, disfarçar seu aborrecimento, produzir um bem-estar no passageiro graças ao seu sorriso e à sua atenção afável. Não estou dizendo que as cuidadoras de idosos não podem ser levadas a executar esse trabalho emocional — e minha pesquisa mostra que uma parte delas faz isso —, estou apenas dizendo que nada é automático e que isso varia de acordo com o contexto: as mulheres que observei no trabalho de cuidadoras de idosos, assim como as babás, trabalham em domicílios longe do olhar de seus superiores (Avril e Cartier, 2014). Nesse sentido, as imposições ao trabalho emocional e ao trabalho do *care*, se é que elas estão presentes (e é preciso sistematicamente estudar as normas transmitidas pelos superiores — assim como pelos(as) pares e pelos(as) clientes — para mostrá-lo), só têm chance de ser efetivas se o quadro de controle e de sanção existir. Suponho assim que as auxiliares de puericultura que trabalham em creches ou as auxiliares de geriatria que trabalham em casas de repouso, ou seja, em quadros coletivos e sob o olhar de superiores e de um público, têm maior probabilidade de aplicar, até de interiorizar, imposições ao trabalho emocional ou do *care* do que as que trabalham em domicílio.

A sociologia do trabalho das mulheres dos meios populares ganha ao integrar as dimensões emocionais e afetivas em sua análise: a perspectiva do *care* abre essa possibilidade. No entanto, para entender as formas de serviço específicas das mulheres dos meios populares na esfera assalariada e como estas variam de uma atividade para outra, é necessário precisamente estabelecer a diversidade das obrigações de trabalho que se aplicam a elas — obrigações físicas, mentais, emocionais e afetivas — e os quadros específicos de subordinação hierárquica que criam a força — ou não — dessas obrigações. Não utilizando mais que um único termo genérico, o *care*, para qualificar, descrever e analisar o trabalho dessas mulheres, privamo-nos dos instrumentos de descrição empírica moldados pela sociologia feminista do trabalho. O *care* constitui, a meu ver, uma dimensão do trabalho entre outras, e não um termo genérico para qualificar o trabalho de toda uma faixa das mulheres assalariadas. Mas uma dimensão que não é da mesma natureza das outras obrigações de trabalho: uma cuidadora de idosos pode ser despedida por não ter arrumado a casa ou cozinhado, mas não por não amar ou por ser indiferente a uma pessoa idosa. Numa perspectiva de sociologia do trabalho, seria preciso estudar com precisão os trabalhos para os quais "amar" o(a) cliente — fingir amar, jogar o jogo superficialmente e/ou profundamente de amar o(a) cliente etc. — é uma obrigação que pode ser acompanhada de sanções. E distinguir ainda as sanções de ordem profissional de outras formas de sanções sociais. É precisamente esse estudo específico que poderia permitir distinguir as obrigações profissionais e/ou sociais que se aplicam às mulheres mais que aos homens, aos meios populares mais que aos polos superiores do espaço social.

Alcance e limites do *care* para o estudo da articulação trabalho-família

O *care* designa tanto o que as mulheres fazem gratuitamente para seus próximos na esfera privada quanto o que elas fazem em troca de um salário para as pessoas dependentes na esfera profissional. Esse duplo sentido do *care* é voluntário: trata-se precisamente de estabelecer uma ponte intelectual entre serviço das mulheres na esfera privada e na esfera profissional. Mas esse é, a meu ver, um novo perigo: utilizar a palavra *care* para designar o que fazem mulheres assalariadas para as pessoas idosas significa supor uma homologia de atitudes, uma continuidade entre o que elas fazem na esfera privada e na esfera profissional.

Um tal pressuposto se choca rapidamente com a realidade dos materiais de pesquisa. Para seguir o exemplo das cuidadoras de idosos, as mulheres que estudei prezam seu emprego (Maruani, 1996) e algumas fazem distinção entre o que elas fazem gratuitamente para seus próximos e o que fazem no trabalho para as pessoas idosas que lhes pagam. Um bom exemplo em meu campo de pesquisa é o da cuidadora de idosos iugoslava cujo marido era dono de uma firma construtora florescente. O casal possuía um chalé e um BMW. Quando perguntei por que trabalhava como cuidadora de idosos, ela me respondeu que era para "trabalhar fora" e não acabar trabalhando (de graça) na empresa do marido. Para essa mulher, ser assalariada como cuidadora de idosos era uma forma de emancipação em relação à esfera privada. O estudo desses empregos não pode dispensar a análise dos laços complexos que existem para essas mulheres entre esfera privada e esfera profissional, sobretudo fazendo desaparecer essa complexidade sob o termo genérico *care*. De um lado, é bem evidente que, realizando tarefas domésticas durante o dia num cenário profissional, essas mulheres são, por meio desses empregos, socializadas ou ressocializadas para cumprir tarefas domésticas. Podemos aliás sublinhar um fenômeno novo: as mulheres dos meios populares que hoje se tornam cuidadoras de idosos não foram necessariamente socializadas, como as gerações precedentes, para realizar tarefas domésticas (Avril, 2003). Elas aderem ao papel doméstico transmido por suas mães (elas as veem fazer esse papel), mas provêm hoje de famílias muito menores, e não é raro serem dispensadas do essencial do trabalho doméstico pelas mães. O desenvolvimento desses empregos ressocializa portanto gerações de mulheres de meios populares no trabalho doméstico.

Mas, mesmo nesse plano, nada é simples. Quando as cuidadoras de idosos comparecem de quatro a cinco vezes por dia em casa de pessoas idosas para o trabalho doméstico, elas não estão fazendo o trabalho doméstico na sua própria casa. Elas são pagas, sabem que existe um preço para o seu esforço. Descobrem também uma grande variedade de maneiras de fazer o trabalho doméstico, comparam as intervenções, tomam consciência do peso de algumas delas quando o nível de exigência de limpeza é muito alto. Desse modo, esse tipo de emprego as leva também, em certa medida, a desnaturalizar o trabalho doméstico. Foi o que aconteceu com uma mulher senegalesa que, desde que começou a trabalhar como cuidadora de idosos, deixou o trabalho doméstico na própria casa para o marido (Avril, 2014). Existem evidentemente ligações, para essas mulheres pagas para cumprir tarefas domésticas para pessoas dependentes, entre o que elas fazem na esfera profissional e em sua esfera privada. Mas utilizar o termo *care* para qualificar de maneira genérica seu trabalho nesses dois cenários significa cortar pela raiz a análise paciente dessa ligação e ignorar os debates feministas que a questionaram (Bachmann et al., 2004).

Alcance e limites do *care* para o estudo das relações de trabalho

O *care* comporta outro inconveniente: o de confundir intencionalmente a relação no trabalho e as práticas de trabalho. Segundo Arlie R. Hochschild (1995:333), "*care* of *a person implies care* about *him or her*". Para ela, como para Joan Tronto, o *care é por definição ao mesmo tempo* uma prática (*care of*) e uma disposição (*care about*). De acordo com as épocas, os países e as correntes, o *caring about* enfatiza mais o amor e a dimensão afetiva, ou antes a responsabilidade e a dimensão moral, na maioria das vezes as duas indistintamente. Convém aí também sublinhar que a perspectiva do *care* coloca uma questão estimulante se for reformulada nos termos da sociologia do trabalho e do gênero: os empregos de serviço junto a pessoas dependentes, vulneráveis, são empregos de serviço "como os outros"? As mulheres são submetidas às mesmas obrigações de trabalho que os homens? (Avril e Marichalar, 2016.) Infelizmente, o uso dominante que hoje é feito do *care* – e sobretudo a confusão entre práticas e relação com as práticas – constitui mais um limite do que um avanço para a sociologia das relações de serviço.

De um lado, considerar dada a ligação entre o *caring for* e o *caring about* é passar novamente ao largo da complexidade das práticas de trabalho e das relações com o trabalho das mulheres assalariadas das camadas populares.[3] O caso dessas cuidadoras de idosos que dizem não gostar de cuidar das pessoas idosas permite entender isso: é difícil discernir nelas formas de implicações morais do registro da solicitude. Acontece de elas se sentirem envolvidas moralmente em relação a pessoas idosas (uma delas se perguntou na minha frente em voz alta se determinada pessoa idosa "tinha o que era preciso para o fim de semana" e pensou em voltar no fim do dia para verificar), mas isso não vale para todas as pessoas idosas nem para todas no mesmo grau. Dito de outro modo, elas podem estar envolvidas no *caring for* sem por isso estar no *caring about*, tanto afetivamente quanto moralmente falando.

Porém, mesmo para aquelas a quem mostrei que certa solicitude está presente quando fazem seu trabalho, é preciso ter tempo para se interrogar sistematicamente sobre o sentido dessas práticas. Algumas cuidadoras de idosos aceitam realizar gratuitamente um conjunto de tarefas das quais se percebe bem a ligação com o trabalho gratuito das mulheres na esfera privada: cuidados de manicure, de penteado, de *toilettes*... E quando as interroguei sobre as razões disso, elas mobilizaram um registro empático e moral. Elas o fazem porque a situação dessas pessoas idosas as "toca", "porque é normal", porque, "se fosse sua própria mãe", gostariam "bem que alguém fizesse aquilo em seu lugar" etc. Entretanto, mesmo nesse caso, a grade de análise do *care* não deve deixar esquecer que as práticas de cuidados podem ser lidas também com outras grades. Darei apenas um exemplo. Algumas dessas cuidadoras de idosos se envolvem numa espécie de trabalho contra a perda de autonomia. Uma delas decidiu atribuir-se como objetivo que uma senhora idosa se erga, lave-se e vista-se de novo. Um primeiro nível de leitura é dizer que essa cuidadora de idosos adota aqui práticas de cuidado tendo em vista melhorar o bem-estar da pessoa idosa, que ela adota a solicitude. Essa é sem dúvida uma dimensão da verdade de suas práticas (Bourdieu, 1996). Contudo, quando participamos das jornadas de trabalho dessa mulher, entendemos também que uma das dificuldades im-

---

[3] Essa confusão entre *caring for* e *caring about* foi objeto de vivos debates feministas nos anos 1980 na Grã-Bretanha, como o comprova, entre outras, a obra de Beverley Skeggs (Cartier, 2012).

portantes é a monotonia, o fato de que nada acontece, de que as pessoas idosas ficam sentadas em sua poltrona sem dizer nada ou repetindo a mesma coisa todos os dias. Atribuir-se, como essa cuidadora de idosos, um objetivo e atingi-lo é, como no jogo das cotas dos operários estudados por Donald Roy (2006), romper a monotonia, comprovar um valor profissional para si e para os outros (Avril, 2006). Essas mulheres não se caracterizam apenas pelo altruísmo, pelo desinteresse, quando tomam conta das pessoas idosas; elas também têm um sentido de seus interesses pessoais.

Por outro lado, o fato de utilizar o *care* para designar indiferentemente as emoções, os afetos, o amor, a moral, também constitui um obstáculo à análise sociológica de cada uma dessas dimensões da relação com o trabalho. Enquanto a perspectiva do *care* as torna visíveis, o fato de mobilizar apenas esse termo para descrever todas elas volta a torná-las invisíveis. Distinguir essas diferentes dimensões é um dos objetivos que me atribuí no caso da pesquisa que desenvolvo desde 2013 sobre as secretárias, uma profissão maciçamente ocupada por mulheres pouco diplomadas, destinadas a papéis domésticos (Pinto, 1990). Eu estudo particularmente os momentos em que as secretárias hospitalares se mobilizam — ou não — por um paciente e decidem — ou não — servi-lo, ou seja, fazer mais do que aquilo para o que elas são pagas (como quando um paciente deve comparecer a vários serviços ao mesmo tempo e a secretária de otorrinolaringologia se levanta para acompanhá-lo e obter consultas agrupadas num dia). Em vez de considerar equivalentes o fato de servir ao usuário, o fato de envolver nisso uma ética e o fato de envolver nisso afetos, é preciso ter meios de distinguir essas diferentes dimensões da atividade social. Para tanto, convém identificar os contextos nos quais as práticas de serviço "gratuito" deixam aparecer questionamentos morais, ou seja, os momentos concretos em que as secretárias se colocam a questão da legitimidade, da correção do que estão fazendo (Paillet, 2007). As situações de "embaraço moral" — quando elas existem — são particularmente fortes nos momentos em que as demandas de serviço não são previstas pelos superiores ou ainda quando a secretária está isolada diante dessa demanda. Convém também distinguir na análise a relação moral no serviço e os afetos. O grau de exposição à intimidade do outro, os recursos das secretárias para organizar essa exposição, os recursos próprios do grupo profissional desenham configurações muito variáveis diante do registro compassivo (Barbot e Dodier, 2014). Assim como para a sociografia das relações morais com o serviço "gratuito", é preciso dar-se os meios de perceber as emoções construindo por exemplo indicadores de perturbação emocional. A perspectiva do *care*, ao dirigir a atenção da sociologia para diferentes dimensões da relação com o trabalho, abre o caminho para o estudo das especificidades do trabalho de cuidar do outro em contraste com os outros tipos de serviço... sob a condição de não "esmagar" essas especificidades sob o termo genérico *care*.

★ ★ ★

A meu ver, é sob a condição de entender que o *care* não é um conceito de descrição e de análise sociológicas das práticas que ele pode ser útil sociologicamente. O *care* é uma perspectiva que convida a levar em conta novas dimensões do trabalho, sobretudo o amor e o cuidado do outro como injunções hierárquicas e sociais, assim como a distribuição desigual dessas obrigações no espaço salarial. Sua utilidade sociológica se baseará também na sua capacidade de se apoiar nos instrumentos conceituais que há muito fizeram suas provas empíricas e analíticas para tornar visíveis as formas de serviço das mulheres da base da estrutura social. Um diálogo entre a perspectiva do *care* e a sociologia feminista do trabalho permitiria fazer progredir nosso conhecimento das obrigações de trabalho que pesam especificamente sobre as mulheres das camadas populares (em termos de injunções e de articulação família-trabalho), mas também perceber a diversidade de suas relações com o trabalho e os potenciais emancipadores — ou não — dos empregos de serviço que elas ocupam maciçamente.

Referências

AVRIL, Christelle. Les compétences féminines des aides à domicile. In: WEBER, F.; GOJARD, S.; GRAMAIN, A. (Org.). *Charges de famille*: dépendance et parenté dans la France contemporaine. Paris: La Découverte, 2003. p. 187-207.

____. Le travail des aides à domicile pour personnes âgées: contraintes et savoir-faire. *Le Mouvement Social*, n. 216, p. 87-99, 2006.

____. Les aides à domicile pour personnes âgées face à la norme de solicitude. *Retraite et Société*, n. 53, p. 49-65, 2008.

____. *Les aides à domicile*: un autre monde populaire. Paris: La Dispute, 2014.

____; CARTIER, Marie. Subordination in home service jobs: comparing providers of home-based child care, elder care and cleaning in France. *Gender & Society*, v. 28, n. 4, p. 609-630, 2014.

____; ____; SERRE, Delphine. *Enquêter sur le travail*: concepts, méthodes, récits. Paris: La Découverte, 2010.

____; MARICHALAR, Pascal. Quand la pénibilité du travail s'invite à la maison: perspectives féministes en santé au travail. *Travail et Emploi*, n. 147, p. 5-26, 2016.

BACHMANN, Laurence et al. (Org.). Famille-travail: une perspective radicale? *Nouvelles Questions Féministes*, v. 23, n. 3, p. 4-10, 2004.

BARBOT, Janine; DODIER, Nicolas. Que faire de la compassion au travail? La réflexivité stratégique des avocats à l'audience. *Sociologie du Travail*, n. 56, p. 365-385, 2014.

BOURDIEU, Pierre. La double vérité du travail. *Actes de la Recherche en Sciences Sociales*, v. 114, n. 1, p. 89-90, 1996.

CARTIER, Marie. *Caring*, un capital culturel populaire? *Actes de la Recherche en Sciences Sociales*, n. 191-192, p. 106-113, 2012.

DALY, Mary; LEWIS, Jane. The concept of social care and the analysis of contemporary Welfare States. *British Journal of Sociology*, v. 51, n. 2, p. 281-298, 2000.

FINCH, Janet. *Family obligations and social change*. Londres: Routledge, 1989.

HOCHSCHILD, Arlie R. *The managed heart*: commercialization of human feeling. Berkeley; Los Angeles; Londres: University of California Press, 1983.

____. The culture of politics: traditional, postmodern, cold-modern, and warm-modern ideals of care. *Social Politics*, v. 2, n. 3, p. 331-346, 1995.

KERGOAT, Danièle. Rapports sociaux et division du travail entre les sexes. In: MARUANI, M. (Org.). *Femmes, genre et sociétés*. Paris: La Découverte, 2005. p. 94-101.

____. Dynamique et consubstantialité des rapports sociaux. In: DORLIN, E. (Org.). *Sexe, race, classe*: pour une épistémologie de la domination. Paris: PUF, 2009. p. 111-125. Actuel Marx confrontations.

LAND, Hilary; ROSE, Hilary. Compulsory altruism for some or an altruistic society for all? In: BEAN, P.; FERRIS, J.; WHYNES, D. (Org.). *In defence of welfare*. Londres: Tavistock, 1985. p. 51-84.

LEIRA, Arnlaug. Concepts of caring: loving, thinking and doing. *Social Service Review*, p. 185-201, jun. 1994.

LETABLIER, Marie-Thérèse. Le travail envers autrui et sa conceptualisation en Europe. *Travail, Genre et Sociétés*, n. 6, p. 19-42, 2001.

MARUANI, Margaret. L'emploi féminin à l'ombre du chômage. *Actes de la Recherche en Sciences Sociales*, v. 115, n. 1, p. 48-57, 1996.

MOLINIER, Pascale. La haine et l'amour, la boîte noire du féminisme? Une critique de l'éthique du dévouement. *Nouvelles Questions Féministes*, v. 23, n. 3, p. 12-25, 2004.

____. *Le travail du care*. Paris: La Dispute, 2013.

____; LAUGIER, Sandra; PAPERMAN, Patricia (Org.). *Qu'est-ce que le care?* Souci des autres, sensibilité, responsabilité. Paris: Payot & Rivages, 2009.

MOSCONI, Nicole; PAOLETTI, Marion (Org.). Le care: projet égalitaire ou cache-misère? *Travail, Genre et Sociétés* (dossiê "Controverses"), n. 26, 2011.

PAILLET, Anne. *Sauver la vie, donner la mort*: une sociologie de l'éthique en réanimation néonatale. Paris: La Dispute, 2007.

PENEFF, Jean. *L'hôpital en urgence*: étude par observation participante. Paris: Métailié, 1992.

PINTO, Josiane. Une relation enchantée: la sécrétaire et son patron. *Actes de la Recherche en Sciences Sociales*, v. 84, n. 1, 1990, p. 32-48.

ROY, Donald. *Un sociologue à l'usine* [1952, 1953]. Paris: La Découverte, 2006. p. 37-86.

SERRE, Delphine. *Les coulisses de l'État social*: enquête sur les signalements d'enfant en danger. Paris: Raisons d'Agir, 2009.

THOMAS, Carol. Deconstructing concepts of care. *Sociology*, v. 27, n. 4, p. 649-669, 1993.

TRONTO, Joan. *Un monde vulnérable*: pour une politique du care [1993]. Paris: La Découverte, 2009.

ZELIZER, Viviana. Caring everywhere. In: BORIS, E.; SALAZAR PARREÑAS, R. (Org.). *Intimate labors*: cultures, technologies and the politics of care. Stanford: Stanford University Press, 2010. p. 267-279.

16. Igualdade profissional, corpo e sexualidade*
Nathalie Lapeyre

Uma pesquisa recente tratando conjuntamente das dinâmicas da feminização no trabalho e da adoção de uma política de igualdade profissional, realizada dentro de uma grande organização industrial tecnológica do setor aeronáutico (Lapeyre, 2016a, 2017), mostra que, no interior das profissões industriais e tecnológicas de ponta, e a despeito da aplicação real de medidas voluntaristas em favor da igualdade profissional mulheres-homens, esses ambientes tradicionalmente masculinos ainda continuam a resistir à entrada das mulheres. A partir da constatação de que a política de igualdade profissional estudada se baseia numa dinâmica ainda incerta (Lapeyre, 2015, 2016b), para além dos diferentes freios organizacionais e intelectuais bem-identificados, os quais são os próprios alvos dessas políticas, que limites, ainda impensados, atravessam o caminho da igualdade profissional entre as mulheres e os homens?

De um extremo ao outro da hierarquia socioprofissional, as taxas de feminização das diferentes profissões, especialmente as de produção, oscilam entre 5% e 10%, fazendo eco à fraca presença das mulheres nos cursos de formação. Assim, nos setores técnicos, tecnológicos e industriais, mesmo quando as

---

* Desejo agradecer especialmente a Isabelle Clair e Jacqueline Laufer, cujas observações sobre as sucessivas versões deste texto em muito contribuíram para aperfeiçoá-lo.

mulheres conseguem ultrapassar diferentes obstáculos profissionais, elas não permanecem muito tempo nessas profissões, de 5 a 10 anos no máximo, mesmo quando políticas internas específicas agem para mantê-las o mais tempo possível. De maneira bastante maciça, as operárias, assim como as técnicas e as engenheiras, operam uma bifurcação profissional bastante rápida (após 5 anos, 10 ou 15 para as mais resistentes). Muito mais do que uma bifurcação, muitas vezes é uma volta de 180° que se observa. O que acontece então é uma verdadeira reinserção profissional, e esta se opera na passagem das atividades ditas centrais, industriais, para atividades ditas de "apoio" (como recursos humanos, serviço pós-venda, logística etc.). Estas últimas funções são também mais periféricas, mais feminizadas, pouco reconhecidas. E são trabalhos para os quais as mulheres, sobretudo as engenheiras, não têm *a priori* nenhuma competência profissional. Elas precisam recomeçar do zero, ou quase. Suas competências sancionadas pela formação e pelo diploma, assim como suas diversas experiências profissionais técnicas, são relegadas a segundo plano diante da pregnância dos estereótipos de gênero, bastante ancorados nos processos de recrutamento interno, que no entanto pretendem ser objetivos e centrados nas qualificações. Eles criam e recriam permanentemente uma essencialização das "qualidades", sobretudo relacionais, das mulheres, que se transformam em "competências" e *in fine* lhes abrem "naturalmente" o caminho para toda uma série de funções de suporte. Vemo-nos então diante de uma situação, bem conhecida e documentada pela pesquisa feminista, em que a "educação para a feminilidade" (Perrot, 2012) prevalece sobre qualquer outra forma de qualificação, mesmo nas esferas mais tecnológicas do mundo do trabalho.

Como explicar esse efeito "cano furado" dos setores mais técnicos? Vários trabalhos de pesquisa permitiram objetivar um a um os mecanismos estruturais já conhecidos para explicar a exclusão das mulheres dos setores profissionais essencialmente masculinos, como o diploma, a experiência profissional, a socialização, a articulação entre o trabalho e a família, a cultura empresarial, o envolvimento com o trabalho, as condições de trabalho, até as "escolhas" das mulheres etc. Outro mecanismo me apareceu, agindo em interação com esses diferentes fatores estruturais: a sexualização dos corpos das mulheres nas relações de trabalho. Se toda uma parte da literatura sublinhou até que ponto a contribuição dos corpos, que são vulneráveis, que se desgastam, é central na atividade de trabalho, em compensação as pesquisas dedicadas à sexualização dos corpos se situam com mais frequência fora da sociologia do trabalho (Bajos e Bozon, 2016; Bajos, Ferrand e Andro, 2010; Clair, 2013); só algumas delas abordam o tema vinculando-o à atividade de trabalho (Falcoz e Bécuwe, 2009; Molinier, 2006; Roy, 2006). As organizações, por sua vez, resistem a levar em consideração o gênero dos corpos no trabalho e os efeitos não pensados do gênero na atividade de trabalho (Teiger e Vouillot, 2013). A sexualidade permanece aí em grande medida um tabu.

Partindo de situações observadas na minha área em que a sexualização do corpo das mulheres emerge como um freio cotidiano à sua atividade cotidiana, proporei encarar a erotização das relações de trabalho como um elemento penoso específico do trabalho das mulheres no setor estudado.

A sexualização dos corpos das mulheres no trabalho em atos

Os trajes

Uma das manifestações desse fenômeno se cristaliza em torno do uso dos trajes de trabalho. De fato, estes podem dissimular, neutralizar ou supersexualizar os corpos. Para começar, examinemos esse fenômeno do ângulo das operárias — as mulheres ditas "companheiras" — e das técnicas. Elas se queixavam de ficar pouco à vontade em macacões de trabalho "unissex", pensados para homens. Eles são muito grandes, muito largos, muito lisos etc. Também restringem os movimentos, pois, além de serem particularmente desconfortáveis, são equipados com proteções grossas nos joelhos. A fim de adaptar melhor essa roupa à "morfologia dos corpos femininos", a empresa criou uma equipe dedicada ao problema da adaptação dos trajes tradicionais de trabalho. Um *brainstorming* resultou na elaboração de uma lista de cargos, que levou ao desenho de novos macacões de trabalho destinados às operárias e às técnicas. Após algumas semanas, um primeiro balanço mostra que, contra todas as expectativas, o resultado é bastante catastrófico. Os novos macacões de trabalho ficam ainda mais próximos do corpo, ajustados ao tamanho. Eles chamam atenção para o busto e as nádegas. Antes, as operárias e técnicas pareciam "sacos de batatas", passavam despercebidas e se fundiam totalmente em seu meio de trabalho. Depois, elas usam trajes muito mais elegantes, que sexualizam seu corpo, criando uma supervisibilização dos corpos das mulheres. Elas agora são alvo de observações sobre seu físico e seu corpo, de certo modo "descoberto", quando da introdução dos novos macacões de trabalho especiais para "mulheres", dentro de coletivos de trabalho masculinos em que elas evoluem, muitas vezes sozinhas. Isso vai criar uma desordem, mesmo assobios insistentes e formas de assédio novas e até então desconhecidas. Isso cria um efeito coletivo imediato, dando às profissionais a impressão de que seus colegas homens nunca tinham visto uma mulher na vida. Como sublinha Élise (45 anos), responsável pela diversidade dentro da empresa: "Querendo fazer o bem, fizeram o pior".

Do lado das mulheres executivas e engenheiras, a situação praticamente não é melhor. As que trabalham como chefes de equipe dentro dos ateliês de produção, por exemplo, veem-se na impossibilidade de usar o uniforme — quase obrigatório — da camisa branca, que ostenta o nome e a função dos indivíduos. São camisas pensadas para homens que sentem — forçosamente o tempo todo — calor, em lugares temperados, qualquer que seja a estação. Além do estereótipo generificado, as mulheres executivas, friorentas ou não, recusam-se categoricamente a usá-las. As camisas são muito transparentes, o tecido é muito fino. Veem-se seus sutiãs por baixo, fenômeno por vezes amplificado por um sistema de iluminação potente de neon. Por conseguinte, têm a muito desagradável impressão de estar nuas quando passam pelos ateliês. Ou então quando vão fazer a volta de inspeção da cadeia de montagem, sob o olhar insistente de seus colegas homens e suas equipes. Assim, as mulheres executivas marcam sua diferença não usando o uniforme de trabalho. Resultado: as mulheres infringem a regra porque esta lhes parece inaplicável, e se destacam, vendo-se na impossibilidade de "neutralizar" sua "feminilidade" (Laufer, 1982), o que provoca a incompreensão dos setores de recursos humanos.

A paquera

Além desses fenômenos de sexualização dos corpos pelos trajes de trabalho, são também as relações de sedução que agem como um aviso cotidiano da influência do gênero (Löwy, 2006) e das relações de poder dentro das organizações. A sedução pode ser considerada o verniz que mascara as relações de dominação mais primárias (Scott, 2012). Estas últimas podem ser praticamente permanentes e presentes em qualquer situação. Esses fenômenos de paquera mais ou menos pesada podem por exemplo intervir no início das reuniões, o que tem como efeito deixar as mulheres particularmente pouco à vontade, como prova o relato de Lætitia (38 anos, responsável pelo setor compras), para quem esse lembrete do estatuto do corpo na maioria das reuniões de trabalho, em que ela é a única mulher, foca ainda mais atenção em sua pessoa: "Sem chegar até o assédio, mas são observações [...]. Não é obrigatoriamente para rebaixar [...], eles acham que me dá prazer ouvir uma observação positiva sobre meu físico (muito avantajado), mas eu não estou ali para isso. Portanto, isso me deixa pouco à vontade, não me dá prazer, não".

As mulheres executivas, como Lætitia, às vezes ficam paralisadas e desconcertadas antes da realização da reunião. Isso afeta principalmente sua concentração e as faz perder seus recursos, em momentos que muitas vezes têm aspectos estratégicos para elas (saber impor seu ponto de vista, negociar recursos financeiros etc.). A isso se somam as piadas duvidosas, reflexo do sexismo comum dentro das organizações. O sexismo no cotidiano se manifesta na maioria das vezes sob formas aparentemente anódinas e insidiosas, é objeto de negação, apesar de sua frequência para as mulheres no mundo do trabalho, e permanece um "não assunto" na empresa.[1] É preciso sublinhar que, em todas ou quase todas as situações, a ausência de reação da gerência intermediária para regular essas situações é bastante nítida. Isso pode levar até a situações de violência direta no trabalho, e de assédio, com todas as gradações possíveis

---

[1] Ver o relatório de 2015 do Conseil Supérieur de l'Égalité Professionnelle entre les Femmes et les Hommes (CSEP) sobre o sexismo no mundo do trabalho. Disponível em: <www.ladocumentationfrancaise.fr/var/storage/rapports-publics/154000174.pdf>.

e imagináveis, numa lógica de *continuum* das violências cometidas contra as mulheres (Debauche, Hamel e Hanmer, 2013).

A presença de Juliana nos ateliês de fabricação às vezes causa desordem, e isso pode chegar até os assobios insistentes quando de sua passagem pelo ateliê. Ela assume uma posição de animal curioso, tendo-se tornado com o tempo "conhecida como o lobo branco". Observa às vezes um movimento acompanhar sua vinda aos imensos galpões de montagem. O coletivo masculino espalha a notícia: "Eu via todos descerem do avião e virem até as janelas dos armazéns".[2] Nenhum superior hierárquico está lá para chamá-los à ordem, impossível segurar "os caras", o que revela a banalidade do sexismo comum nas organizações (Wajcman, 1998) e seus efeitos deletérios sobre a qualidade de vida no trabalho das mulheres. Policiar os comportamentos não profissionais e "educar os gerentes" começa a fazer parte, no momento da pesquisa, do roteiro dos gerentes encarregados da política de diversidade.

Mulheres-corpos inaudíveis

Esse afastamento e essa inferiorização do lugar e da palavra das mulheres, que passa pela sexualização dos corpos (a voz, o espaço físico e sonoro etc.), têm inegavelmente como efeito lembrar a todo mundo seu lugar no sistema sexo/gênero. E o alcance da palavra minoritária se torna inaudível pela ação dos estereótipos de gênero, em função do papel do corpo, da corpulência e da voz dentro da organização. É uma maneira de redobrar as dificuldades das mulheres, que fisicamente não podem ser homens. Ao longo das entrevistas, as narrativas produziram sobretudo elementos muito interessantes sobre o corpo e o lugar da voz: as mulheres executivas sempre ouvem seus colegas homens dizerem que elas têm uma vozinha. A voz parece ser um órgão que as mulheres não têm, elas não podem falar. O "domínio da voz" escapa portanto amplamente das mulheres, que penam para ocupar o espaço sonoro, sem "falar diretamente" e "soar bem" (Tain, 2007).

---

[2] Trata-se de escritórios instalados em construções modulares (*algécos*), às vezes com vários andares, e localizadas em imensos galpões, onde os aviões são montados.

Elas não existem, portanto, no espaço sonoro reservado aos homens, com a ideia subjacente segundo a qual com uma "voz dessas" a mensagem não vai ser ouvida, a ação empreendida não vai poder render frutos. Devido ao que é considerado uma quase deficiência física, as mulheres executivas não poderão ser ouvidas como profissionais e alcançar seus objetivos. De fato, não são e não podem ser uma voz que conta nas decisões. Em razão do processo de normalização dos corpos, a dificuldade para se fazer ouvir se torna absoluta. Sua "vozinha de camundongo" numa assembleia amplamente masculina nunca está "no contexto", sobretudo do ponto de vista das hexis corporais masculinas, que atuam concomitantemente com a voz e o desempenho do corpo. Nesse universo marcado implicitamente pelos códigos do *rugby*, aqueles que "impressionam" fisicamente, pela mediação da voz e do corpo, redobram também o alcance de suas mensagens e de suas posições de poder e de domínio dentro da organização.

A exclusão das mulheres em nome da promiscuidade dos corpos

Finalmente, a exclusão passa também pela questão da proximidade dos corpos das mulheres e dos homens em certas tarefas de trabalho. Esse argumento é sempre convocado para precipitar e justificar a exclusão delas, como um lembrete incessante do princípio de separação e de hierarquização dos sexos. É o caso por exemplo das eletricistas e companheiras/operárias, que são excluídas das tarefas de montagem e de cabeamento elétrico localizadas nas asas dos aviões. São espaços extremamente estreitos em alguns tipos de aviões, onde a promiscuidade é de praxe. A relação profissional faz aqui rimar erotização (Giami, Moulin e Moreau, 2013) com exclusão das mulheres. Pode-se contudo observar que, a despeito do tabu da homossexualidade dentro das organizações, a hiperpromiscuidade dos homens entre eles, mesmo, nesse caso, o corpo a corpo, goza da mais alta tolerância social. Uma das chaves de entendimento da exclusão das mulheres, particularmente exacerbada nos locais de montagem dos aviões, remete ao universo da "cultura *rugby*" (Saouter, 2000), que cria uma "turma" masculina e certa ambivalência com relação à sexualidade. Isso sustenta a ideia de que acontecem "coisas", que certamente fundamentam uma identidade coletiva masculina, que as mulheres não podem ver e/ou das quais não podem participar, por razões de promiscuidade dos corpos, mas também por outras razões menos dizíveis: "Exatamente, eles dizem naquele posto, você não pode colocar mulheres" (Élise, 45 anos, gerente de diversidade). O corpo das mulheres é assim constantemente erigido numa relação de alteridade.

Assim, de um lado, as mulheres precisariam de um espaço íntimo "para si", pois se sentiriam pouco à vontade em estar tão próximas de seus colegas de trabalho masculinos, e, de outro, curiosamente, esse quase corpo a corpo não parece incomodar os homens entre eles. Essa retórica em torno da proximidade/promiscuidade dos corpos trabalhadores pode também ser considerada uma nova maneira de reinventar os quadros normativos da exclusão das mulheres. No passado, as condições materiais de equipamento as haviam mantido afastadas das usinas e de certos locais de produção: são exemplos a ausência de vestiários, de banheiros e de equipamentos sanitários para as mulheres (arts. R4228-5 e R4228-10 do Código do Trabalho), para os quais parecia às vezes ser difícil, mesmo impossível, encontrar um lugar, tanto ideal quanto material, dentro dos centros de produção.

Pensar a sexualização do corpo das mulheres como algo penoso

Para além do antagonismo dos campos de pesquisa

Interrogando-se sobre a necessidade de pensar a sexualidade para pensar o gênero na sociologia, passando em revista 40 anos de pesquisas feministas, Isabelle Clair (2013:95) recentemente resumiu a situação da seguinte maneira: "Hoje, a sexualidade continua a ser um objeto suspeito entre os trabalhos sociológicos franceses sobre o gênero, embora sua problematização tenda a ser mais presente e as pesquisas sobre as práticas sexuais mais numerosas". O trabalho e a sexualidade tenderam a ser construídos como objetos antagônicos dentro da sociologia feminista francesa (Clair, 2012, 2013), sobretudo porque a sexualidade às vezes é percebida como um objeto capaz de relativizar a centralidade do trabalho na análise feminista das ciências sociais.

Ora, sem renegar nossos paradigmas fundadores, parece-me que, diante dos elementos anteriormente evocados, o cruzamento dos dois campos pode ser frutífero para a análise feminista do trabalho e pode abrir novos caminhos de pesquisa. De fato, todos os exemplos desenvolvidos em torno dos mecanismos de exclusão das mulheres do trabalho têm o corpo e a sexualidade como ponto comum. Eles têm como efeito deixar as mulheres engenheiras e executivas, mas também operárias e técnicas, relativamente atomizadas dentro dos coletivos de trabalho masculinos. Isso produz situações de trabalho extremamente extenuantes do ponto de vista tanto físico quanto nervoso. E o resultado é inapelável: elas fogem dessa situação penosa, o mais rapidamente possível. Essa situação penosa se cristaliza não na própria natureza das tarefas de trabalho, para as quais as mulheres são perfeitamente formadas e qualificadas, mas na ausência de aceitação dos corpos de mulheres e dos "corpos femininos" no trabalho, sempre considerados incongruentes nos meios de trabalho mais técnicos. Sendo o corpo o suporte dos estereótipos de sexo, é totalmente impossível se desligar dele, mesmo mascarando-o, mesmo travestindo-o. Assim, a bifurcação profissional a curto ou médio prazo parece inevitável, a duração da presença num posto de trabalho não sendo sinônimo de uma inclusão em equipes de trabalho.

O limite das políticas do gênero

Diante dessa situação, por mais que as empresas adotem políticas de igualdade profissional entre as mulheres e os homens, seus efeitos se encontram relativamente limitados. Todos esses exemplos fazem sentido numa mesma unidade de lugar e concorrem incansavelmente para a fuga das mulheres... As questões do corpo e da sexualidade aparecem então, portanto, como centrais nesses fatores de exclusão. São um dos limites das políticas de igualdade profissional e das políticas de gênero. É nesse sentido que levar em conta o corpo, como marcador de gênero e de sexualidade, no estudo das relações de trabalho permitiria renovar os modos de apreensão das desigualdades profissionais. É claro que a literatura científica faz com que se conheça bem como se opera a fábrica das diferenciações generificadas no trabalho, como o sexo das organizações age (Acker, 2009). Mas, não sendo interrogado no quadro do acionamento das políticas de igualdade profissional no interior das empresas, isso permanece um ângulo morto da ação e um elemento central de reprodução das desigualdades mulheres/homens. Assim, em vez de opor trabalho e sexualidade, perguntando qual deles vai dominar o outro na luta simbólica dos campos de pesquisa, parece-me muito mais pertinente tentar pensá-los em conjunto. O cruzamento das temáticas da sociologia do trabalho e da sexualidade mereceria ser mais aprofundado, de modo sistemático, a fim de enriquecer e renovar os quadros de análise, constituindo o corpo e a sexualidade como um tema importante. Como estes últimos influem nas relações de gênero e moldam as desigualdades no trabalho? Como as concepções generificadas dos corpos fabricam, configuram e reconfiguram sem parar as formas de segregação e de exclusão? Esses questionamentos podem oferecer um meio não apenas de renovar mas também de complexificar nossos quadros de análise do trabalho. É verdade que estamos diante de uma nebulosa de elementos díspares sobre o campo, mas que fazem sentido quando temos em mente esse fio condutor. A presença, carnal, das mulheres aparece como um problema dentro das organizações, algo que se soma à longa lista dos assuntos tabu dentro das organizações de trabalho.

E as percepções diferenciadas da sexualidade, mesmo totalmente invisibilizadas dentro das organizações, se desenrolam e voltam a se desenrolar incansavelmente. Estas últimas participam diretamente dos mecanismos de segregação e de ressegregação sexuada do mundo do trabalho. Segundo Nathalie Bajos: "Por mais que as mulheres queiram ter uma vida sexual cada vez mais diversificada, nas representações tanto dos homens quanto das mulheres, a sexualidade feminina continua associada à conjugalidade, à sentimentalidade... [...] aceitar essa diferença fundamental entre os sexos na sexualidade, é uma maneira de dar sentido às desigualdades entre os sexos que perduram nas outras esferas sociais".[3] A força dessa matriz heterossexual (Butler, 2005) faz com que, enquanto continuarmos

---

[3] Participação de Nathalie Bajos no documentário de Serge Moati sobre a questão do desejo feminino. Disponível em: <www.france5.fr/emissions/le-monde-en-face/diffusions/11032014_218591>.

a pensar e a crer, em nossas sociedades, que os homens têm mais necessidades sexuais que as mulheres, e que as mulheres constituem um objeto natural de desejo para eles, continuaremos a aceitar e a justificar desigualdades mulheres/homens em todas as outras esferas da sociedade (Bajos e Bozon, 2016; Bajos, Ferrand e Andro, 2010). Isso é particularmente verdadeiro no mundo do trabalho, um dos motores da fabricação do sistema sexo/gênero, que, nessa lógica, engendra diferenças de salários, de carreiras, de localização nos setores profissionais, de oportunidades, de acesso às redes, de acesso à formação, de aposentadorias etc.

★★★

Por ocasião de uma discussão em campo, sugeri à responsável por diversidade que o elo que faltava à cadeia de inteligibilidade da exclusão das mulheres talvez se encontrasse do lado do lugar do corpo e da sexualidade de maneira mais geral; ela me respondeu simplesmente: "Entendi". Um clique. Tudo fazia sentido. A própria evidência. Enquanto ela se exauria incansavelmente em acionar políticas de igualdade para manter a todo custo mulheres em lugares e espaços profissionais onde tudo as excluía. As representações sexualizadas dos corpos laboriosos das mulheres freiam, até bloqueiam, os processos de emancipação das mulheres no trabalho. A atualização desse impensado coletivo constitui uma riqueza e uma oportunidade, e abre caminhos promissores para renovar e redinamizar nossos quadros de análise e nossos quadros interpretativos. Por outro lado, para além do conjunto dos mecanismos estruturais em interação permanente que criam as desigualdades de gênero no trabalho, as dificuldades encontradas em campo para a adoção das políticas de igualdade profissional também levantam, além das retóricas, da comunicação mobilizada pelas empresas sobre a igualdade profissional e das restrições legais, a questão da força da vontade política dos dirigentes de construir uma igualdade real entre as mulheres e os homens dentro das organizações.

Referências

ACKER, Joan. From glass ceiling to inequality regimes. *Sociologie du Travail*, v. 51, n. 2, p. 199-217, 2009.

BAJOS, Nathalie; BOZON, Michel (Org.). *Enquête sur la sexualité en France*: pratiques, genre et santé. Paris: La Découverte, 2016.

____; FERRAND, Michèle; ANDRO, Armelle. Des inégalités sociales de sexe aux représentations différentialistes de la sexualité: la bio-psychologisation au service de l'"ordre social". In: HEENEN-WOLFF, S.; VANDENDORPE, F. (Org.). *Différences des sexes et vies sexuelles d'aujourd'hui*. Louvain-la-Neuve: Academia Bruylant, 2010. p. 45-63.

BUTLER, Judith. *Trouble dans le genre*: le féminisme et la subversion de l'identité. Paris: La Découverte, 2005.

CLAIR, Isabelle. *Sociologie du genre*. Paris: Armand Colin, 2012.

____. Pourquoi penser la sexualité pour penser le genre en sociologie? *Cahiers du Genre*, v. 54, n. 1, p. 93-120, 2013.

DEBAUCHE, Alice; HAMEL, Christelle; HANMER, Jelna. La violence comme contrôle social des femmes. *Nouvelles Questions Féministes*, v. 32, n. 1, p. 96-111, 2013.

FALCOZ, Christophe; BÉCUWE, Audrey. La gestion des minorités discréditables: le cas de l'orientation sexuelle. *Travail, Genre et Sociétés*, v. 21, n. 1, p. 69-89, 2009.

GIAMI, Alain; MOULIN, Pierre; MOREAU, Émilie. La place de la sexualité dans le travail infirmier: l'érotisation de la relation de soins. *Sociologie du Travail*, v. 55, n. 1, p. 20-38, 2013.

LAPEYRE, Nathalie. *Analyser le travail au prisme des rapports au genre, aux corps et aux sexualités*. Colóquio Internacional "Je travaille donc je suis: le Mage a 20 ans en Sorbonne". Paris, Mage, 4 dez. 2015.

____. Des avions et des femmes: politique d'égalité professionnelle dans une entreprise aéronautique en France. In: GUIMARÃES, N. A.; MARUANI, M.; SORJ, B. (Org.). *Genre, race, classe*: travailler en France et au Brésil. Paris: L'Harmattan, 2016a. p. 195-206.

____. *L'envol de la politique du genre*: sociologie d'une dynamique incertaine. Habilitation à diriger les recherches, Université Toulouse Jean-Jaurès, nov. 2016b.

_____. Le travail de l'empowerment au sein des organisations. *Les Cahiers du Genre*, v. 2, n. 63, p. 81-98, 2017.

LAUFER, Jacqueline. *La féminité neutralisée?* Les femmes cadres dans l'entreprise. Paris: Flammarion, 1982.

LÖWY, Ilana. *L'emprise du genre*: masculinité, féminité, inégalité. Paris: La Dispute, 2006.

MOLINIER, Pascale. *L'énigme de la femme active*: égoïsme, sexe et compassion. Paris: Payot & Rivage, 2006.

PERROT, Michèle. *Les femmes ou les silences de l'histoire*. Paris: Flammarion, 2012.

ROY, Donald. Le sexe à l'usine: relations hétérosexuelles informelles entre les chefs d'équipe et leurs groupes de travail. In: ROY, D. *Un sociologue à l'usine*: textes essentiels pour la sociologie du travail. Paris: La Découverte, 2006. p. 189-220.

SAOUTER, Anne. *Être rugby*: jeux du masculin et du féminin. Paris: Éditions de la MSH, 2000.

SCOTT, Joan Wallach. L'art de la séduction: une singularité bien française. In: SCOTT, J. W. (Org.). *De l'utilité du genre*. Paris: Fayard, 2012. p. 137-158.

TAIN, Laurence (Org.). *Le métier d'orthophoniste*: langage, genre et profession. Rennes: ENSP, 2007.

TEIGER, Catherine; VOUILLOT, Françoise. Tenir au travail. *Travail, Genre et Sociétés*, n. 29, p. 23-30, 2013.

WAJCMAN, Judith. *Managing like a man*: women and men in corporate management. Cambridge: Polity, 1998.

17. Gênero, trabalho e empoderamento: um exemplo na Índia do Sul
Kamala Marius

Na Índia, a atividade feminina assume múltiplas formas: atividades agrícolas e não agrícolas, trabalho assalariado industrial, atividades formais e informais, microempresariado. A despeito de uma liberalização econômica esboçada nos anos 1980 e de uma estratégia de crescimento (em torno de 7%) que deveriam ter facilitado a emergência do trabalho assalariado industrial feminino, assistimos antes a uma informalização maciça do trabalho das mulheres. Esses processos de informalização que surgem no quadro da globalização neoliberal esfumam cada vez mais a clivagem formal/informal, sobretudo através da subcontratação e da terceirização. Daí um alto grau de fluidez entre as atividades formais e informais, o que resulta em diferentes graus de precariedade, de insegurança e de vulnerabilidade (Marius, 2016a).

Apenas um terço das mulheres em idade de trabalhar ocupa um emprego na Índia, enquanto no Brasil, por exemplo, dois terços das mulheres são ativas (OCDE, 2014). Ao contrário do que ocorre nos outros países emergentes, há 10 anos a taxa de atividades das mulheres indianas recua, enquanto a dos homens permanece estável. De fato, dos 127,3 milhões de mulheres ativas recenseadas, 90% trabalham no setor informal, que inclui o autoemprego (*self employment*) e o trabalho ocasional (*casual labour*). Elas são super-representadas nos empregos agrícolas pouco produtivos, no setor manufatureiro tradicional de pequena escala e nos serviços como a educação e os empregos domésticos.

A participação das mulheres ativas é nitidamente inferior à dos homens nas zonas urbanas e rurais. A taxa de atividade das mulheres com mais de 15 anos na Índia é de apenas 21% nas zonas urbanas e de 36% nas zonas rurais, em comparação com 76% e 81%, respectivamente, no caso dos homens. Muito presentes no trabalho não remunerado — elas se encarregam 10 vezes mais de "tarefas domésticas" do que os homens — e nos empregos de fraca produtividade, como na agricultura (75% contra 59% para os homens), elas representam menos de 38% de todos os empregos técnicos profissionais. Independentemente do nível profissional, as mulheres recebem um salário em média 30% inferior ao de seus homólogos masculinos (Ghani, 2017).

A fim de ir além dessas estatísticas conhecidas, pareceu-me interessante analisar o impacto do trabalho das mulheres em termos de empoderamento graças a uma análise intersecional à luz das articulações entre relações de gênero, de casta, de comunidade religiosa e de inscrição territorial na Índia do Sul. A título de exemplo, a indústria do couro no estado de Tamil Nadu oferece empregos às mulheres tanto nas cidades quanto nas aldeias que as cercam. Essa reconfiguração dos espaços econômicos associada à globalização contribuiu ou não para uma transformação das relações de gênero? Veremos como essas transformações comportam possibilidades (ainda assim limitadas) de empoderamento das mulheres e redesenham algumas das hierarquias no centro das quais estas se encontram, tanto no lar quanto no trabalho.

Como geógrafa feminista transnacional trabalhando com as questões "gênero e trabalho" no campo privilegiado que é, para mim, a Índia do Sul, refiro-me aqui no plano teórico aos *postcolonial studies* e mais precisamente às metodologias intersecionais. Por meio do caso das trabalhadoras do distrito industrial do couro na Índia do Sul, analisarei os impactos dessas formas de atividades em termos de empoderamento e de novas questões de gênero.

Empoderamento e intersecionalidade, instrumentos teóricos para a pesquisa feminista pós-colonial?

Foi sobretudo em reação ao e em ruptura com o feminismo "branco", hegemônico, que apareceram as teorias feministas pós-coloniais. De fato, a principal crítica formulada com relação a ele é a de não ter ouvido as vozes das mulheres negras, latino-americanas, árabes, asiáticas. Elas o censuravam por não levar em conta as dimensões de raça, de classe e de sexualidade das relações de gênero, e por se recusar a integrar essas dimensões às suas análises e às suas agendas políticas.

Figuras de proa do *black feminism*, sobretudo Angela Davis (1981), tinham de certa forma levantado o problema da opressão intersecional antes de formalizá-lo enquanto tal. Para além de um reconhecimento da multiplicidade dos sistemas de opressão (racismo, sexismo, de classe) conceitualizado por Patricia Hill Collins (1990) através das "matrizes das opressões", a jurista Kimberle W. Crenshaw (1993) escolheu a intersecionalidade como paradigma. Esse paradigma da intersecionalidade num contexto de dominação propõe pensar juntas as relações sociais de gênero, de casta, de classe, de comunidade, partindo do princípio de que os principais sistemas de opressão são *interlocked* (interligados). A intersecionalidade "coincide com a necessidade de problematizar a hegemonia teórica do gênero e as exclusões do feminismo ocidental branco, oferecendo ao mesmo tempo uma plataforma para a teoria feminista como empreendimento comum" (Davis, 2015).

Durante muito tempo dominada pelas feministas anglo-saxãs que trabalhavam com os países do Sul, a construção do campo de saber "gênero e desenvolvimento" hoje se alimenta dos estudos das colegas feministas pós-coloniais e transnacionais que fizeram progredir a reflexão sobre a necessidade de uma abordagem intersecional que encaixasse as categorias de análise de gênero, de classe, de raça, de casta e de comunidade.

No contexto de globalização que implicava uma deslocalização maciça das indústrias manufatureiras e uma feminização do proletariado e do trabalho informal, essa divisão do trabalho segundo o gênero criando uma desvalorização do trabalho das mulheres restituiu um conteúdo analítico às ligações entre produção das mercadorias e serviços e reprodução social.

Ester Boserup, em *Womens's role in economic development* (1970), foi a primeira economista a abordar o trabalho das trabalhadoras agrícolas dos países do Sul destacando sua marginalização nos sistemas agrários e a necessidade de levar em conta seu trabalho invisibilizado nas estatísticas.

É sem dúvida à reflexão sobre o gênero que devemos a conscientização da divisão do trabalho mais fundamental na maioria das sociedades, a saber, a divisão entre o trabalho de produção e o trabalho de reprodução. De fato, a distribuição das atividades econômicas e sociais segundo o gênero evidencia uma assimetria fundamental. As mulheres assumem o essencial das atividades, pouco ou não remuneradas e pouco reconhecidas socialmente, de reprodução, de produção de bens e de serviços de pequena escala ou de pouco rendimento e, em escala coletiva, as "atividades comunitárias de base", ligadas a seu papel estratégico na gestão da "vida cotidiana". O acúmulo desses três papéis representa uma contribuição considerável das mulheres à vida social e, paradoxalmente, muitas vezes um freio à sua liberdade e à sua independência.

A fim de entender melhor esse paradigma de pesquisa da intersecionalidade, parece-me interessante associar a ele um instrumento conceitual eficiente, a saber, o empoderamento inspirado na abordagem "gênero e desenvolvimento". As feministas pós-coloniais tentaram desconstruir certa imagem da mulher do Terceiro Mundo, a de uma mulher impotente (*powerless*), vítima, vulnerável, não educada, tradicional, que não seria sujeito de sua história: a desconstrução da imagem colonial da "mulher do Sul" permite que nos interroguemos sobre a construção do indivíduo como sujeito — homem e mulher — de sua própria história. Esse conceito tem ressonância especial num contexto de globalização que está na origem de uma flexibilização da produção industrial e do trabalho. Essas novas oportunidades econômicas no setor secundário e terciário podem oferecer a essas mulheres um novo reconhecimento e espaços de liberdade que elas podem negociar dentro do lar, da comunidade? Refletir sobre as relações entre novas atividades econômicas, de um lado, e negociação do poder dentro dos espaços privados e públicos, de outro, pode ser uma abordagem interessante para aprofundar a questão da construção social do gênero.

Mesmo que as origens da noção de empoderamento sejam múltiplas e pareçam remontar ao movimento *black power* dos anos 1970, é aos movimentos feministas dos países do Sul, sobretudo da Índia, que devemos o aparecimento formal do termo "empoderamento" no campo do desenvolvimento internacional. Para as feministas indianas do Development Alternatives with Women for a New Era (Dawn), o reforço do poder das mulheres não passa somente pelo acesso a uma renda e pela satisfação de suas necessidades fundamentais, ou seja, pelos interesses práticos ou por aqueles ligados à sobrevivência. Passa também pela realização dos interesses estratégicos, ou seja, por uma mudança radical das estruturas econômicas, políticas, legais e sociais que perpetuam o domínio de acordo com o gênero, mas também com a origem étnica, a classe e a casta, a fim de estabelecer relações igualitárias na sociedade. Assim, as feministas vão popularizar o conceito de empoderamento partindo do princípio de que se trata de um processo de transformação multidimensional, *bottom-up*, que permite às mulheres ou aos pobres tomar consciência, individual e coletivamente, das relações de dominação que os marginalizam.

É importante adotar uma visão dinâmica do empoderamento, que não é um estado a ser atingido, mas sim um processo complexo e não linear, podendo assumir formas muito variadas, ao longo do qual as mulheres adquirem ou estendem seu direito de falar, seu reconhecimento social e seu poder de ação. É igualmente crucial sublinhar a especificidade contextual do empoderamento que é função, de um lado, da conjuntura sociocultural e política e, de outro, da vontade das próprias mulheres: é impossível reforçar seu poder de ação se elas assim não desejarem. Essa constatação coloca o problema de suas aspirações e sua capacidade de expressão, sobretudo se elas forem fortemente, e há muito tempo, submissas.

Entretanto, com sua cooptação progressiva pelas instituições internacionais de desenvolvimento, o empoderamento foi esvaziado do sentido que as feministas lhe deram. O êxito desse conceito teve efeitos contraditórios. Assim, na abordagem feminista, o empoderamento está ligado a valores como os de justiça, redistribuição, mudança social e poder das "pessoas de baixo", enquanto na abordagem neoliberal ele se encontra vinculado a uma "cadeia de equivalência com o crescimento econômico, o investimento, o mercado livre, a escolha racional, a oportunidade individual, o empresariado e a propriedade" (Bacqué e Biewener, 2013:97). No final, o interesse da intersecionalidade é poder "reunir duas correntes importantes do pensamento feminista contemporâneo que se interessaram por diversas razões pela questão da diferença. A primeira corrente se dedicou aos efeitos da raça, da classe e do gênero sobre as identidades, as experiências e as lutas das mulheres pelo empoderamento" (Davis, 2015).

O exemplo de um distrito industrial do couro no estado de Tamil Nadu

No norte do estado de Tamil Nadu, o médio vale do Palar concentra hoje quase 50% da produção de couro da Índia. Essa indústria constitui a base produtiva de alguns dos maiores exportadores indianos de couro e de calçados. Construída sobre uma tradição secular no setor de curtume, a produção se diversificou nos últimos 30 anos, voltando-se para atividades de maior valor agregado. As mutações socioeconômicas foram acompanhadas de uma "flexibilidade" crescente, caracterizada pela fragmentação das unidades de produção, a banalização da subcontração e a precarização do emprego para uma mão de obra essencialmente feminina. Hoje, as mulheres representam a grande maioria dos(as) operários(as) do couro, enquanto os poucos homens presentes ocupam mais os postos de gestão da produção. Estima-se que as fábricas de calçados do vale do Palar empregam cerca de 15 mil mulheres. Em contrapartida, os homens estão desempregados e são obrigados a migrar para a cidade, sobretudo para o setor da construção.

Se, no início dos anos 2000, era possível considerar que 80% das mulheres de nossa amostra (296 operárias do couro) trabalhavam no setor formal, tanto que elas se beneficiavam de prêmios anuais por ocasião das festas principais, parece que isso não ocorre mais atualmente, como observei nestes últimos anos. Nota-se de fato uma informalização maciça do trabalho nas fábricas de calçados assim como um desenvolvimento do emprego temporário, donde o pequeno número de empregados(as) permanentes, distorcendo assim as estatísticas oficiais. Ao contrário dos(as) empregados(as) temporários(as) que não gozam de nenhuma vantagem, os(as) empregados(as) permanentes podem aspirar a um prêmio anual, dias de folga...

Os rendimentos dessas jovens mulheres são portanto, em geral, rendimentos necessários à sobrevivência da família (nuclear ou extensa): é o caso de nossa amostra, com 76% das mulheres contribuindo para sobrevivência da família. Além disso, encontramos várias jovens mulheres que eram as únicas que trabalhavam para alimentar sua família, estando os cônjuges desempregados, ou então tendo partido sem deixar endereço.

Em minhas pesquisas, pude observar que a extrema pobreza entre certos membros da comunidade muçulmana havia obrigado famílias a mandar suas filhas para fábricas de calçados, quando as mulheres em princípio são submetidas ao *purdah* (enclausuramento). Assim, a fim de evitar o olhar dos homens, as mulheres dessa região usam a *burca* (véu negro que cobre o corpo da cabeça aos pés) quando saem de seu bairro para ir para a fábrica. Graças à *burca*, as jovens desde a idade de 16 anos podem trabalhar na fábrica. A solidariedade da comunidade (os patrões são muitas vezes muçulmanos) faz com que não se exija delas um nível de estudos mínimo (equivalente ao diploma).

Se as mães de família que trabalham muitas vezes o fazem como uma estratégia de sobrevivência, algumas acrescentam a isso uma vontade de dar um melhor destino a seus filhos e filhas, sobretudo na comunidade cristã.

Além de uma estratégia de sobrevivência, é a perspectiva de constituir um dote que estimula as jovens solteiras, sejam quais forem sua casta e sua comunidade religiosa, a ir trabalhar na fábrica. E nesse contexto patriarcal, o aumento do contingente feminino de trabalhadoras, mesmo com a maior exploração que ele implica, é percebido como um fator de empoderamento econômico, social e espacial. Por outro lado, num contexto de desemprego sazonal importante, não é raro encontrar todos os membros femininos da mesma família na fábrica. O fato de que seus salários muitas vezes constituem a única renda do lar pode adiar a idade do casamento. Também encontramos mulheres hindus e cristãs com mais de 25 anos não casadas, o que era excepcional antes da implantação dessas fábricas nessas zonas tradicionais. É claro que algumas delas tiram partido dessa situação para retardar a data do casamento, mesmo que deem quase todo o seu salário a seu pai. A independência relativa adquirida dentro de casa e os poucos lazeres possíveis as fazem temer o casamento e as várias obrigações impostas pela família dos sogros.

Em compensação, as mulheres de castas menos desfavorecidas, que aspiram a uma ascensão social pelo casamento, param de trabalhar sem pesar. Nessa sociedade patriarcal, as convenções sociais têm influência muito forte sobre a atividade, e o fato de permanecer em casa muitas vezes é visto como o sinal de um *status* social elevado (Klasen e Pieters, 2013). Quanto às mulheres de castas inferiores, muitas delas, sobretudo as mais pobres, preferem trabalhar na fábrica para fugir das tarefas domésticas e do enclausuramento ou para evitar trabalhar em setores ainda mais mal remunerados (sobretudo a agricultura). O fato de trabalhar e de muitas vezes prover a única renda fixa da família dá às mulheres que trabalham na fábrica um sentimento de orgulho e uma impressão de autonomia, sobretudo financeira, que se acentua com a possibilidade de contrair empréstimos em seu nome (por intermédio da fábrica onde elas trabalham ou de associações). Essa participação acrescentada à vida econômica familiar lhes permite perceber sua posição na família como uma posição ativa e não mais passiva, submissa. As mulheres viúvas ou abandonadas que vivem sozinhas com seus filhos dependentes pareciam assumir muito bem essa situação tanto social quanto economicamente. Algumas delas pareciam mesmo se "virar" melhor sozinhas do que quando viviam com seus maridos, que, na maioria das vezes, não as poupavam de golpes e dilapidavam com bebida o dinheiro destinado ao lar. Graças a uma autonomia financeira adquirida com seu trabalho na fábrica e a uma solidariedade importante entre colegas de trabalho e vizinhas, elas pareciam levar uma vida melhor e não eram rejeitadas pela sociedade.

A situação é diferente para as mulheres muçulmanas. Raras são aquelas que trabalham após o casamento, exceto em caso de miséria extrema ou de discórdia (Marius, 2016b).

Finalmente, a taxa de atividade das mulheres é mais alta entre as pobres e tende a diminuir à medida que a renda e o nível de instrução aumentam, com a exceção perceptível das mulheres mais instruídas. Na Índia, a curva em U da taxa de atividade das mulheres em função da renda da casa e do nível de instrução parece indicar que os fatores não salariais pesam fortemente na fraqueza da taxa de atividade das mulheres. Parte da baixa da taxa de atividade com relação ao nível de instrução pode ser explicada por uma oferta maior de formação e de melhores perspectivas matrimoniais em função do nível de instrução, especialmente nas zonas urbanas (Klasen e Pieters, 2013).

★★★

Ao mobilizar de maneira inédita um *corpus* teórico e conceitual oriundo dos estudos feministas — liberais e pós-coloniais —, tentei propor métodos de pesquisa intersecional que permitem demonstrar como as identidades e as práticas espaciais generificadas impulsionadas pelas novas atividades econômicas se constituem em função de variáveis múltiplas, como a classe, o *status*, a idade, a comunidade e a casta.

As teorias feministas pós-coloniais (buscando suas fontes nos *subaltern studies*) me obrigaram a desviar meu olhar em direção a territórios que escapam às oposições eurocêntricas e androcêntricas (Verschuur, Guérin e Guétat-Bernard, 2015), e assim participar da desconstrução das categorias normalizantes e homogeneizantes. Entretanto, no estágio atual de desenvolvimento de meu estudo, fica claro que o paradigma intersecional ainda continua impreciso quanto à questão da autonomia dos sistemas de dominações em relação uns aos outros, donde a necessidade de continuar as pesquisas com uma avaliação empírica mais explícita mediante novos métodos participativos e novas áreas na América Latina ou na África. *A posteriori*, após colocar em perspectiva minhas pesquisas sobre o trabalho das mulheres nos últimos 20 anos sob o prisma dos instrumentos teóricos e conceituais, eu me situo mais numa "intersecionalidade reflexiva e crítica" (Bilge apud Palomares e Testenoire, 2010:62), evitando assim uma abordagem cumulativa simplista das múltiplas identidades. De fato, no caso das trabalhadoras de Tamil Nadu, obrigadas a trabalhar dentro de uma estratégia de sobrevivência, pareceu-me difícil aderir a uma intersecionalidade normativa que colocaria no mesmo plano todas as dominações (gênero, casta, classe, idade, comunidade, lugares). A partir desse contexto de desigualdades socioespaciais em Tamil Nadu, opto antes por uma interseção desigual das dominações com a precariedade do estatuto em matéria de emprego como eixo de dominação que tem um peso importante, determinante sobre os outros eixos.

Acreditar que todo ativo potencial, sobretudo as mulheres mais pobres e mais vulneráveis, pode ter um emprego na fábrica, ser empreendedora ou criar seu emprego participa antes de tudo do processo de globalização neoliberal, com seus efeitos nefastos. A incitação ao endividamento das mulheres relativamente vulneráveis economicamente, sobretudo num contexto de desigualdades estruturais, limita muito fortemente qualquer mobilidade social.

Entretanto, essa feminização maciça do trabalho industrial, para além de suas formas de explorações bem conhecidas, foi portadora de empoderamento nos sentidos espacial, econômico, social e político, como demonstramos com nosso estudo em Tamil Nadu (Marius-Gnanou, 2014). Além da transformação das modalidades da mobilidade, o trabalho favoreceu em certa medida novas identidades de gênero e uma reconstrução das relações de gênero num contexto em que os cônjuges se encontram sem emprego e muitas vezes impelidos à migração. Assim, a reprodução das desigualdades de gênero, de casta, de idade e de situação socioeconômica coloca com uma acuidade contemporânea a questão da justiça de gênero.

O fato de confrontar suas experiências permite às mulheres tomar consciência do lugar que lhes é atribuído na sociedade, e consequentemente apreender seus direitos: direito ao respeito por parte do marido e da família deste, direito de pensar e de se exprimir e de ser parte integrante da família, direito à propriedade, à educação etc., em suma, a possibilidade de ser considerada tanto como o homem. Aparentemente essas mulheres avaliam melhor o que é aceitável e o que não é.

A análise fundadora da intersecionalidade evidencia a incapacidade das políticas públicas indianas de levar em conta o caráter multidimensional da subordinação a que são submetidas as mulheres pobres das castas inferiores. Para que o empoderamento retome seu sentido original dado pelas feministas, é preciso poder reequilibrar as estruturas de poder desigualitárias associando mais a sociedade civil e/ou os sindicatos e incitar o Estado a investir mais nas políticas sociais, e tornar as agências de desenvolvimento mais responsáveis socialmente.

Referências

AMELOT, Xavier; KENNEDY, Loraine. Dynamique et recompositions territoriales, une industrie traditionnelle locale de l'Inde du Sud face à la mondialisation. *Annales de Géographie*, v. 12, n. 671-672, p. 137-155, 2010.

BACQUÉ, Marie-Hélène; BIEWENER, Carole. *L'empowerment, une pratique émancipatrice?* Paris: La Découverte, 2013.

BOSERUP, Ester. *Womens's role in economic development*. Crows Nest: Allen & Unwin, 1970.

CALVÈS, Anne-Emmanuèle. Empowerment, généalogie d'un concept clé du discours contemporain sur le développement. *Revue Tiers Monde*, v. 4, n. 200, p. 735-759, 2009.

COLLINS, Patricia. *Black feminist thought*: knowledge, consciousness, and the politics of empowerment. Nova York: Routledge, 1990.

CRENSHWAW, Kimberle. Mapping the margins: intersectionality, identity politics, and violence against women of color. *Stanford Law Review*, v. 43, p. 1240-1299, 1993.

DAVIS, Angela. *Women, race and class*. Nova York: Vintage Books, 1981.

DAVIS, Kathy. L'intersectionnalité, un mot à la mode: ce qui fait le succès d'une théorie féministe. *Les Cahiers du Cedref*, n. 20, 2015. Disponível em: <http://cedref.revues.org/827>.

GHANI, Ezas. Gender discrimination defines India's economy. *Livemint*, 2017. Disponível em: <www.livemint.com/Opinion/u1fO2yEso9nYra5DdfXmeL/Gender-discrimination-defines-Indias-economy.html>.

KLASEN, Stephan; PIETERS, Janneke. What explains the stagnation of female labour force participation in urban India. *IZA DP*, n. 7597, 2013. Disponível em: <http://ftp.iza.org/dp7597.pdf>.

MARIUS, Kamala. *Les inégalités de genre en Inde*: regard au prisme des études féministes postcoloniales. Paris: Karthala, 2016a.

_____. Les inégalités de genre en Inde. *Géoconfluences*, 2016b. Disponível em: <http://geoconfluences.ens-lyon.fr/informations-scientifiques/dossiers-regionaux/le-monde--indien-populations-et-espaces/corpus-documentaire/inegalites-genre-inde>.

_____; VENKATASUBRAMANIAM, Ganesan. Exploring urban economic resilience: the case of a leather industrial cluster in Tamil Nadu. Document de travail, USR 3330 "Savoirs et Mondes Indiens", *Suburbin Papers Series* 3. Disponível em: <https://hal.archives-ouvertes.fr/hal- 01547653>.

MARIUS-GNANOU, Kamala. Mondialisation, activités économiques et nouveaux rapports de genre: des exemples en Inde du Sud. In: GROUPE FEMMAGH. *Les aléas des genres*: conflits, négociations, recompositions. Casablanca; Paris: LeFennec; Karthala, 2014.

OCDE. *Études économiques de l'OCDE*. Inde, 2014.

PALOMARES, Elise; TESTENOIRE, Armelle (Org.). *Prismes féministes*: qu'est-ce que l'intersectionnalité. Paris: L'Harmattan, 2010.

SASSEN, Saskia. Restructuration économique mondiale et femmes migrantes: nouveaux espaces stratégiques de transformation des rapports et identités de genre. In: VERSCHUUR, C.; REYSOO, F. (Org.). Genre et nouvelles divisions internationales du travail et migrations. *Cahiers Genre et Développement*, n. 5, p. 103-115, 2005.

VERSCHUUR, Christine; REYSOO, Fenneke (Org.). Genre, pouvoirs et justice sociale. *Cahiers Genre et Développement*, n. 4, 2003.

_____; GUÉRIN, Isabelle; GUÉTAT-BERNARD, Hélène (Org.). *Sous le développement, le genre*. Paris: IRD Éditions, 2015.

18. Revolução digital: que questões para o trabalho e para as relações de gênero?
Michel Lallement

Neste início do século XXI, estamos apenas começando a vislumbrar o que a revolução digital faz e continuará a fazer para o trabalho e as relações de gênero. A importância das incertezas quanto ao tema pode ser medida com base no número de interrogações maciças que hoje estruturam os debates. Nos últimos anos, várias questões, e não das menores, têm sido sistematicamente associadas à constatação de um domínio crescente do digital em nossa vida cotidiana: o trabalho está fadado a desaparecer? Os robôs vão eliminar o emprego? O trans-humanismo explode as fronteiras entre os sexos? O trabalho assalariado é uma condição datada e ultrapassada? O digital é uma alavanca de emancipação coletiva ou, ao contrário, um instrumento cujo uso apenas reforça a exploração e as desigualdades entre os homens e as mulheres? Estamos condenados à uberização da sociedade? É preciso instaurar uma renda universal para proteger os mais fracos dos impactos (presumíveis) da automatização sobre o emprego?[1] À medida que novos conhecimentos e novas práticas ligadas ao digital vêm informar o mundo do trabalho, todas essas perguntas ganham pertinência, ao mesmo tempo que deixam mais aberto do que nunca o espaço dos possíveis.

---

[1] Para um panorama das principais controvérsias ligadas a esses questionamentos recentes, ver Conseil National du Numérique (2016).

Nós não descobrimos subitamente, é verdade, que as técnicas, em primeiro lugar aquelas ligadas à informática, dão ensejo a usos diferenciados. Sabemos, por exemplo, graças às pesquisas "Condições de trabalho" do Ministério do Trabalho, que a proporção de homens assalariados cujo ritmo de trabalho é imposto por um controle ou um monitoramento informatizados era pouco superior em 2013 (37,5%) à de mulheres (33,6%). Inversamente, a proporção de homens que na mesma data usavam um computador portátil (28,4%) era bem superior à de mulheres (19,1%), ao passo que a porcentagem de assalariados(as) que utilizavam material informático para necessidades profissionais era de 68,2% para os homens e de 74% para as mulheres (Alvaga e Vinck, 2015). É claro que, para interpretar corretamente esses números, é preciso estimar o impacto dos efeitos estruturais e consequentemente não ignorar a distribuição desigual das mulheres e dos homens no trabalho de acordo com os setores de atividades, as categorias socioprofissionais, a idade... Mas, mesmo assim procedendo, é forçoso observar que as tecnologias da informação e da comunicação não são neutras do ponto de vista do gênero.

Esse tipo de constatação ganha um novo sabor no momento em que o digital subverte ainda mais profundamente todos os tipos de práticas e põe em questão as fronteiras temporais que historicamente eram devedoras dos hábitos de sexo forjados num quadro fordiano. E isso não é tudo. Com o digital, a própria noção de sociedade é questionada e, junto com ela, também o são as técnicas e os modelos tradicionalmente utilizados pelos sociólogos. Assim, os *big data* transformam radicalmente a maneira de apreender os comportamentos, de efetuar os cálculos estatísticos e finalmente de evidenciar o que se pode considerar como as linhas de fraturas estruturantes dos mais diversos mundos (trabalho, cultura, consumo...). As representações holistas tradicionais são substituídas por uma visão tão fina quanto individualizada das atividades sociais (Cardon, 2015).

Outra constatação num registro próximo, mas um tanto diferente: sem se preocupar verdadeiramente com as questões de gênero, alguns profetas da sociedade conectada estimam que a explosão do número de interações reais e virtuais a que somos cotidianamente submetidos transforma radicalmente as identidades. O eu perde seus atributos clássicos (definidos em primeiro lugar pela classe social e o gênero de pertencimento) para não ser mais que uma pura relação que, sob o risco da contradição permanente, se reconfigura de acordo com o ritmo das conexões que a estruturam (Gergen, 1991; Rifkin, 2000). Quer seja imputada aos *big data* ou, de modo mais geral, à emergência de um capitalismo de redes, a evaporação súbita das identidades de gênero pode e deve provocar ceticismo. Nem por isso o digital deixa de obrigar a fixar os marcos de novas perspectivas que envolvem ao mesmo tempo o trabalho e as relações de gênero.

Na janela do gênero: a construção sexuada do digital

Entre as conquistas dos estudos feministas ocupa um lugar de destaque esse teorema central segundo o qual a técnica possui um gênero. Para nos convencermos disso, basta considerar as histórias respectivas da máquina de costura e da máquina de escrever, dois instrumentos cujos usos sexuados variaram no tempo para serem finalmente e duradouramente associados, tanto nas representações quanto nas práticas, ao gênero feminino (Lallement, 1990; Gardey, 2008). O caso da bicicleta é igual, quem sabe até mais espetacular. No fim do século XIX e início do XX, eram muitos os líderes inteligentes (inclusive no interior do corpo médico) convencidos de que a prática muito intensa das pedaladas prejudicava a saúde das mulheres e alterava sua função reprodutiva (Thompson, 2000). O poder dos estereótipos, e as implicações concretas que lhes são associadas, não diminuíram com o advento do digital. Tal como é escrita hoje, a história da informática é quase que exclusivamente masculina. No Vale do Silício, que foi o berço mais ativo da revolução digital, os heróis que a maioria das obras (acadêmicas ou não) aponta são todos homens, engenheiros ou empresários que teriam herdado de seus antecessores — uma mão de obra durante muito tempo empregada no Vale pela indústria militar — o gosto da técnica, a exigência do rigor e o sentido da inovação. Em *Dealers of lightning* (Hiltzik, 2000), *best-seller* de um jornalista que conta a história de um grupo de engenheiros da Xerox que trabalhou nos anos 1970 e 1980 no aperfeiçoamento de invenções importantes (primeiros computadores pessoais, impressora a laser, interface gráfica...), uma única figura feminina emerge na comunidade masculina que é descrita. Trata-se de Adele Goldberg, que participou da aventura coletiva, não, aliás, como *expert* em materiais semicondutores ou em programação informática, mas como especialista em educação.

Mesmo que provavelmente seja levada a evoluir, uma tal associação entre o digital e o gênero tem uma vida dura. Ela não é, aliás, específica do espaço norte-americano. Na França, como observaram Catherine Marry (2004) e Isabelle Collet (2011), assistimos desde o final dos anos 1970 a um declínio da parte feminina dos(as) diplomados(as) em escolas de engenharia com especialização em informática (20% em 1983, 11% em 2010). A evolução é tanto mais surpreendente na medida em que no mesmo período, e todas as especialidades confundidas, a porcentagem de mulheres formadas em uma escola de engenharia passou de menos de 15% para perto de 26%. A pesquisa por questionário realizada em 2004 por Isabelle Collet junto a uma população de estudantes lioneses(as) de primeiro ano de licenciatura em ciências mostra a que ponto perduram os estereótipos. Para esses(as) aprendizes do saber, o perfil do especialista em programação e em tratamento de dados continuava associado àquele esboçado nas obras sobre a história do digital mencionadas antes. Ou seja, o informático típico seria um homem, jovem, associável, lógico, obnubilado pelas questões técnicas, impermeável aos problemas que o cercam (a começar pelos problemas domésticos mais elementares) etc. A maioria das profissões do digital não atende a tais predisposições. O mercado do emprego tampouco registra os efeitos de uma tal representação generificada do trabalho informático. Em 2016, um estudo desenvolvido pela federação Syntec[2] concluiu que a taxa de feminização das profissões do digital na França era de 33% (contra 53% de todos os outros setores juntos) (Observatoire Paritaire de l'Informatique, de l'Ingénierie, des Études et du Conseil, 2016). Quando entramos no detalhe dos empregos, a realidade das

---

[2] Organização que representa os interesses de empresas especializadas sobretudo na engenharia de serviços informáticos.

segmentações é evidentemente um pouco mais complexa. Mas a ocupação daquilo que os atores do ramo Syntec consideram o coração dos empregos do digital permanece majoritariamente masculina. Hoje, 80% dos analistas programadores são homens. A taxa é próxima (83%) para os consultores de segurança informática.

Seria preciso, para ser mais específico, explorar a intrincada paisagem composta pelas múltiplas atividades e empregos atingidos de uma maneira ou de outra pela revolução digital. O exercício é delicado, e os primeiros resultados disponíveis nesse campo continuam frágeis. Duas constantes, porém, merecem ser evocadas. A primeira é a de uma reconfiguração simultânea das condições de trabalho e das condições de emprego sob o domínio do digital. O caso mais emblemático é certamente o da economia colaborativa, que se especializou na oferta de serviços variados: transporte compartilhado, fornecimento e alimentação compartilhados, coalojamento, coabastecimento, troca de bens e de serviços entre particulares... As modalidades organizacionais diferem fortemente de acordo com os tipos de troca e as contrapartidas em jogo (Pôle Interministériel de Prospective et d'Anticipation des Mutations Économiques, 2015). Mas, como nas atividades mais tradicionais, já se observam segmentações de gênero espetaculares. Assim, na França, 98% dos motoristas UberX são homens. Nesse mundo singular do transporte automobilista, as condições de trabalho penosas e pouco valorizantes (tempo de direção extensivo, baixo salário, controle permanente) são acompanhadas de uma recomposição igualmente problemática da condição de emprego (enfraquecimento da proteção social, desvio dos direitos sociais e dos modos instituídos de representação dos interesses coletivos...) (Rosenblat e Stark, 2015). Num campo diferente, o do alojamento compartilhado, o perfil e as condições das atividades não têm mais nada a ver. A amostragem empírica efetuada por conta do Airbnb Estados Unidos junto a uma amostra de pessoas inscritas na plataforma como hóspedes (n = 407) revela uma divisão bem mais equilibrada entre mulheres e homens. No estudo, cerca de 56% dos que responderam eram homens, e 44%, mulheres. Para a maioria dos(as) entrevistados(as), o objetivo do serviço proposto é antes de tudo beneficiar com um suplemento de renda (apenas 15% fazem disso um negócio completo), ficando claro que 84% das pessoas da amostra estudada dedicam ao menos 10 horas por semana a esse emprego paralelo.

Para além da diversidade aparente das configurações, e esta é uma segunda constante que quero lembrar, as projeções atuais sobre o futuro do trabalho digital privilegiam alguns roteiros que, caso se realizem, provavelmente terão impacto determinante em termos de gênero. Discutíveis e discutidos, esses exercícios prospectivos têm como característica comum acentuar o desenvolvimento de organizações do trabalho ainda mais leves no futuro, a conquista da autonomia para os trabalhadores tendo como contrapartida, com o sucesso do digital, uma intensificação do trabalho, mais cansaço psicológico e a invenção de novos modos de controle da atividade (Conseil National du Numérique, 2016). Em matéria de emprego, os roteiros mais comentados levam à conclusão de que, com os efeitos *big data*, robótica, *cloud*..., a automatização das tarefas afetará de maneira diferente a população ativa. Mas o consenso está longe de existir. Alguns *experts* estimam assim que as funções mais bem protegidas contra os riscos de desaparecimento estão situadas no alto da escala das qualificações, precisamente lá onde se costuma localizar a ação malthusiana do teto de vidro (Arntz, Gregory e Zierahn, 2016). Outros afirmam, ao contrário, que os trabalhos feitos pelas classes médias são os mais ameaçados, com a dinâmica da revolução digital provocando uma polarização do mercado de trabalho por meio, de um lado, do desenvolvimento de atividades de fraco valor agregado e, de outro, de trabalhos valorizados e valorizantes exercidos por uma minoria de ativos (Colin et al., 2015). "Isso equivaleria, portanto, sob o pretexto de uma valorização dos serviços pessoais, à reconstituição de uma população de empregados domésticos, a serviço das pessoas mais integradas nos processos de produção de valor" (Conseil National du Numérique, 2016:21). Entendidos em termos generificados, os riscos de segmentação, de desigualdade... de uma tal evolução são, como se constata, mais do que evidentes (OCDE, 2017).

Práticas digitais, identidades *geeks* e engajamentos feministas

A revolução digital tem impactos não apenas nas condições de trabalho e nos estatutos de emprego, mas também — temáticas igualmente caras aos sociólogos — nas identidades e na ação coletiva. É essa vertente que eu gostaria agora de evocar, baseando-me essencialmente na experiência norte-americana. Nos Estados Unidos, os *hackers* estiveram e continuam a estar na linha de frente da revolução digital. Sua história é, ela também, sempre narrada no masculino. Em *Hackers: heroes of the computer revolution* (1984), livro-farol inequívoco, afora uma exceção (Roberta Williams, uma das primeiras mulheres criadoras de videogames), Steven Levy só põe em cena homens: Bob Albrecht, Peter Deutsch, John Draper, Gordon French, Bill Gates, John Harris, Steve Jobs, Richard Stallmann, Ken Williams...

Esse domínio da presença e do reconhecimento masculinos se traduz ainda hoje por uma taxa de participação feminina relativamente fraca nos *hackerspaces*, esses espaços que começaram a se desenvolver em quase toda parte no mundo a partir da segunda metade da década de 2000. Nesses espaços abertos a todos, qualquer um pode vir utilizar os recursos postos à disposição (computadores, impressoras 3D, equipamentos de corte a laser, ferramentas mais tradicionais, plataformas Arduino...) para fabricar o que bem lhe aprouver: um robô, roupas eletrônicas, aplicativos de telefone etc. A principal originalidade desses lugares é unir recursos digitais a um vasto leque de ferramentas dotadas de uma feitura material ou não. Aí, os que chamam a si mesmos de *makers* ou *hackers* (sem nem por isso serem piratas da informática) acionam uma nova ética baseada no prazer do fazer (trabalho que encontra em si mesmo sua própria finalidade), no interesse intrínseco por projetos livremente concebidos, na cooperação livre, na recusa da hierarquia, na rejeição das discriminações... Tratando-se do último desses princípios, a primeira pesquisa de grande amplitude realizada por Jarkko Moilanen no final da década de 2000 logo mostrou que, do ponto de vista do gênero assim como da etnia ou da classe social de origem, a aposta ainda não estava ganha.[3] A maioria das pessoas que frequentavam os *hackerspaces* eram então rapazes brancos, na maioria de classe média. O índice de feminização, para ser mais preciso, era de 10% em média.

Uma constatação semelhante foi feita no âmbito de um programa de pesquisa coletivo feito com Isabelle Berrebi-Hoffmann e Marie-Christine Bureau por ocasião de um estudo feito na baía de São Francisco (Bay Area) (Berrebi-Hoffmann, Bureau e Lallement, 2018; Lallement, 2015). Dos oito *hackesrpaces* frequentados, só um podia se gabar de uma taxa de feminização próxima de 25%: Noisebridge. Grupo fundado em 2007 por Mitch Altmann e Jake Applebaum, dois *hackers* de reputação internacional, Noisebridge estava instalado dentro de um bairro popular e abria suas portas durante 24 horas nos sete dias da semana para quem quisesse *hackear*, fazer gratuitamente cursos de informática ou ainda participar dos numerosos eventos organizados pela pequena comunidade. Mais que todos os outros *hackerspaces* da baía, Noisebridge se inspirava, em seu modo de funcionamento cotidiano, em princípios anarquistas (a recusa do voto, por exemplo). Essa orientação política era acompanhada de uma feroz vontade de respeitar a diversidade das identidades sexuais e de gênero (hétero, homo, trans) e de promover a igualdade no acesso aos recursos e nos modos de decisão, de todas e de todos. Tal opção se encarnava nos fatos de várias maneiras. Toda suspeita de assédio sexual, verbal ou não, traduzia-se imediatamente pelo afastamento da pessoa incriminada e sua denúncia junto às autoridades judiciárias competentes. Além disso, para garantir o direito de cada um(a), regularmente são feitas chamadas para incitar aqueles que são menos inclinados a fazê-lo a assumir sua parte das tarefas domésticas. Reservado aos homens, um grupo de leitura de textos feministas também foi criado, a fim de reforçar ainda mais a atenção que deve ser dada à igualdade entre as mulheres e os homens.

Entre os outros *hackerspaces* da baía, dois merecem uma menção especial do ponto de vista do gênero. Em Oakland, a Bay Area People of Colour abre suas portas prioritariamente às minorias étnicas e sexuais. O espaço pretende

---

[3] Ver: <http://extreme.ajatukseni.net/>.

sobretudo oferecer meios de *hackear* a todas(os) aquelas(es) que se reconhecem no movimento LGBT. Não distante do primeiro, mas dessa vez em Berkeley, o segundo espaço tem um nome igualmente significativo: Mothership HackerMoms. O espaço foi fundado por mulheres, e para mulheres em primeiro lugar. As fundadoras têm em comum o fato de que todas estudaram arte em nível universitário. Casadas com executivos que ganham bem a vida, depois se tornando mães, elas se viram trancadas dentro de um papel social que rapidamente lhes desagradou. Foi para recuperar o tempo para si e para sentir o prazer da livre prática artística que elas abraçaram a identidade *hacker* e hoje valorizam ativamente a cultura do *Do it yourself*. Seu local de encontro é dotado de um espaço para crianças onde uma de cada vez toma conta do conjunto das crianças presentes, enquanto as outras pintam, desenham, fotografam, esculpem, escrevem... Para simbolizar essa vontade de emancipação feminina por meio do *hack*, as participantes da Mothership HackerMoms fabricaram um logo à sua imagem: na porta do *hackerspace*, a deusa acena às(aos) visitantes, exibindo, na extremidade de seus numerosos braços, um martelo, uma câmera fotográfica, uma mamadeira, um microcomputador...

Existem ainda outros movimentos que, dentro do planeta *hacker*, associam digital e engajamento feminista. Lembremos por exemplo a GeekGirlCon, associação sem fins lucrativos fundada em 2011 nos Estados Unidos a fim de promover a contribuição, a competência e o investimento das mulheres no campo da ciência, da *science fiction*, do desenho animado, dos jogos e da cultura *geek*.[4] Todos os anos, no contexto de exigências feministas, a GeekGirlCon organiza uma grande convenção durante a qual, ao longo de dois dias, as manifestações se sucedem e se misturam: conferências e ateliês com profissionais do digital, jogos de papéis, intromissões *hackers*, compartilhamento de experiências etc. Existem ainda muitos outros grupos feministas *geek*, que têm em comum militar em favor da transformação de uma cultura que historicamente foi amplamente configurada pelos e para os homens. Na vida cotidiana assim como na internet, eles alertam e combatem práticas contestáveis. Trata-se de denunciar,

---

[4] Ver: <https://geekgirlcon.com/about-us/mission-values/>.

por exemplo, a violência e o machismo de certos *hackers* imbuídos de seu saber técnico, ou ainda de identificar a síndrome do *nice guy*, atitude masculina aparentemente amiga que na verdade oculta uma estratégia de sedução com finalidade sexual. Esses grupos feministas de geometrias variáveis acuam de modo semelhante os estereótipos mais tenazes, como os que têm relação com os corpos masculinos e femininos. Nos congressos *geeks*, as *t-shirts* postas à venda dizem muito sobre as representações dominantes no mundo digital. Ou elas são unissex, ou são uma versão feminina, mas nesse caso o tamanho é sistematicamente menor que o dos homens e a peça é justa no quadril. Como nos universos do trabalho mais tradicionais, o mundo *geek* não escapa enfim da síndrome do impostor ou, se se preferir, do sentimento — mais compartilhado pelas mulheres — de não estar à altura das tarefas e dos projetos. A questão da ação coletiva consiste nesse caso em aniquilar uma propensão à autocensura, que é tanto mais elevada na medida em que os trabalhadores do digital trabalham com quem eles querem e sob o olhar direto e permanente de seus pares.

★ ★ ★

Qualquer que seja a forma como ela se apresenta concretamente (uberização, *big data*, *block chain*, *hack*...), a revolução digital está mudando nossas condições de trabalho e de vida. A história do novo mundo que se fabrica a cada dia debaixo de nossos olhos durante muito tempo foi pensada e vivida, como vimos, como um assunto de homens. A tendência evolui bastante, felizmente. Nos Estados Unidos como em outras partes, a prática do digital dentro dos espaços comuns ganhou em diversidade, sobretudo de gênero (Berrebi-Hoffmann, Bureau e Lallement, 2018). O feminismo penetra igualmente nos diferentes segmentos técnicos e culturais do mundo digital. No campo espinhoso das *digital humanities*, as preocupações de gênero demoraram, elas também, a se manifestar. A julgar pelo teor dos debates mais recentes (Rhody, 2016; Risam, 2016), o meio da década de 2010 dedica enfim uma tímida guinada em favor de uma abordagem da educação e do trabalho digitais que leva em conta o gênero e é intersecional. Evidentemente, não podemos senão nos regozijar. Entretanto não devemos exagerar. Numerosos obstáculos à igualdade permanecem e, tanto no plano da formação quanto no das práticas profissionais, os riscos de regressão associados à explosão atual da economia digital estão longe de ser verdadeiramente inexistentes.

Referências

ALVAGA, Elisabeth; VINCK, Lydie. Intensité du travail et usages des technologies de l'information et de la communication. *Synthèse.Stat*, n. 14, jun. 2015.

ARNTZ, Melanie; GREGORY, Terry; ZIERAHN, Ulrich. The risk of automation for jobs in OECD countries: a comparative analysis. *OECD Social, Employment and Migration Working Papers*, n. 189, Paris, OECD, 2016.

BERREBI-HOFFMANN, Isabelle; BUREAU, Marie-Christine; LALLEMENT, Michel. *Makers*: enquête sur les laboratoires du changement social. Paris: Seuil, 2018.

CARDON, Dominique. *À quoi rêvent les algorithmes*: nos vies à l'heure des big data. Paris: Seuil, 2015.

COLIN, Nicolas; LANDIER, Augustin; MOHNEN, Pierre; PERROT, Anne. Économie numérique. *Les Notes du Conseil d'Analyse Économique*, n. 26, p. 1-12, out. 2015.

COLLET, Isabelle. Effet de genre: le paradoxe des études d'informatique. *TIC & Société*, v. 5, n. 1, 2011. Disponível em: <http://ticetsociete.revues.org/955>.

CONSEIL NATIONAL DU NUMÉRIQUE. *Travail, emploi, numérique*: les nouvelles trajectoires. Rapport remis à la ministre du Travail, de l'Emploi, de la Formation Professionnelle et du Dialogue Social. Paris, jan. 2016.

GARDEY, Delphine. *Écrire, calculer, classer*: comment une révolution de papier a transformé les sociétés contemporaines (1800-1940). Paris: La Découverte, 2008.

GERGEN, Kenneth J. *The saturated self*: dilemmas of identity in contemporary life. Nova York: Basic Books, 1991.

HILTZIK, Michael A. *Dealers of lightning*: Xerox parc and the dawn of the computer age. Nova York: Harper, 2000.

LALLEMENT, Michel. *Des PME en chamber*: travail et travailleurs à domicile d'hier et d'aujourd'hui. Paris: L'Harmattan, 1990.

____. *L'âge du faire*: hacking, travail, anarchie. Paris: Seuil, 2015.

LEVY, Steven. *Hackers*: heroes of the computer revolution. Garden City: O'Reilly Media, 1984.

MARRY, Catherine. *Une révolution respectueuse*: les femmes ingénieures. Paris: Belin, 2004.

OBSERVATOIRE PARITAIRE DE L'INFORMATIQUE, DE L'INGÉNIERIE, DES ÉTUDES ET DU CONSEIL. *Attractivité des métiers du numérique et l'ingénierie pour les publics féminins en France*. Rapport d'étude. Paris, 2016.

OCDE. Going digital: the future of work for women. *Policy Brief on the Future of Work*, jul. 2017.

PÔLE INTERMINISTÉRIEL DE PROSPECTIVE ET D'ANTICIPATION DES MUTATIONS ÉCONOMIQUES. *Enjeux et perspectives de la consommation collaborative*. Rapport pour le Ministère de l'Industrie, de l'Économie et du Numérique. Paris, 2015.

RHODY, Lisa Marie. Why I dig: feminist approaches to text analysis. In: GOLD, M. K.; KLEIN, L. (Org.). *Debates in the digital humanities*. Mineápolis; Londres: University of Minnesota Press, 2016. p. 536-539.

RIFKIN, Jeremy. *L'âge de l'accès*: la nouvelle culture du capitalisme. Paris: La Découverte, 2000.

RISAM, Roopika. Navigating the global digital humanities: insights from black feminism. In: GOLD, M. K.; KLEIN, L. (Org.). *Debates in the digital humanities*. Mineápolis; Londres: University of Minnesota Press, 2016. p. 359-367.

ROSENBLAT, Alex; STARK, Luke. *Uber's drivers*: information asymmetries and control in dynamic work. Data & Society Research Institute, out. 2015.

THOMPSON, Christopher. Un troisième sexe? Les bourgeoises et la bicyclette dans la France fin de siècle. *Le Mouvement Social*, n. 192, p. 9-40, 2000.

19. O trabalho, um conceito central para os estudos de gênero?
Danièle Kergoat

Gostaria, para começar, de voltar rapidamente ao conceito de trabalho. De fato, tenho a impressão de que na maioria das vezes se confundem o trabalho como campo e o trabalho como conceito, ou seja, epistemologia e metodologia. O fato de falar da "centralidade do trabalho" tende a engendrar críticas do tipo "mas nem tudo é trabalho", "o trabalho não está em tudo". Certamente, o poder do trabalho como campo se liga à sua ubiquidade no tempo e no espaço, mas nunca ao fato de que ele seria o único objeto de pesquisa importante. Quanto a seu poder como conceito, ele se liga ao fato de que o trabalho está na base da produção do viver em sociedade (Hirata e Zarifian, 2000).

O trabalho como conceito

O trabalho pode parecer algo trivial. Ele não passa afinal de uma manifestação entre outras das atividades humanas. Mas é central tanto sociologicamente quanto politicamente. *Sociologicamente*, porque é o mediador por excelência das relações entre o indivíduo e a sociedade. Pensemos no livro de Christian Baudelot e Michel Gollac *Travailler pour être heureux* (2003): o trabalho é um valor central para os(as) indivíduos(as), mesmo que parte importante deles e delas mantenha e exprima uma relação infeliz com seu trabalho, ao menos na França. Central também porque é um meio privilegiado, por meio das práticas sociais a ele relacionadas, para apreender concretamente as relações sociais. Com a condição, porém, de que estas últimas sejam definidas como "uma tensão que atravessa o campo social [...] [e] erige certos fenômenos em questões [por exemplo as modalidades da divisão do trabalho entre os sexos] em torno das quais se constituem grupos de interesses antagônicos" (Kergoat, 2000). *Politicamente*, o trabalho é central porque é por meio dele que se organiza o exercício do poder em nossas sociedades. Ele é portanto um poderoso instrumento de dominação. Contudo, é também pelo viés do trabalho que podemos colocar o problema da emancipação. Como dizia Jean-Marie Vincent (1987), o trabalho é uma "atividade paradigmática".

Por outro lado, a relação com o trabalho (trabalho profissional e trabalho doméstico) é, quanto a ela, de uma importância capital para entender a posição ocupada por umas e outros no espaço público e no espaço privado: como eu me construo no trabalho? Que sentido dou ao que faço? Como me defino individual e coletivamente com relação aos diferentes tipos de trabalho? São perguntas que permitem entender certos meandros da formação dos coletivos e da subjetividade individual.

Enfim, é importante levar em conta o fato de que as mulheres não são segregadas espacialmente como o são outros grupos dominados (Collin, 1978). Elas não podem portanto reservar para si um espaço próprio coletivo. A construção dos espaços de liberdade deve ser feita "acima do solo" de certa maneira. O que reforça a ideia de que a mediação pelo trabalho, aqui assalariado, é inteiramente essencial.

A atividade de trabalho é paradigmática porque mobiliza a subjetividade, o indivíduo e o coletivo, as práticas materiais e as práticas ideais, a servidão voluntária e também as resistências e as revoltas. E o poder desse paradigma é tanto maior se consideramos o trabalho uma atividade que recobre tanto a esfera profissional quanto a esfera doméstica; consequentemente, a produção e a reprodução sociais são pensadas conjuntamente (trabalho remunerado e trabalho gratuito, privado e público...). Utilizar o instrumento da divisão sexual do trabalho que pensa num *continuum* o trabalho assalariado e o trabalho doméstico é a única maneira de levar em conta o conjunto do trabalho socialmente realizado, qualquer que seja seu local de prática, e seja ele gratuito ou remunerado. E esse trabalho redefinido permite pensar as relações sociais de sexo, caracterizadas pela exploração e a apropriação: quem trabalha para quem? A quem esse trabalho beneficia? Integrar o trabalho doméstico no trabalho — quer se seja obrigado(a) a ele, quer se seja dispensado(a) dele — leva a colocar de maneira diferente os problemas da exploração e da dominação. Enfim, a divisão sexual do trabalho permite interrogar tanto as invariantes quanto as variações no tempo e no espaço da forma trabalho e das relações com este.

O trabalho como campo

A centralidade do trabalho é de ordem epistemológica. Mas ela também tem ligação com as transformações que caracterizam as sociedades contemporâneas. Ora, ao ler certa literatura, às vezes tenho a impressão de que o trabalho não é mais central para entender o gênero,[1] ou mais exatamente de que a reflexão sobre o "sexo do trabalho" (AAVV, 1984) se esgotou e constitui um objeto ultrapassado, e daqui para a frente seria desejável tematizar o gênero de outra maneira.

Sem dúvida, as pesquisas foram numerosas. Mas, em função disso, podemos hoje fazer economia de uma reflexão sobre o trabalho?

A globalização e seu cortejo de migrações, o neoliberalismo e o desemprego, o precariado, o aumento das desigualdades, todos esses fenômenos que varrem — com um vento frio! — a sociedade devem ser levados em conta se quisermos entender a evolução do grupo social mulheres, suas divisões, novas ou perenes, assim como os pontos de confronto com a classe dos homens. Inversamente, essas metamorfoses do trabalho só podem ser entendi-

---

[1] Não é apenas nos estudos de gênero que o trabalho tem lugar bastante limitado. Basta observar a evolução do lugar da sociologia do trabalho na sociologia em geral.

das completamente com o instrumento da divisão sexual do trabalho. É o que acontece, por exemplo, com o trabalho do *care*. Sem dúvida, essa é uma atividade estruturada pelas relações sociais de classe e de raça, mas não se podem realmente entender seus alicerces a não ser integrando o lugar desses trabalhadores e trabalhadoras nas relações sociais de sexo (ver o conjunto dos trabalhos de Evelyn Nakano Glenn).

Fazer uma leitura sexuada do mundo do trabalho e, inversamente, ler o gênero com as lentes do trabalho, tem portanto virtudes heurísticas: permite evidenciar as relações sociais presentes (de sexo, de raça, de classe) e suas interações. É para trabalhar esta última que recorro ao conceito de consubstancialidade (Kergoat, 2009): significando a unidade de substância entre três entidades distintas, ele permite pensar o mesmo e o diferente num único movimento: as relações sociais, embora distintas, não podem ser entendidas separadamente.

Em sua redefinição feminista extensiva, o trabalho não é pensado apenas em termos de alienação ou de exploração. Assim, a relação com o trabalho doméstico remete a um trabalho alienado (o produto desse trabalho nos escapa, já que, por definição, ele é feito para os outros), enquanto ele tem também um potencial subversivo (Galerand e Kergoat, 2008). A alienação e a exploração continuam, é claro, centrais para a análise das relações de poder e das modalidades concretas de organização e de experiência do trabalho. Mas essa redefinição também se abre para o trabalho como produção de si, como um objeto de luta potencialmente unificador, como alavanca possível de solidariedade e de emancipação coletiva.

Finalmente, a sociologia feminista tal como a entendo — quer se trate da sociologia do gênero ou da sociologia do trabalho — é bem uma sociologia crítica no sentido de que ela não se contenta em descrever a realidade e procurar explicá-la, mas denuncia também os mecanismos de dominação, não, aliás, como uma patologia ou um desfuncionamento, mas como uma forma de estruturação do social, e os articula com os processos de emancipação.

A centralidade do trabalho posta em questão?

Dito isso, podemos nos perguntar se a centralidade do trabalho não é posta em questão devido ao desenvolvimento de análises centradas nas articulações sobretudo entre gênero, raça e sexualidade.

Para responder, parece-me que é preciso declinar essa questão em dois níveis.

O primeiro é o do movimento feminista, no qual a centralidade do trabalho (assalariado e doméstico) como suporte reivindicativo essencial parece posta em questão pela fragmentação dos eixos de lutas. Ocorre que o trabalho permanece transversal em várias clivagens: é o que acontece com o debate sobre o uso do véu no espaço de trabalho, ou sobre o trabalho sexual, a prostituição.

O segundo é o da teoria. A virada pós-estruturalista impulsionou novas dinâmicas de pesquisa. Importados dos Estados Unidos, os *gender studies* centram a análise em novos objetos: a hierarquização das sexualidades, as políticas de subversão das identidades, as tecnologias do corpo, ou ainda a segmentação do grupo mulheres (que destruiria a noção de classe das mulheres) etc. Numa perspectiva construtivista, eles vêm renovar a crítica da ideologia naturalista. Em contrapartida, e é aí que se situa uma das linhas de tensão, esses avanços também se realizaram no contexto da ocultação da questão do trabalho e da exploração (Bidet Mordrel, Galerand e Kergoat, 2016).[2]

Foi também nesse contexto intelectual — o pós-estruturalismo — que surgiu a noção de intersecionalidade (Crenshaw, 2005). Segundo Sirma Bilge (2009), esse é o "termo privilegiado [...] para designar a articulação complexa das identidades/desigualdades múltiplas". Assim, a análise intersecional cruza as categorias, as identidades, e se pensa antes em termos de subversão do que em termos de relações sociais e de classes sociais. É por isso mesmo que prefiro o termo "consubstancialidade", conceito forjado nos anos 1970 para dar conta da imbricação das relações de classe e de sexo assim como de sua coconstrução: é claro que tanto a situação quanto as práticas das trabalhadoras não seriam compreensíveis se nos contentássemos em acrescentar as categorias "mulheres" e "trabalhadoras".

---

[2] Dito isso, trabalhos como os de Kevin Floyd vêm matizar essa afirmação. Sobre o tema, podemos remeter a Sophie Noyé (2014).

Isso evidentemente não produz o mesmo tipo de análise da multiplicidade das opressões, e o lugar conferido ao trabalho é eminentemente variável.

Não é menos verdade que, se esses trabalhos disputam a supremacia do poder heurístico de seus dispositivos de análise, eles podem ser vistos sob certos aspectos como complementares (Noyé, 2014). De fato, parece-me que uns e outros compartilham dois objetivos:

- um objetivo de conhecimento dos mecanismos da opressão que exige que não neguemos nada de sua complexidade, mas, ao contrário, a tomemos como objeto central de análise. Para fazê-lo, mergulhar fundo na pluralidade dos sistemas de dominação e em seu entrelaçamento é indispensável;
- um objetivo de saída desses sistemas com a emancipação[3] como horizonte.

★★★

O trabalho permanece uma questão central para os sistemas de dominação, é um operador possante para pensar o problema do poder, está no centro das opressões de raça, de gênero, de classe. Um exemplo pode ser tirado do trabalho de Angela Davis (2006) sobre as prisões nos Estados Unidos. Ela faz ali uma análise materialista: o sistema de trabalho nas prisões americanas não é explicável apenas pelo cruzamento das categorias — negros, africanos, americanos, homens, pobres —, ele provém das relações sociais anteriores ao mesmo tempo que reconfigura as relações sociais atuais de raça, de sexo, de classe...

Mas o trabalho não constitui apenas uma questão para os sistemas de dominação: ele está potencialmente no centro das resistências e das lutas, é um meio da transformação dessas relações sociais. Pois não é apenas lugar de dominação, é também lugar de solidariedade e de cooperação, de socialização.

Podemos a partir daí inverter a pergunta inicial: o que perderia a sociologia do gênero se ela não integrasse, ao lado de outras entradas, o trabalho? Não pensar na apropriação e na exploração significaria amputar consideravelmente

---

[3] "Por esse termo entendemos não a derrubada ou a abolição das relações sociais de sexo, e sim o *movimento* pelo qual a relação de forças entre as classes de sexo pode ser desestabilizada, e as questões, reconfiguradas" (Galerand e Kergoat, 2008). Do momento em que essa definição é adotada, parece-me que podemos incluir nela a noção de subversão própria das teorias *queer*. Sobre a noção de emancipação, ver também Cornelia Möser (2014).

a análise feminista dos sistemas de opressão. Seria não mais se colocar a questão do potencial subversivo da relação das mulheres com o trabalho, não mais se perguntar: o acesso ao trabalho remunerado continua a constituir a base da autonomia das mulheres (eu não disse de sua liberação)? E isso no momento mesmo em que a globalização lança milhões de mulheres — e de homens — em empregos pouco reconhecidos e precarizados.

Para concluir, eu diria que o trabalho constitui uma fonte potencial de emancipação individual *e* de emancipação coletiva. Mas ainda uma vez, um trabalho que teria "ficado grávida", para retomar as palavras de Louise Vandelac (1981), e que traria na cara o arco-íris das cores de pele de nossa humanidade comum.

Referências

AAVV [vários autores]. *Le sexe du travail*: structures familiales et système productif. Grenoble: Presses Universitaires de Grenoble, 1984.

BAUDELOT, Christian; GOLLAC, Michel. *Travailler pour être heureux*: le bonheur et le travail en France. Paris: Fayard, 2003.

BIDET MORDREL, Annie; GALERAND, Elsa; KERGOAT, Danièle (Org.). Analyse critique et féminismes matérialistes. *Cahiers du Genre*, hors série, 2016.

BILGE, Sirma. Théorisations féministes de l'intersectionnalité. *Diogène*, v. 1, n. 225, p. 70-88, 2009.

COLLIN, Françoise. No man's land: réflexions sur l'"esclavage volontaire" des femmes. In: MACCHIOCHI, M. (Org.). *Les femmes et leurs maîtres*. Paris: Christian Bourgois, 1978. p. 261-278.

CRENSHAW, Kimberlé W. Cartographies des marges: intersectionnalité, politique de l'identité et violences contre les femmes de couleur [1994]. *Cahiers du Genre*, n. 39, p. 51-82, 2005.

DAVIS, Angela. *Les goulags de la démocratie*. Paris: Au Diable Vauvert, 2006.

GALERAND, Elsa; KERGOAT, Danièle. Le potentiel subversif du rapport au travail des femmes. *Nouvelles Questions Féministes* (dossiê: "L'ambivalence du travail: entre exploitation et emancipation"), v. 27, n. 2, p. 67-82, 2008.

HIRATA, Helena; ZARIFIAN, Philippe. Travail (le concept de). In: HIRATA, H.; LABORIE, F.; LE DOARÉ, H.; SENOTIER, D. (Org.). *Dictionnaire critique du féminisme*. Paris: PUF, 2000. p. 230-235.

KERGOAT, Danièle. Division sexuelle du travail et rapports sociaux de sexe. In: HIRATA, H.; LABORIE, F.; LE DOARÉ, H.; SENOTIER, D. (Org.). *Dictionnaire critique du féminisme*. Paris: PUF, 2000. p. 35-44.

____. Dynamiques et consubstantialité des rapports sociaux. In: DORLIN, E. (Org.). *Sexe, race, classe*: pour une épistémologie de la domination. Paris: PUF, 2009. p. 111-125. Actuel Marx confrontations.

MÖSER, Cordelia. L'émancipation comme concept féministe dans les luttes féministes et queers, *Contretemps*, 22 set. 2014. Disponível em: <www.contretemps.eu/author/cornelia-moser/>.

NOYÉ, Sophie. Pour un féminisme matérialiste et queer. *Contretemps*, 17 abr. 2014. Disponível em: <www.contretemps.eu/author/sophie-noye/>.

VANDELAC, Louise. Et si le travail tombait enceinte??? Essai féministe sur le concept de travail. *Sociologie et Sociétés* (dossiê: "Les femmes dans la sociologie"), v. 13, n. 2, p. 67-82, 1981.

VINCENT, Jean-Marie. *Critique du travail*: le faire et l'agir. Paris: PUF, 1987.

20. É possível fazer uma sociologia feminista do feminismo? Da divisão sexual do trabalho ao espaço da causa das mulheres
Laure Bereni

Quando, no início da década de 2000, comecei a trabalhar com as mobilizações em torno da paridade política que tinham marcado a década anterior, pareceu-me especialmente difícil encontrar o "bom" quadro teórico para desfazer os enigmas colocados por aquele tema.

Como estudar mobilizações de mulheres dotadas de importantes recursos sociais e que agiam principalmente *dentro das* instituições? Essas mobilizações deviam ser categorizadas como um *movimento* social, como um *debate* intelectual e político ou como uma forma de *lobbying* institucional? Como trabalhar com mobilizações plurais, que se inscreviam ao mesmo tempo na herança das lutas ditas "femininas" e "feministas"?

Refaço aqui o percurso intelectual que me levou a forjar a categoria de *espaço da causa das mulheres* (Bereni, 2015) para responder a essas perguntas e, de maneira mais ampla, a me inscrever numa tentativa de sociologia *feminista* — ou seja, informada pelo olhar crítico do gênero — dos movimentos femininos e feministas. Para tanto foi necessário, é claro, cruzar as contribuições da sociologia dos movimentos sociais e das pesquisas sobre o gênero. Mas a tarefa não foi fácil: a despeito de suas contribuições, esses dois quadros também constituíram um campo de análise.

A sociologia feminista: uma família intelectual e política

As pesquisas "sobre o gênero" formaram o quadro teórico privilegiado de minhas primeiras pesquisas de sociologia. Descobri esses conhecimentos após uma licenciatura que tinha me introduzido aos principais autores (masculinos) da área, e tinha me levado a mergulhar na obra de Pierre Bourdieu. Desde o outono de 1998, eu assistia aos primeiros cursos de formação de professores de ciências sociais ministrados por Anne Paillet na École Normale Supérieure sobre a questão "Feminino/masculino: abordagens sociológicas", e aos seminários sobre o gênero conduzidos na mesma instituição por Éric Fassin e Michel Feher. Converti-me rapidamente, fascinada pelo antiessencialismo radical daquelas pesquisas e pela pluralidade dos quadros teóricos e disciplinares que elas ofereciam. A descoberta daquelas pesquisas feministas também me abriu horizontes políticos radicalmente novos. Foi por meio daquelas leituras, de sociólogas, mas também filósofas, historiadoras e antropólogas, que construí uma identidade *política* de pesquisadora feminista, que por outro lado era sustentada na época pela politização inédita daquelas questões no espaço público. Juntas, eu e jovens colegas encontradas no "ateliê de gênero" da École des Hautes Études en Sciences Sociales, a maioria fazendo o doutorado com Rose-Marie Lagrave, lançamos em 2002 o coletivo Clasches (*Collectif de lutte anti-sexiste contre le harcèlement sexuel dans l'enseignement supérieur* — Coletivo de luta antissexista contra o assédio sexual no ensino superior), denunciando a impunidade dos praticantes de assédio sexual no ensino superior, e depois, em 2003, contribuímos para a criação da EFiGiES (associação de jovens pesquisadoras e pesquisadores em études féministes, genre et sexualités — estudos feministas, gênero e sexualidades). Para além das ideias, o campo das pesquisas sobre o gênero se tornou portanto uma família intelectual (Clair e Dorlin, no prelo), feita de laços amigáveis, de afinidades teóricas e de solidariedade política — que não excluíam as discordâncias e as clivagens (Bereni e Lagrave, no prelo).

Parecia-me então evidente que, ao trabalhar com a paridade, eu trabalhava com "o gênero" e "numa perspectiva de gênero". Esse sentimento era reforçado pelas interações com colegas que não tratavam de objetos tão visivelmente "sexuados", principalmente com cientistas políticas especialistas em movimentos sociais e na ação pública. A ciência política era — é o que acontece até hoje — mais cega em relação ao gênero do que a sociologia. A "reviravolta crítica" das "ciências sociais do político", que havia se traduzido na virada da década de 1990 pelo lançamento de revistas como *Genèses* e *Politix*, atualizava as vias legitimistas e institucionalistas da disciplina, mas se baseava exclusivamente no paradigma da classe (Achin e Bereni, 2013). Essas pesquisas praticamente não tinham levado em conta o gênero — não mais do que a raça ou a sexualidade — como dimensão estruturante da análise do político, e sobretudo das mobilizações coletivas. Se as perspectivas de gênero começavam a emergir timidamente no campo extremamente dinâmico da sociologia dos movimentos sociais e do militantismo na França (Fillieule e Roux, 2009), os movimentos feministas e femininos eram então muito pouco estudados. Os poucos trabalhos que se interessavam pelo tema apareciam em sua maioria como "fora de âmbito", ligados à análise das relações entre gênero e políticas públicas mais do que aos debates teóricos da sociologia das mobilizações coletivas (Bereni e Revillard, 2012).

A sombra levada do feminismo para a sociologia do feminismo

As ciências sociais do gênero, até meados dos anos 2000 na França, eram dominadas pelo paradigma da "divisão sexual do trabalho". Apropriando-se de certos elementos da tradição do feminismo materialista[1] (sobretudo o conceito de "modo de produção doméstico" proposto por Christine Delphy), sociólogas como Danièle Kergoat haviam feito deles a questão constitutiva das "relações sociais de sexo" (AAVV, 1984; Kergoat, 2000). Esse paradigma, mobilizado de modo mais ou menos frouxo, impregnava vários trabalhos, lidos e discutidos pelas jovens sociólogas feministas sobretudo no "ateliê de gênero" da EHESS. O uso do termo "gênero", que se generalizava, conservava uma forte marca

---

[1] Observemos que o trabalho não ocupou um lugar central para a totalidade das teóricas muitas vezes associadas ao "feminismo materialista", como lembram Maxime Cervulle e Isabelle Clair (2017) num artigo que revela a heterogeneidade dessa corrente de pensamento.

materialista, herdeira da definição do conceito proposta por Christine Delphy (1991). Por outro lado, o trabalho era o objeto dominante, como mostrava então a produtividade editorial da equipe do Mage (Laufer, Marry e Maruani, 2001, 2003; Maruani, 2005), e as pesquisas sobre a sexualidade mal começavam a abalar a centralidade desse objeto (Clair, 2012).

Existiam então algumas pesquisas de sociologia das relações sociais de sexo referentes às mobilizações coletivas, por vezes feministas, mas principalmente no âmbito do trabalho assalariado. Margaret Maruani se interessava desde os anos 1970 pelas mobilizações feministas no campo sindical (Maruani, 1979), na trilha das pesquisas de historiadoras sobre as greves de mulheres (Perrot, 1998; Zylberberg-Hocquard, 1981). Danièle Kergoat e suas colegas, em sua pesquisa sobre o movimento das enfermeiras (Kergoat et al., 1992; Kergoat, 1993), tinham examinado as condições de possibilidade de um "sujeito social mulheres" em movimentos majoritariamente femininos, construídos principalmente em termos da luta de classes. Outras pesquisas feitas na trilha das de Danièle Kergoat se interessavam então pela imbricação das relações sociais de sexo e outras relações sociais na divisão do trabalho militante (Dunezat, 2004, 2006; Bargel, 2005; Guyon, 2009). Emergiam também reflexões sobre a articulação entre o feminismo e outras críticas das relações de dominação (classe, raça) (Galerand, 2009), mas mais numa perspectiva de teoria feminista e de história das ideias do que de sociologia do militantismo e dos movimentos sociais (Fougeyrollas--Schwebel, Lépinard e Varikas, 2005).

As sociólogas feministas não colocaram esses movimentos em sua agenda de pesquisa. Com Rose-Marie Lagrave — voltarei a este ponto adiante —, Françoise Picq (1993) foi uma das raras sociólogas herdeiras dessa tradição a se debruçar sobre o tema, e sua monografia sobre o movimento das mulheres dos anos 1970 foi importante para construir as bases de uma sociologia do feminismo. Mas ela assim fez reivindicando a perspectiva de um trabalho de história e de memória, sem mobilizar os quadros da sociologia das mobilizações coletivas.

Além da raridade dos trabalhos sobre os movimentos constituídos em nome das e para as mulheres, os paradigmas que então dominavam a sociologia francesa do gênero constituíam um obstáculo para a objetivação sociológica dessas mobilizações, na medida em que, como produtos intelectuais derivados do feminismo radical dos anos 1970, implicavam uma definição normativa do feminismo. Essa visão dominante do feminismo constituía um obstáculo à análise. Ela não me permitia, por exemplo, tomar como objeto de pesquisa as fronteiras reificadas (e hierarquizadas) entre "feminismo" e "feminino", entre "radicalismo" e "reformismo", entre "universalismo" e "diferencialismo", ou ainda entre "subversão" e "institucionalização", que impregnavam o olhar que essas sociólogas feministas em geral tinham sobre o feminismo.

Tomei consciência disso especialmente ao estudar de perto os debates em torno da paridade que agitaram o pequeno mundo das pesquisadoras feministas na primeira metade dos anos 1990, antes que a causa fosse lançada sob a luz dos projetores midiáticos (Bereni, 2006). Várias sociólogas das relações sociais de sexo se tinham engajado nessas controvérsias nascentes, na maioria das vezes *contra* a paridade. Ora, essas pesquisadoras se mobilizavam indissociavelmente como especialistas nas relações sociais de sexo e como guardiãs da memória do feminismo "radical" dos anos 1970. Os argumentos que elas formulavam revelavam a que ponto seus paradigmas de análise dificilmente podiam ser desvinculados de uma visão do feminismo situada social e historicamente — marcada por certa relação com a diferença, as instituições, a mudança social e política. Essa visão normativa do feminismo constituía um quadro teórico fundador, sagrado, dificilmente decorrente de uma iniciativa de objetivação.

Para fazer uma "boa" sociologia das mobilizações conduzidas pelas mulheres para a causa das mulheres, mais especificamente em torno da paridade, parecia portanto indispensável tomar distância dos paradigmas dominantes da sociologia das relações sociais de sexo e de divisão sexual do trabalho. E isso, ao mesmo tempo que esses paradigmas tinham sido essenciais para minha formação política, minha relação com o mundo social e minha concepção daquilo que devia ser uma sociologia plenamente *crítica*.

"Bricolagens" transatlânticas

Felizmente, eu não era a única a ter o sentimento de estar entalada entre a negação do gênero das pesquisas de sociologia dos movimentos sociais e as resistências das sociólogas feministas à objetivação do feminismo. Vários locais de trocas entre pares, dentro do próprio campo dos estudos feministas e sobre o gênero, permitiram construir pouco a pouco uma sociologia *feminista* — ou *de gênero* (Jacquemart, 2017) — das mobilizações femininas e feministas, e, quanto a mim, forjar a categoria de espaço da causa das mulheres.

O "laboratório gênero" da École des Hautes Études en Sciences Sociales, no início dos anos 2000, desempenhou papel primordial no afastamento dessa herança intelectual. Ali eram discutidos os textos de teóricas feministas anglófonas do político, sobretudo Susan Moller Okin, Ann Phillips, Jane Mansbridge ou ainda Seyla Benhabib, que foram fontes preciosas para pensar de maneira crítica a representação política — alguns de seus textos foram então traduzidos pela primeira vez para o francês (Ballmer-Cao, Mottier e Sgier, 2000). Mesmo que essas contribuições de filósofas estivessem afastadas de um esforço de objetivação sociológica do feminismo, elas ofereciam instrumentos para pensar formas subversivas de politização da "identidade", o que constituía uma alternativa às grades de análise herdadas do feminismo radical francês (Lépinard, 2007).

O seminário de Rose-Marie Lagrave na École des Hautes Études en Sciences Sociales, que tratou durante vários anos do feminismo, também teve papel importante. Em razão de sua fidelidade a Bourdieu e de sua posição institucional na EHESS, onde havia participado da criação do mestrado em gênero junto com Éric Fassin em 2005, ela ocupava naquele momento uma posição atípica no campo das pesquisas sobre o gênero. Era uma das raras sociólogas feministas a ter empreendido uma sociologia de seu próprio campo de pesquisa e, de modo mais amplo, a ter desenvolvido um trabalho de objetivação do feminismo contemporâneo (Lagrave, 1990, 2000).

Mas foi sobretudo no âmbito do seminário "Gênero, feminismo e mobilizações coletivas", iniciado em janeiro de 2004 com Anne Revillard, Alban Jacquemart, Liane Henneron e Magali Della Sudda (a que logo depois se juntaram

Bibia Pavard, Marion Charpenel e Camille Masclet), que nos dedicamos a construir uma perspectiva de análise que superasse ao mesmo tempo a invisibilidade do gênero nas pesquisas sobre os movimentos sociais e a sombra levada do feminismo radical para a sociologia do feminismo (Della Sudda, 2007; Pavard, 2012; Charpenel, 2014; Jacquemart, 2015; Revillard, 2016; Masclet, 2017). Esse procedimento se baseou em um duplo deslocamento, no tempo e no espaço.

De um lado, a historiografia do feminismo foi um instrumento precioso para romper com as visões normativas e essencializadas desse objeto (Cott, 1987; Klejman e Rochefort, 1989; Jenson, 1989; Bard, 1995; Offen, 2000; Riot-Sarcey, 2002; Gubin et al., 2004; Scott, 1998; Thébaud, 1998). Esses trabalhos permitiam pensar as *continuidades* entre as mobilizações ditas "femininas" e "feministas" levando a sério os processos de politização da identidade de gênero; evidenciavam as *flutuações* do sentido e as apropriações variadas do termo "feminismo"; dirigiam o olhar para as *ambivalências* das mobilizações feitas em nome da causa das mulheres, entre subversão e reprodução da ordem do gênero, entre progressismo e conservatismo. Paralelamente, buscamos nos *corpora* de trabalhos anglófonos de sociologia movimentos feministas contemporâneos. Nos Estados Unidos, especialmente, esse campo de estudos era particularmente dinâmico, constituindo um ramo visível da sociologia dos movimentos sociais desde o início dos anos 1990. Essas pesquisas aplicaram ao feminismo as mesmas grades de análise que a qualquer outro movimento. Ao mesmo tempo, elas fizeram aparecer os "vieses de gênero" das pesquisas sobre os movimentos sociais e produziram conceitos novos, como os de "estrutura adormecida" (*abeyance structure*) (Taylor, 2005), de "comunidade de movimento social" (*social movement community*) (Taylor e Whittier, 1992; Staggenborg, 1998), de "contestação intrainstitucional" (Katzenstein, 1998; Banaszack, 2010) ou ainda de "feminismo de Estado" (Sawer, 1990; Eisenstein, 1995; McBride, Stetson e Mazur, 1995; Banaszack, Beckwith e Rucht, 2003). A leitura desses trabalhos permitia perceber o *continuum* das contestações coletivas em torno da causa das mulheres, além da fronteira entre movimento e instituições, além de apenas os episódios de "picos" de mobilização, mas também além de uma visão androcentrada do militantismo — definido como engajamento formal num coletivo explicitamente político (Bereni e Revillard, 2012).

Foi no cruzamento dessas pesquisas e das reflexões conduzidas na França sobre o uso da noção bourdieusiana de "campo" — especialmente as de Lilian Mathieu (2007) sobre o conceito de "espaço dos movimentos sociais" — que emergiu a categoria de espaço da causa das mulheres. Em duas palavras, esse conceito designa a configuração de espaços de mobilização em nome das mulheres e para as mulheres numa pluralidade de esferas sociais.[2] Ele enfatiza a extraordinária heterogeneidade das mobilizações em favor da causa das mulheres, abrindo uma multiplicidade de *polos*, para além do que normalmente é chamado de o "movimento" (incluindo também espaços de mobilização *dentro* das instituições), e de *tendências* ideológicas, para além das definições dominantes do feminismo. Essa noção permite também voltar o olhar para os laços, materiais e discursivos, que unem esses diferentes polos e tendências, e às vezes tornam possíveis, em certas configurações históricas, o florescimento de campanhas transversais — foi o que aconteceu, por exemplo, com a paridade.

Esse desvio intelectual, distante dos paradigmas dominantes da sociologia do gênero herdeira do feminismo materialista, permitiu fazer uma sociologia plenamente *crítica* — articulando as heranças da sociologia e dos estudos feministas — dos movimentos feministas. O conceito de espaço da causa das mulheres é um dos produtos disso. Para voltar ao fio desta obra, falta tecer os laços entre a sociologia do feminismo, de um lado, e as análises feministas do trabalho, de outro. Eu me dediquei a isso, junto com outras, em projetos de pesquisa recentes sobre as mobilizações em torno da "diversidade" e do "caráter misto" do mundo dos negócios na França e nos Estados Unidos, ou ainda sobre a recepção das políticas de igualdade pelos gerentes da função pública (Marry et al., 2017).

---

[2] Para uma apresentação detalhada do conceito, ver Bereni (2015), especialmente a introdução.

Referências

AAVV [vários autores]. *Le sexe du travail*: structures familiales et système productif. Grenoble: Presses Universitaires de Grenoble, 1984.

ACHIN, Catherine; BERENI, Laure. Comment le genre vint à la science politique. In: ACHIN, C.; BERENI, L. (Org.). *Dictionnaire genre & science politique*: concepts, objets, problèmes. Paris: Presses de Sciences Po, 2013. p. 13-42.

BALLMER-CAO, Than-Huyen; MOTTIER, Véronique; SGIER, Lea (Org.). *Genre et politique*: débats et perspectives. Paris: Gallimard, 2000. Folio.

BANASZAK, Lee Ann. *The women's movement inside and outside the state*. Cambridge: Cambridge University Press, 2010.

____; BECKWITH, Karen; RUCHT, Dieter (Org.). *Women's movements facing the reconfigured state*. Nova York: Cambridge University Press, 2003.

BARD, Christine. *Les filles de Marianne*: histoire des féminismes 1914-1940. Paris: Fayard, 1995.

BARGEL, Lucie. La socialisation politique sexuée: apprentissage des pratiques politiques et normes de genre chez les jeunes militant(e)s. *Nouvelles Questions Féministes*, v. 24, n. 3, p. 36-49, 2005.

BERENI, Laure. Les féministes françaises et la "parité": permanences et renégociations des partitions héritées de la décennie 1970. In: COHEN, A.; LACROIX, B.; RIUTORT, P. (Org.). *Les formes de l'activité politique*: éléments d'analyse sociologique (XVIIIe-XXe siècle). Paris: PUF, 2006. p. 123-141.

____. *La bataille de la parité*: mobilisations pour la féminisation du pouvoir. Paris: Economica, 2015.

____; LAGRAVE, Rose-Marie. Les affinités électives. In: CLAIR, I.; DORLIN, E. (Org.). *Photo de famille*: penser des vies intellectuelles d'un point de vue féministe. No prelo.

____; REVILLARD, Anne. Un mouvement social paradigmatique? Ce que le mouvement des femmes fait à la sociologie des mouvements sociaux. *Sociétés Contemporaines*, n. 85, p. 17-41, 2012.

CHARPENEL, Marion. *"Le privé est politique!"*: sociologie des mémoires féministes en France. Tese (doutorado em ciência política), Paris, IEP, 2014.

CLAIR, Isabelle. *Sociologie du genre*. Paris: Armand Colin, 2012.

____; DORLIN, Elsa (Org.). *Photo de famille*: penser des vies intellectuelles d'un point de vue féministe. No prelo.

CERVULLE, Maxime; CLAIR, Isabelle. Lire entre les lignes: le féminisme matérialiste face au féminisme poststructuraliste. *Comment s'en sortir?*, n. 4, p. 1-22, 2017.

COTT, Nancy. *The grounding of modern feminism*. New Haven: Yale University Press, 1987.

DELPHY, Christine. Penser le genre: quels problèmes? In: HURTIG, M.-C.; KAIL, M.; ROUCH, H. *Sexe et genre*: de la hiérarchie entre les sexes. Paris: CNRS Éditions, 1991. p. 89-101.

DELLA SUDDA, Magali. *Une activité politique féminine conservatrice avant le droit de suffrage en France et en Italie*: socio-histoire de la politisation des femmes catholiques au sein de la Ligue Patriotique des Françaises (1902-1933) et de l'Unione fra le Donne Cattoliche d'Italia (1909-1919). Tese (doutorado em história), Paris, EHESS; Roma, La Sapienza, 2007.

DUNEZAT, Xavier. *Chômage et action collective*: luttes dans la lute — mouvements de chômeurs et chômeuses de 1997-1998 en Bretagne et rapports sociaux de sexe. Tese (doutorado em sociologia), Université Versailles-Saint-Quentin-en-Yvelines, 2004.

____. Le traitement du genre dans l'analyse des mouvements sociaux: France/États-Unis. *Cahiers du Genre*, hors série n. 1, p. 117-141, 2006.

EISENSTEIN, Hester. The Australian femocratic experiment: a feminist case for bureaucracy. In: FERREE, M. M.; MARTIN, P. Y. (Org.). *Feminist organizations*: harvest of the women's movement. Filadélfia: Temple University Press, 1995. p. 69-83.

FILLIEULE, Olivier; ROUX, Patricia. *Le sexe du militantisme*. Paris: Presses de Sciences Po, 2009.

FOUGEYROLLAS-SCHWEBEL, Dominique; LÉPINARD, Éléonore; VARIKAS, Eleni (Org.). *Cahiers du Genre* (dossiê: "Féminisme(s): penser la pluralité"), n. 39, 2005.

GALERAND, Elsa. Contradictions de sexe et de classe la marche mondiale des femmes de 2000. In: FILLIEULE, O.; ROUX, P. (Org.). *Le sexe du militantisme*. Paris: Presses de Sciences Po, 2009. p. 225-241.

GUBIN, Eliane; JACQUES, Catherine; ROCHEFORT, Florence; STUDER, Brigitte; THÉBAUD, Françoise; ZANCARINI-FOURNEL, Michelle. *Le siècle des féminismes*. Paris: L'Atelier; Éditions Ouvrières, 2004.

GUYON, Stéphanie. Militer dans le mouvement amérindien en Guyane Française. In: FILLIEULE, O.; ROUX, P. (Org.). *Le sexe du militantisme*. Paris: Presses de Sciences Po, 2009. p. 227-297.

JACQUEMART, Alban. *Les hommes dans les mouvements féministes*: socio-histoire d'un engagement improbable. Rennes: Presses Universitaires de Rennes, 2015. Archives du féminisme.

____. Une histoire genrée des mouvements suffragistes. *Vingtième Siècle*, n. 133, p. 3-14, 2017.

JENSON, Jane. Paradigms and political discourse: protective legislation in France and the United States before 1914. *Canadian Journal of Political Science*, v. 22, n. 2, p. 235-258, jun. 1989.

KATZENSTEIN, Mary. *Faithful and fearless*: moving feminist protest inside the Church and Military. Princeton: Princeton University Press, 1998.

KERGOAT, Danièle. Réflexion sur l'exercice du pouvoir par des femmes dans la conduite des luttes: le cas de la coordination infirmières. In: RIOT-SARCEY, M. (Org.). *Femmes, pouvoirs*. Paris: Kimé, 1993. p. 124-139.

____. Division sexuelle du travail et rapports sociaux de sexe. In: HIRATA, H.; LABORIE, F.; LE DOARÉ, H.; SENOTIER, D. (Org.). *Dictionnaire critique du féminisme*. Paris: PUF, 2000.

____; IMBERT, Françoise; LE DOARÉ, Hélène; SENOTIER, Danièle. *Les infirmières et leur coordination, 1988-1989*. Paris: Lamarre, 1992.

KLEJMAN, Laurence; ROCHEFORT, Florence. *L'égalité en marche*: le féminisme sous la Troisième République. Paris: Presses de Sciences Po, 1989.

LAGRAVE, Rose-Marie. Recherches féministes ou recherches sur les femmes? *Actes de la Recherche en Sciences Sociales*, n. 83, p. 27-39, 1990.

____. Une étrange défaite: la loi constitutionnelle sur la parité. *Politix*, n. 51, p. 113-141, 2000.

LAUFER, Jacqueline; MARRY, Catherine; MARUANI, Margaret (Org.). *Masculin-féminin*: questions pour les sciences de l'homme. Paris: PUF, 2001.

____; ____; ____ (Org.). *Le travail du genre*: les sciences sociales du travail à l'épreuve des différences de sexe. Paris: La Découverte, 2003.

LÉPINARD, Éléonore. *L'égalité introuvable*: la parité, les féministes, et la République. Paris: Presses de Sciences Po, 2007.

MARRY, Catherine; BERENI, Laure; JACQUEMART, Alban; POCHIC, Sophie; REVILLARD, Anne. *Le plafond de verre et l'État*: la construction des inégalités de genre dans la fonction publique. Paris: Armand Colin, 2017.

MARUANI, Margaret. *Les syndicats à l'épreuve du féminisme*. Paris: Syros, 1979.

____ (Org.). *Femmes, genre et sociétés*: l'état des savoirs. Paris: La Découverte, 2005.

MASCLET, Camille. *Sociologie des féministes des années 1970*: analyse localisée, incidences biographiques et transmission familiale d'un engagement pour la cause des femmes en France. Tese (doutorado), Université de Lausanne; Université Paris-VIII, 2017.

MATHIEU, Lilian. L'espace des mouvements sociaux. *Politix*, n. 77, p. 131-151, 2007.

MCBRIDE STETSON, Dorothy; MAZUR, Amy (Org.). *Comparative state feminism*. Thousand Oaks: Sage, 1995.

OFFEN, Karen. *European feminisms, 1700-1950*: a political history. Stanford: Stanford University Press, 2000.

PAVARD, Bibia. *Si je veux, quand je veux*: contraception et avortement dans la société française (1956-1979). Rennes: Presses Universitaires de Rennes, 2012. Archives du féminisme.

PERROT, Michelle. Grèves féminines [1974]. In: PERROT, M. *Les femmes ou les silences de l'histoire*. Paris: Flammarion, 1998.

PICQ, Françoise. *Libération des femmes*: les années mouvement. Paris: Seuil, 1993.

REVILLARD, Anne. *La cause des femmes dans l'État*: une comparaison France-Québec. Grenoble: Presses Universitaires de Grenoble, 2016.

RIOT-SARCEY, Michèle. *Histoire du féminisme*. Paris: La Découverte, 2002. Repères.

SAWER, Marian. *Sisters in suits*: women and public policies in Australia. Sydney: Allen & Unwin, 1990.

SCOTT, Joan. *La citoyenne paradoxale*: les féministes françaises et les droits de l'homme. Paris: Albin Michel, 1998.

STAGGENBORG, Susan. Social movement communities and cycles of protest: the emergence and maintenance of a local women's movement. *Social Problems*, v. 45, n. 2, p. 180-204, 1998.

TAYLOR, Verta. La continuité des mouvements sociaux: la mise en veille du mouvement des femmes. In: FILLIEULE, O. (Org.). *Le désengagement militant* [1989]. Paris: Belin, 2005.

____; WHITTIER, Nancy. Collective identity in social movement communities: lesbian feminist mobilization. In: MORRIS, A.; MCCLURG MUELLER, C. (Org.). *Frontiers in social movement theory*. New Haven: Yale University Press, 1992. p. 104-129.

THÉBAUD, Françoise. *Écrire l'histoire des femmes et du genre*. Lyon: ENS, 1998.

ZYLBERBERG-HOCQUARD, Marie-Hélène. *Femmes et féminisme dans le mouvement ouvrier français*. Paris: Éditions Ouvrières, 1981.

CONCLUSÃO
Reconfigurações das questões da igualdade nas sociedades contemporâneas
Nicky Le Feuvre

Chegando ao final deste livro, a presente conclusão visa interrogar as consequências de uma tripla e profunda mudança em curso nas sociedades ocidentais: a do deslocamento das injunções normativas associadas ao acesso das mulheres ao emprego remunerado; a da desregulação proteiforme do mercado de trabalho; e a da adoção de políticas de promoção da igualdade numa vasta paleta de espaços profissionais. A hipótese consiste em afirmar que essas evoluções modificam as configurações de gênero e requerem uma revisão ao menos parcial dos instrumentos elaborados ao longo dos últimos 20 anos para a análise feminista do mercado de trabalho. Trata-se portanto de registrar o caminho percorrido desde o reconhecimento, frágil e ainda parcial, do gênero como ângulo de análise incontornável do mundo do trabalho (Le Feuvre, Bataille e Morend, 2013), e em seguida de identificar alguns dos principais desafios para as pesquisas futuras. De fato, o mercado de trabalho do qual as mulheres foram historicamente excluídas na maioria dos países ocidentais não se parece nem um pouco com aquele ao qual elas progressivamente tiveram acesso — muitas vezes em regimes precários, às vezes com a ajuda de políticas específicas — ao longo das últimas décadas. Apesar dos avanços significativos da pesquisa feminista nos últimos 20 anos, parece-me que as evoluções em curso nos obrigam a revisitar nossas certezas e a reinventar nossos instrumentos de análise.

Do contrato social fordista...

Para aceitar o desafio da renovação das perspectivas analíticas do gênero, não é inútil precisar que a ideia de uma possível emancipação das mulheres através de seu acesso ao mercado de trabalho se elabora num contexto sociopolítico muito específico: o das "sociedades salariais" (Castel, 1995). Se a reivindicação feminista em termos de acesso igualitário das mulheres à exploração capitalista criou vários mal-entendidos com os defensores da ortodoxia marxista, ela pode ser perfeitamente entendida dentro de certas condições. Primeiro, a da existência de um sistema de produção de riquezas (tendo um valor de uso) distinto do capitalismo e baseado na exploração patriarcal do trabalho doméstico das mulheres (Delphy, 1970). Segundo, a de uma configuração histórica totalmente específica do trabalho assalariado, a do "compromisso fordista", que se caracteriza por um duplo princípio de troca: força de trabalho contra salário familiar masculino, de um lado, e subordinação salarial contra proteção social, de outro.[1] Essa superposição situada entre trabalho assalariado e *cidadania social* faz da reivindicação de "liberação das mulheres pelo trabalho" um objetivo política e teoricamente sustentável. Independentemente do interesse intrínseco das atividades produtivas (muitas vezes desqualificadas) a que as mulheres podiam aspirar, o famoso "trabalho, logo existo" exprime precisamente o potencial de emanci-

---

[1] Robert Castel (2007) defende uma distinção conceitual entre o compromisso fordista, de um lado, e a sociedade salarial, de outro. Entretanto, quando o termo "fordismo" é usado para designar a concessão aos homens da classe operária de um salário suficiente para "fazer viver mulher e filhos", ele não se limita necessariamente a uma economia manufatureira. Na literatura anglo-saxã, é a combinação de um "salário familiar" estável e previsível e de uma proteção aos trabalhadores e *seus dependentes* contra os riscos da vida cotidiana (acidente, desemprego, doença, cuidado das crianças, velhice etc.) que é designada pela expressão "contrato fordista" (Adkins, 2016) e que justifica a utilização desses dois termos de maneira intercambiável no presente texto.

pação oferecido pelo trabalho remunerado nesse contexto histórico específico (ver Kergoat, neste volume).

Aos olhos das primeiras gerações de feministas materialistas, a individuação oferecida pelo trabalho assalariado feminino visa portanto, simultaneamente, a uma (relativa) autonomia financeira das mulheres e a uma escapatória potencial diante de uma heterossexualidade conjugal (reprodutiva) forçada, ou mesmo a uma proteção contra os riscos de exploração doméstica e de violências conjugais (ver Karzabi e Lemière, neste volume). É portanto num contexto sócio-histórico marcado pela exclusão das mulheres da cidadania social que se devem entender as principais preocupações da pesquisa feminista acadêmica nascente. Essa perspectiva é esplendidamente ilustrada no histórico das manifestações e publicações do Mage[2] (ver também Amossé, neste volume). Encontramos aí de saída uma postura crítica em relação a tudo que pode prejudicar o acesso pleno e integral das mulheres à *cidadania social*. Uma tal visão do trabalho assalariado contribuiu para delimitar uma série de temáticas privilegiadas pela pesquisa feminista acadêmica (Adkins, 2016). É o caso dos trabalhos sobre a divisão desigual do trabalho doméstico e do *care* (a sobrecarga doméstica das mulheres sendo apreendida principalmente como uma barreira ao seu investimento pleno na atividade profissional e às suas perspectivas de avanço de carreira), mas também daqueles sobre as condições de acesso das mulheres a diversas medidas de proteção social, como seguro-desemprego, aposentadoria, saúde no trabalho. O mesmo acontece com os estudos sobre os mecanismos sociais que impedem as mulheres de aceder ao mesmo grau de autonomia financeira que os homens, a começar pela segregação horizontal e vertical do mercado de trabalho, a sub-remuneração do trabalho feminino, o não reconhecimento das qualificações femininas, as formas atípicas de atividade como o tempo parcial.

A focalização das pesquisas feministas francófonas na articulação dos sistemas produtivo e reprodutivo (AAVV, 1984) inegavelmente ocultou outras temáticas de pesquisa, cuja apreensão teórica revelou-se dificilmente compatível com uma postura analítica baseada no trabalho como "atividade paradigmáti-

---

[2] Ver: <http://recherche.parisdescartes.fr/mage>.

ca" das sociedades contemporâneas (Kergoat, 2009). As temáticas de pesquisa privilegiadas nos últimos 20 anos na rede do Mage tiveram o imenso mérito de fazer aparecer a persistência das barreiras à integração completa das mulheres na sociedade salarial e portanto na cidadania social. Elas permitiram identificar uma pletora de mecanismos mais ou menos sutis, mais ou menos duráveis, que participam da deslegitimação do lugar das mulheres no mercado de trabalho, que desvalorizam sua contribuição para a produção de riquezas, e que limitam as retribuições que elas extraem de suas atividades laborais.

...às sociedades do individualismo

E no entanto, há alguns anos, vozes se erguem para sugerir que os quadros analíticos elaborados no contexto das sociedades salariais estão cada vez menos adaptados à compreensão das questões atuais da igualdade mulheres-homens (Adkins, 2016). Essa crítica se baseia na hipótese de um remanejamento radical dos princípios normativos que presidem a integração social dos indivíduos sexuados, num contexto político-econômico globalizado, que é acompanhada de um desmantelamento dos fundamentos da cidadania social. No centro dessas transformações socioeconômicas se encontra certa normalização das reivindicações feministas do período anterior, que assume a forma de uma injunção à autonomia afetiva e financeira das mulheres cuja alavanca principal seria o exercício de uma atividade profissional contínua ao longo da vida. De fato, a responsabilidade individual pela determinação de si representa uma nova *coação normativa* que se impõe aos indivíduos sexuados. Desse ponto de vista, apesar de seu caráter eminentemente coletivo, o feminismo da segunda metade do século XX está perfeitamente alinhado às injunções normativas das sociedades *do* individualismo (Le Feuvre, 2014). Ele afirma que as mulheres aspiram à emancipação e deveriam ser liberadas dos entraves materiais e simbólicos à sua capacidade de autodeterminação ("filho se eu quiser, quando quiser"). Ora, parece-me que essa postura "individualizante" se presta a uma reapropriação potencialmente paradoxal no contexto "pós-fordista" atual.

Na sequência deste texto, proponho me concentrar em três evoluções em curso, que colocam desafios particulares à pesquisa feminista sobre o gênero no mundo "pós-fordista": (1) um deslocamento das injunções normativas relativas à retirada das mulheres do mercado de trabalho em certos momentos do percurso da vida (Lewis, 2001); (2) uma transformação radical do funcionamento do mercado de trabalho (Rubery, 2015); (3) uma generalização das políticas de promoção da igualdade e seu ajustamento progressivo às exigências das sociedades *do* individualismo (Le Feuvre, 2014).

Exporei brevemente a natureza dessas evoluções, antes de analisar seus efeitos sobre o modo de pensar a sexuação do mercado de trabalho no contexto atual.

Um deslocamento das injunções normativas

A primeira dimensão dessa evolução consiste em rever de maneira bastante radical as expectativas normativas expressas institucionalmente em relação às mulheres no tocante à dependência de um *male breadwinner* (Crompton, 1999), ou mesmo de um Estado social protetor (Walby, 1994). Ela reconhece os malefícios da destinação *prioritária* das mulheres ao espaço doméstico, inspirando-se amplamente na pesquisa feminista dos anos 1980-2010. Esses malefícios estão ligados a uma primeira forma de instabilidade crescente no contexto atual; a das uniões conjugais heterossexuais.

Assistimos à valorização progressiva de uma nova figura da modernidade avançada, a do *adult worker* (Fraser, 1994), cujo dever é prover às suas próprias necessidades (atuais e futuras) por meio do exercício de uma atividade profissional remunerada (de maneira contínua e de preferência em tempo integral), da elaboração de um projeto de desenvolvimento pessoal e da adoção de uma série de medidas individuais de proteção contra os riscos da vida cotidiana (investimentos financeiros, investimentos imobiliários, seguros etc.). Essa figura parece ser cada vez mais assexuada, traduzindo um enfraquecimento relativo dos processos de diferenciação dos sexos que ficavam no centro do compromisso fordista. Se esse fenômeno não significa absolutamente que todos os indivíduos se encontram diante das mesmas facilidades de encarnar a figura do *adult worker*, ele faz pensar que as linhas de clivagem não recortam mais apenas as categorias de sexo.

O argumento em favor do acesso das mulheres ao mercado de trabalho se desloca um pouco, portanto, em relação às reivindicações feministas históricas. Dos objetivos de acesso à autonomia e à cidadania social, o trabalho remunerado passa a ter um caráter de seguro: contra os riscos de ruptura conjugal, até contra os riscos de desemprego duradouro, de si mesmo(a) ou do(a) cônjuge eventual. Como lembra Jane Jenson (2009), as reivindicações feministas do período fordista sofrem uma "tradução aproximativa" pelos poderes públicos e se exprimem de agora em diante sob a forma de injunções normativas à autonomia econômica das mulheres. Além disso, essa injunção é muitas vezes acompanhada de uma forma de "neomaternalismo" (Giraud e Lucas, 2009), que não desobriga as mulheres de *suas* responsabilidades históricas com relação aos próximos (filhos e parentela dependente), mas que ao menos parcialmente transforma a natureza das expectativas coletivas em relação a elas. Longe da exigência da retirada do mercado de trabalho ou da adoção de modalidades epecíficas de atividade profissional (das quais o tempo parcial constitui a forma paradigmática), de agora em diante é cuidando de sua *empregabilidade* ao longo da vida que as mulheres devem responder melhor a suas próprias aspirações, de agora em diante reconhecidas como legítimas, à autonomia e às necessidades econômicas e socioafetivas de seus próximos dependentes (Serre, 2012).

A evolução estrutural do mercado de trabalho

A segunda vertente do contrato sociossexual pós-fordista reflete fielmente as análises críticas da evolução do capitalismo financeiro. Ao longo dos últimos 50 anos, os fundamentos da sociedade salarial foram bastante erodidos pelos seguintes processos: feminização, flexibilização, fragmentação e financiarização (Rubery, 2015). A feminização do mercado de trabalho reflete o deslocamento das injunções normativas referentes às mulheres que acabamos de evocar. A elevação do nível de educação das mulheres desembocou numa *indiferenciação progressiva* das lógicas de integração dos homens e das mulheres no emprego remunerado ao longo da vida. Sem dúvida, a segregação horizontal e vertical do mercado de trabalho perdura, mas os mecanismos que estão em sua origem se recompõem ao longo do tempo. Hoje, as mulheres qualificadas aspiram a rentabilizar seus diplomas e se orientam prioritariamente para profissões nas quais imaginam ter as melhores perspectivas de carreira e/ou esperam escapar das piores discriminações (ver Lapeyre, neste volume). A *flexibilização* remete à emergência de formas inéditas de emprego, como o autoempresariado (Abdelnour, 2017), o trabalho colaborativo (ver Lallement, neste volume) e os "contratos zero hora", que roem as bases protetoras do emprego das sociedades salariais. A *fragmentação* da relação salarial traduz o embaralhamento dos modelos de carreira típicos do período fordista. Contrariamente à distinção anterior entre um mercado primário (previsível, estável, protetor e remunerador) e um mercado secundário (incerto, flexível, com retornos fracos), a fragmentação contemporânea da relação salarial atinge hoje o conjunto dos setores de atividade, a tal ponto que muitos(as) assalariados(as) não sabem mais se sua lealdade eventual com relação a um empregador no fim será recompensada (Rubery, 2015:639). A fragmentação conduz portanto a uma generalização das condições de incerteza e de imprevisibilidade — de *contingência* — dos percursos de emprego que antes eram próprios do mercado secundário (Doeringer e Piore, 1971). Quanto à *financiarização* do mercado de trabalho, ela lembra que a rentabilidade das empresas resulta hoje tanto da elaboração de produtos financeiros (inclusive de evasão fiscal) quanto da apropriação direta da mais-valia do trabalho (Rubery, 2015:642).

Uma generalização das políticas de promoção da igualdade

Bastante logicamente, o deslocamento das expectativas normativas com relação às mulheres constitui uma fonte inédita de legitimação das políticas de promoção da igualdade, sobretudo profissional. Já que as mulheres não "podem mais" (objetivamente) e não "deveriam mais" (normativamente) contar com o aporte financeiro contínuo de um *male breadwinner*, torna-se moralmente indispensável garantir que elas tenham um acesso igualitário não apenas ao emprego remunerado, mas também às perspectivas de carreira e de remuneração equivalentes às dos homens. Ora, a exigência da autonomia econômica das adultas trabalhadoras, independentemente de seus compromissos domésticos e deveres de *care*, cria novos desafios teóricos e analíticos num contexto de degradação estrutural do mercado de trabalho. É por isso que os inegáveis progressos realizados em matéria de igualdade mulheres-homens podem ser qualificados de "revolução inacabada" (Esping-Andersen, 2009). De fato, a persistência das desigualdades de gênero se torna politicamente inaceitável no contexto das sociedades do individualismo, onde a autodeterminação é transformada em *dever moral* (Ehrenberg, 2010). É bem nesse contexto que a luta pela igualdade dos sexos adquire uma legitimidade coletiva provavelmente nunca antes igualada.[3] Sob o contrato fordista, era lógico imaginar a luta pela igualdade como um processo de "equalização pelo alto", em que as condições de emprego e de trabalho a serem buscadas para as mulheres seriam idênticas àquelas até então reservadas aos homens, marcadas pela estabilidade, pela previsibilidade e pela proteção social. No contexto atual, em que a concepção dominante da "igualdade" parece se reduzir a uma obrigação normativa imposta a todas as mulheres de se confrontar com um mercado de trabalho atravessado pelos efeitos combinados da flexibilização, da fragmentação e da financiarização, estamos longe das utopias feministas anteriores. Isso nos obriga a reconhecer que a indiferenciação relativa das condições de vida dos homens e das mulheres (i.e., a "igualdade dos sexos") a que as sociedades ocidentais parecem aspirar hoje pode perfeitamente passar por uma aproximação dos sexos por meio de uma degradação generalizada das condições de trabalho e de emprego; sob a forma de uma "equalização por baixo", de certa maneira.

★★★

---

[3] Legitimidade comprovada, paradoxalmente, pelas denúncias de violações evidentes desses princípios igualitaristas que surgiram após a divulgação do caso Harvey Weinstein nos Estados Unidos, em torno das *hashtags Balance ton porc* (www.balancetonporc.com) e *MeToo* (https://metoomvmt.org), assim como o movimento Time's Up Now (www.timesupnow.com/#into-anchor).

É exatamente o fato de a nova legitimidade da igualdade dos sexos intervir no contexto dos "4F" identificados por Jill Rubery que abala nossas certezas feministas e embaralha um pouco nossas grades de leitura. Assim, o mercado de trabalho em que as mulheres são hoje convidadas a investir — *da mesma forma que os homens* — não fornece mais as mesmas proteções que as antigas sociedades salariais. Ele está feminizado, sem dúvida, mas também flexibilizado, fragmentado e financeirizado de modo inédito. Sob o contrato sociossexual pós-fordista, o pertencimento sexuado e a orientação sexual dos indivíduos devem se tornar inconsequentes para os percursos de vida. Os das mulheres seriam mais imprevisíveis, incertos e instáveis, sem dúvida, mas do mesmo modo que os de seus homólogos masculinos, já que os indivíduos dos dois sexos são submetidos conjuntamente às condições *contingentes* das sociedades do individualismo.

Ainda assim, o reconhecimento emergente do direito das mulheres à emancipação pelo trabalho adquire um significado variável de acordo com os meios sociais. Assim, as mulheres formadas estariam aptas a mobilizar recursos (econômicos, escolares, conjugais etc.) alinhados às novas regras de funcionamento do mercado de trabalho (Esping-Andersen, 2009). Elas hoje têm chances inéditas de acesso aos futuros profissionais outrora reservados aos homens. Entretanto, mesmo apoiadas pelas políticas ativas de promoção da igualdade e por uma capacidade de autoproteção ligada ao seguro, elas nunca conhecerão a estabilidade e a previsibilidade dos percursos profissionais que estavam no centro das carreiras masculinas das sociedades salariais. Paralelamente, as mulheres das camadas populares, que não têm como se proteger dos danos combinados da fragmentação do mercado de trabalho e da fragilização dos laços conjugais, *são submetidas* a essa nova exigência da autonomia e se tornam potencialmente ainda mais vulneráveis do que eram as mulheres do lar ou as trabalhadoras de tempo parcial do período fordista (Esping-Andersen, 2009).

Mas convém não se equivocar quanto às lógicas atuantes nessa diferenciação, mesmo polarização, das experiências femininas. A maior emancipação das mulheres que conseguem se livrar do problema das novas incertezas trabalhistas não é a *causa* da maior vulnerabilidade daquelas atingidas diretamente pela diminuição das proteções sociais e a flexibilização das condições de emprego.

A hipótese de um desenvolvimento profissional (relativo) de mulheres executivas, brancas, heterossexuais e qualificadas *nas costas* de um exército de reserva de mulheres domésticas, racializadas e ultraflexibilizadas não parece estar muito longe da realidade empírica atestada no contexto europeu (para uma análise contrastada, ver Davis, Hirata, Le Renard e Sorj, neste volume). Mesmo que possamos admitir que a promoção da igualdade profissional no contexto atual pode ter efeitos muito contrastados em diferentes categorias — sociais, raciais e sexuais — de mulheres, essa diferenciação nem por isso se baseia *principalmente* numa lógica de exploração da força de trabalho das mulheres das camadas populares por mulheres das camadas médias ou superiores. Ao contrário, são as evoluções estruturais do mercado de trabalho que influenciam as experiências de todas as mulheres, mas de maneiras diferenciadas de acordo com os meios sociais. Dito de outro modo, uma redução das desigualdades de gênero dentro de uma mesma classe social pode perfeitamente ser acompanhada de um aumento das desigualdades entre mulheres de diferentes meios sociais. Isso não significa no entanto que as políticas de igualdade não tenham atingido seu alvo, já que elas nunca procuraram reduzir as desigualdades de classe, e nem, aliás, de raça (para uma discussão crítica desse ponto, ver Pochic, neste volume).

Para construir um programa de pesquisa ajustado às características emergentes dos mercados de trabalho ocidentais, devemos portanto admitir que a valorização da autonomia das mulheres e da igualdade dos sexos que emerge nas sociedades do individualismo é fundamentalmente *ambivalente*. Ela não se traduz em absoluto sob a forma de percursos sociais balizados, estáveis e previsíveis no conjunto das mulheres, precisamente porque essa certeza dependia do "domínio" (Löwy, 2006) ou da "tirania" (Duru-Bellat, 2017) do gênero nas sociedades salariais. Como sociólogas feministas, deveríamos ser sensíveis às condições em que as mulheres são hoje levadas a se livrar desses fundamentos normativos do gênero. Trata-se de uma injunção social inédita, que implica novas linhas de clivagem, entre mulheres e homens, mas também entre diferentes categorias sociais e raciais de mulheres, e cuja compreensão depende da nossa capacidade de reconhecer as especificidades da ordem mundial pós-fordista.

Referências

AAVV [vários autores]. *Le sexe du travail*: structures familiales et système productif. Grenoble: Presses Universitaires de Grenoble, 1984.

ABDELNOUR, Sarah. *Moi, petite entreprise*: les auto-entrepreneurs, de l'utopie à la réalité. Paris: PUF, 2017.

ADKINS, Lisa. Contingent labour and the rewriting of the sexual contract. In: ADKINS, L.; DEVER, M. (Org.). *The post-fordist sexual contract*: working and living in contingency. Basingstoke: Palgrave Macmillan, 2016. p. 1-28.

BOLTANSKI, Luc; CHIAPELLO, Eve. *Le nouvel esprit du capitalisme*. Paris: Gallimard, 1999.

CASTEL, Robert. *Les métamorphoses de la question sociale*: une chronique du salariat. Paris: Fayard, 1995.

____. Au-delà du salariat ou en deçà de l'emploi? L'institutionnalisation du précariat. In: PAUGAM, S. (Org.). *Repenser la solidarité*. Paris: PUF, 2007. p. 415-443.

CROMPTON, Rosemary (Org.). *Restructuring gender relations and employment*: the decline of the male breadwinner. Oxford: Oxford University Press, 1999.

DELPHY, Christine. L'ennemi principal. *Partisans*, n. 27, p. 157-172, 1970.

DOERINGER, Peter B.; PIORE, Mickael. *Internal labour markets and manpower*. Lexington: Lexington Books, 1971.

DURU-BELLAT, Marie. *La tyrannie du genre*. Paris: Presses de Sciences Po, 2017.

EHRENBERG, Alain. *La société du malaise*. Paris: Odile Jacob, 2010.

ESPING-ANDERSEN, Gosta. *The incomplete revolution*: adapting to women's new roles. Cambridge: Polity, 2009.

FRASER, Nancy. After the family wage: gender equity and the Welfare State. *Political Theory*, v. 22, n. 4, p. 591-618, 1994.

GIRAUD, Olivier; LUCAS, Barbara. Le renouveau des régimes de genre en Allemagne et en Suisse: bonjour néo-maternalisme? *Cahiers du Genre*, v. 46, n. 1, p. 17-46, 2009.

HÉRITIER, Françoise. *Masculin/féminin*: la pensée de la différence. Paris: Odile Jacob, 1996.

____. *Masculin/féminin II*: dissoudre la hiérarchie. Paris: Odile Jacob, 2002.

JENSON, Jane. Lost in translation: the social investment perspective and gender equality. *Social Politics*, v. 16, n. 4, p. 446-483, 2009.

KERGOAT, Danièle. Dynamique et consubstantialité des rapports sociaux. In: DORLIN, E. (Org.). *Sexe, race, classe*: pour une épistémologie de la domination. Paris: PUF, 2009. p. 111-126. Actuel Marx confrontations.

LAQUEUR, Thomas. *La fabrique du sexe*: essai sur le corps et le genre en Occident. Paris: Gallimard, 1992.

LE FEUVRE, Nicky. Penser la dynamique des rapports sociaux de sexe. In: DUNEZAT, X.; HEINEN, J.; HIRATA, H.; PFEFFERKORN, R. (Org.). *Travail et rapports sociaux de sexe*: rencontres autour de Danièle Kergoat. Paris: l'Harmattan, 2010. p. 35-47.

____. Les défis de l'incertain sous l'angle du genre. In: VRANCKEN, D. (Org.). *Penser l'incertain*. Québec: Presses de l'Université Laval, 2014. p. 113-135.

____; BATAILLE, Pierre; MOREND, Laura. La visibilité du genre dans des revues de sociologie du travail: comparaisons France et Grande-Bretagne (1987-2012). *Cahiers du Genre*, n. 54, p. 121-150, 2013.

LEWIS, Jane. The decline of the male breadwinner model: implications for work and care. *Social Politics*: international studies in gender, state and society, v. 8, n. 2, p. 152-169, 2001.

LÖWY, Ilana. *L'emprise du genre*: masculinité, féminité, inégalité. Paris: La Dispute, 2006.

MARTIN, Jacqueline. Politique familiale et travail des femmes mariées en France: perspective historique, 1942-1982. *Population*, n. 6, p. 1119-1154, 1998.

MATHIEU, Nicole-Claude. Notes pour une définition sociologique des catégories de sexe. *Épistémologie Sociologique*, n. 11, p. 19-39, 1971.

PIORE, Mickael; SABEL, Charles. *The second industrial divide*: possibilities for prosperity. Nova York: Basic Books, 1985.

RUBERY, Jill. Change at work: feminisation, flexibilisation, fragmentation, financialisation. *Employee Relations*, v. 37, n. 6, p. 633-644, 2015.

SERRE, Delphine. Travail social et rapport aux familles: les effets combinés et non convergents du genre et de la classe. *Nouvelles Questions Féministes*, v. 31, n. 2, p. 49-64, 2012.

THÉRY, Irène. *La distinction de sexe*: une nouvelle approche de l'égalité. Paris: Odile Jacob, 2007.

WALBY, Sylvia. Methodological and theoretical issues in the comparatives analysis of gender relations in Western Europe. *Innovation*, v. 11, n. 2, p. 1339-1354, 1994.

WEST, Candace; ZIMMERMAN, Don H. Doing gender. *Gender & Society*, n. 1, p. 125-151, 1987.

EPÍLOGO
Escrever a história do trabalho das mulheres[*]
Michelle Perrot

Angela Davis, a quem saúdo com admiração amiga, abriu este seminário com majestade. Eu o encerrarei de maneira breve e modesta, como "filha" de Simone de Beauvoir, que encontrou no trabalho um caminho de emancipação, consciente de que não foi esse o caso de todas as mulheres, nem no passado, nem no presente. Consciente também de que o lugar e o valor do trabalho mudaram. O que vou dizer é sem dúvida um testemunho arcaico, talvez uma mensagem obsoleta. Mas foi assim. Com o Mage e sua constelação de pesquisadoras e de amigas, caminhamos juntas, em busca de igualdade, e eu gostaria de expressar a Margaret Maruani e a toda a equipe minha solidariedade e minha gratidão por esses anos.

A sociologia do trabalho (Alain Touraine, Claude Durand) foi a matriz da história do trabalho das mulheres, graças sobretudo a seu ramo feminino (e feminista). Houve pioneiras: Évelyne Sullerot, Andrée Michel, Madeleine Guilbert, cuja obra sobre *Les femmes et l'organisation syndicale avant 1914* (Éditions du CNRS, 1966) nunca saiu das prateleiras da minha biblioteca; foi lá que encon-

---
[*] Texto integral da conferência pronunciada por Michelle Perrot em 4 de dezembro de 2015 em Paris, na Sorbonne, por ocasião do colóquio que celebrou os 20 anos do Mage. O texto foi relido, corrigido e validado pela autora.

trei pela primeira vez uma menção a Lucie Baud, essa operária da seda, líder de greves no início do século XX, a quem eu dedicaria um pequeno livro 50 anos depois (2011). Em seguida veio a nova geração, a de *Travail, genre et sociétés*: Danièle Kergoat, Margaret Maruani e Annie Borzeix (*Le temps des chemises*, 1982). O Mage tem 20 anos, assim como Clio, sob a liderança de Françoise Thébaud e de Michelle Zancarini, ambas especialistas em trabalho das mulheres. Entre umas e outras, houve muitas passarelas e trocas.

Os vínculos entre história social e história das mulheres são antigos e fortes. As primeiras historiadoras das mulheres muitas vezes provinham da história do trabalho e do movimento operário, que foi de certa maneira seu viveiro. Foi o caso das inglesas Dorothy Thompson (mulher de Edward Peter) e Sheila Robotham, muito ligada a Eric Hobsbawm, das americanas Louise Tilly (mulher de Charles) e Joan Scott, e mais tarde de Sian France Reynolds. Joan Scott primeiro esteve próxima dos vidreiros de Carmaux e de Rolande Trempé. Louise e Joan escreveram juntas um clássico, *Women, work and family* (1978), que pela primeira vez estabeleceu a relação entre família e trabalho das mulheres. Para entender a ligação entre história do trabalho e história das mulheres, é preciso nos recolocarmos nos anos 1970-1980, quando as mudanças de paradigmas que atravessaram o período foram tão ricas. A história do trabalho e do mundo operário tinha dominado os anos 1950-1970. O movimento de liberação das mulheres rompia outros silêncios e finalmente dava legitimidade às mulheres como agentes da história. As mulheres substituíam os operários como imagem da alteridade e da opressão. Ao menos elas se uniam a eles, como no passado os saint-simonianos os haviam emparelhado, vendo nos "proletários e nas mulheres" o par emancipador do futuro. Ousava-se enfim falar das operárias, não como da mulher do operário, mas de outra maneira. A partir dos anos 1975, as pesquisas sobre o trabalho das mulheres se multiplicam. Em 1978, a *Mouvement social*, principal revista de história operária, criada em 1960 por Jean Maitron, dedicou por minha sugestão um número especial aos *Travaux de femmes*. Não sem discussão e reticências diante dessa dimensão sexuada que ainda cheirava a enxofre e a alguns parecia uma diversão. Um exemplo entre outros.

O trabalho em si traça no entanto uma fronteira do gênero; uma fratura maior em que a diferença dos sexos aparece em toda a sua profundidade e sua espessura problemática. Pode-se medir aí, como numa trincheira, as dificuldades das mulheres para alcançar a autonomia e a igualdade. E antes de tudo, o reconhecimento de um trabalho produtivo. Pois, se as mulheres sempre trabalharam, o valor de seu trabalho não era percebido. O trabalho doméstico, voltado para a casa ou para a família, é da ordem da reprodução. Invisível, ele não é diretamente remunerado, e sim, de alguma forma, "gratuito". "Eu não trabalho", dizem as mulheres do lar, que entretanto estão sempre tratando de alguma coisa e cuja multiplicidade de tarefas escapa ao olhar exterior. "O que é que elas fazem o dia inteiro?", dizem seus companheiros, que de bom grado as acusam de irracionalidade em seu procedimento. A definição marxista do trabalho e do salário não resolveu nada. O salário é o que permite ao proletário se reproduzir, alimentar sua família. É mesmo um princípio sindical. As mulheres não devem fazer o papel de exército de reserva, capaz de fazer os salários baixarem. O trabalho produtivo não é da conta das mulheres; além disso, elas são incapazes de fazê-lo. As mulheres não são produtoras porque não são criadoras, mas apenas reprodutoras, quer se trate do pensamento, da arte ou do parto. E mergulhamos na perenidade das representações da hierarquia dos sexos, evidenciada por Françoise Héritier. A fábrica não é um lugar para elas, ou então é, excepcionalmente, durante sua juventude. Ela destrói a feminidade da qual a operária é a figura antitética. "Operária, palavra ímpia", diz Jules Michelet, que lamenta ver o corpo feminino, feito para o amor e a maternidade, exposto às brutalidades da indústria. O movimento operário compartilha esse ponto de vista, expresso sobretudo por Proudhon, que não vê outro destino para as mulheres que não o lar. "Dona de casa ou cortesã": sem alternativa. Um silêncio imemorial envolve esse imenso trabalho das mulheres sem o qual as sociedades não teriam podido subsistir e crescer. As donas de casa caíram no esquecimento da História mais que todas as outras mulheres. Delas não se fala nunca. Donde o interesse dos trabalhos etnológicos recentes, como o livro de Yvonne Verdier, *Façons de dire, façons de faire* (Gallimard, 1979), que mostra o conteúdo econômico e cultural dos gestos da cozinheira ou da costureira.

As mulheres tiveram grandes dificuldades para chegar ao trabalho assalariado.[1] Em parte porque elas são associadas a um dom: de seu sexo, de seu corpo, de sua fecundidade. Na economia não monetária das sociedades primitivas que os antropólogos estudam, elas constituem um recurso "natural" de que os homens se apropriam, assegurando-lhes em troca proteção e alimento. Essa identificação das mulheres com o dom atravessou séculos. Marcel Mauss a teorizou, sem insistir muito na diferença dos sexos. Posteriormente, as mulheres tiveram dificuldade em se apropriar do dinheiro (elas o contavam, mas não o geravam, ou então o faziam sob controle) e em chegar ao trabalho assalariado. O salário das mulheres de início foi um salário "suplementar", noção teorizada por Jean-Baptiste Say, e consequentemente estatutariamente menor. Considerava-se normal que uma mulher ganhasse menos que um homem, mesmo se o trabalho fosse igual. Seria mesmo escandaloso e contrário à honra que uma esposa ganhasse mais que o marido. A diferença salarial se reduziu ao longo do tempo, mas persiste. Em 1936, os acordos de Matignon limitaram essa diferença a 20%-30%, e isso foi considerado um compromisso aceitável, até uma vitória sindical.

Esse salário, as mulheres não o tocavam diretamente. Ele era entregue aos pais na juventude e aos maridos na idade adulta, ao menos em princípio. Foi preciso uma lei (1907) para reconhecer o direito das mulheres casadas de receber pessoalmente seu salário; os católicos sociais (Albert de Mun) que apoiavam essa lei ao lado dos socialistas usavam como argumento, para fazê-lo, o interesse das crianças, mais bem defendido por suas mães, que não detonavam o salário no bar. Ser reconhecida como assalariada integral, como uma pessoa autônoma que ganhava a vida foi complicado para as mulheres. Esse *deficit*, essa falta explicam o apego das pioneiras – de George Sand a Simone de Beauvoir – ao trabalho. Para elas (intelectuais, é verdade), o trabalho era não uma alienação, mas uma condição de sua liberação. Para os homens, o trabalho era uma evidência. Para as mulheres, foi uma conquista.

Terceiro obstáculo: o acesso à profissão, ou seja, à qualificação e à formação. Quando estas existiam, não eram reconhecidas, e sim assimiladas a qualidades

---

[1] Desenvolvi esse aspecto em "Le travail rémunéré dans l'histoire des femmes". In: MARUANI, M. (Org.). *Travail et genre dans le monde*: l'état des savoirs. Paris: La Découverte, 2013. p. 15-23.

naturais, da ordem do inato e não do adquirido. Cantavam-se os "dedos de fada" das mulheres que "nasciam com uma agulha entre os dedos". Informais, em geral transmitidos no cotidiano de mães para filhas, os aprendizados femininos não eram codificados nem reconhecidos, e por conseguinte eram menos bem pagos. Dizia-se das primeiras datilógrafas que elas passavam com facilidade do piano ao teclado da máquina de escrever. Da mesma forma, os cuidados de enfermagem eram fracamente remunerados: cuidar era uma tarefa feminina, ligada a um saber ancestral, quase natural, sobre o corpo. Uma tarefa "sem preço". Donde as lutas das enfermeiras, no século XX, para obter formações e diplomas reconhecidos, única maneira de serem consideradas qualificadas e mais bem pagas. Toda a reflexão contemporânea sobre o *care*, às vezes ambígua, mostra as dificuldades de alcançar uma tal formalização.

Os trabalhos de Michèle Le Doeuff, Nicole Mosconi, Rebecca Rogers, entre outros, mostram a longa luta das mulheres para chegar à formação, à instrução: ao saber. As meninas eram *educadas*, em vez de instruídas. Era importante transmitir-lhes bons hábitos de mãe e dona de casa; mas elas não tinham nenhuma necessidade de uma "bela linguagem", inútil para a sopa do *Bourgeois Gentilhomme*, menos ainda de latim, língua dos clérigos que lhes era proibida e de que se apropriavam nos conventos religiosas copiadoras de manuscritos. As mulheres que liam eram perigosas, e Sylvain Maréchal imaginou em 1801 o projeto de uma "lei que proibia ensinar as mulheres a ler", talvez uma brincadeira, mas sintomática. O saber era macho, a ciência era viril, mesmo que, segundo Descartes, "ela não tivesse sexo". É claro que os tempos mudaram; as mulheres se apropriaram de quase todos os saberes; considerou-se mesmo que isso era útil para a família ("precisamos de esposas inteligentes", dizia um republicano dos anos 1900, contemporâneas dos primeiros liceus para meninas) e para a sociedade. Mas a ideia de que existiam fronteiras sexuais dos saberes continuou forte: as meninas seriam literárias e os meninos naturalmente científicos; as meninas liam e os meninos calculavam; as meninas eram excluídas das matemáticas por uma predisposição do seu cérebro etc. Esses preconceitos tenazes explicam a persistência de setores que limitavam as escolhas e as ambições das meninas, com base nas quais Baudelot e Establet mostraram que elas não tiravam de seu bom êxito escolar os benefícios sociais que poderiam legitimamente esperar.

Outra fronteira marcou o acesso às "profissões de prestígio", quer se tratasse da indústria ou do terciário. O mundo operário do século XX estabelecia uma dicotomia entre as próprias matérias do trabalho: "Para o homem, a madeira e os metais. Para as mulheres, a família e os tecidos", declarou um delegado a um congresso operário do final do século XIX, estabelecendo uma divisão sexual entre o duro e o mole. A dureza do metal pressupõe o fogo, a força física, o manejo de instrumentos e máquinas complexas que fazem a nobreza dos laminadores, fundidores, escavadores, mecânicos de todos os tipos. A moleza dos tecidos convém às frágeis mulheres, adaptadas às tarefas repetitivas também executadas pelas lançadeiras que elas têm apenas de vigiar.

A diferenciação sexual das profissões se opera no cruzamento dos materiais, das operações de transformação e dos saberes que elas mobilizam. Ela aciona critérios intelectuais, representações complexas, muito além dos gestos do trabalho. A tipografia, profissão nobre por sua proximidade com o saber, com o escrito, com o livro, é um mundo sexualmente muito hierarquizado. As mulheres podem ser encadernadoras, mas não tipógrafas. Quando Couriau, tipógrafo em uma impressora de Lyon, quis impor sua mulher Emma como tipógrafa, e além disso fazê-la aderir ao sindicato, os operários entraram em greve (1913); e foi preciso a intervenção da CGT para impor o duplo reconhecimento de Emma, como tipógrafa e sindicalizada. As usinas têxteis são povoadas de mulheres, em geral muito jovens, mas cercadas por uma minoria de operários que só eles podem regular as máquinas e não se abstêm de assediar as jovens trabalhadoras, motivo de numerosos conflitos. Juliette Rennes mostrou (*Le mérite et la nature*, Fayard, 2007) as dificuldades de acesso às "profissões de prestígio", tanto mais controversas na medida em que elas têm a ver com a consideração, a honra, os fatores sutis de valorização/desvalorização etc. Os homens que gozam de reconhecimento e respeito temem a "invasão" das mulheres, as quais, por sua própria feminidade, desvalorizam uma profissão que, passada para suas mãos, verá sua atração e suas remunerações baixarem. As mulheres podiam ser professoras primárias, mas não "professoras", e sobretudo não das universidades, aonde, na França, elas só chegaram após a Segunda Guerra Mundial. Em 1935, foi dito a uma excelente germanista, Geneviève Bianquis, que sua voz não seria audível nos anfiteatros da Sorbonne. Uma mulher advogada era ainda pior: para a voz, claro, mas mais ainda para o direito. Como uma mulher que não votava podia dizer o direito? Como uma mulher que não tinha nem a igualdade civil nem a igualdade política e era apenas, em suma, uma cidadã de segunda classe, seria suscetível de defender o direito? Essa era certamente uma contradição que os legisladores resolveram não mudando as regras, mas por exceção. Alguns consideraram que a lei que autorizava as mulheres a advogar era tão importante quanto a decisão de rever o processo Dreyfus. As barreiras foram transpostas com um pouco mais de facilidade na medicina, por duas razões: de um lado, o afluxo das mulheres judias, inscritas nas escolas de medicina russas, expulsas da Rússia e da Polônia pelos pogroms, e acolhidas (na França, na Suíça) para prosseguirem seus estudos, criou um precedente; de outro, a ideia de que as mulheres eram cuidadoras naturais, de que conheciam os segredos do corpo legitimava sua pretensão. Mas, no interior do corpo médico, diferenciações empurravam-nas para a medicina geral, interditavam-lhes as especialidades mais prestigiadas, como a cirurgia, onde reinavam os "grandes chefes", ou ainda o magistério superior e a direção dos serviços hospitalares.

O trabalho constituiu um imenso campo semeado de obstáculos, de barreiras a ultrapassar. Em 1924, o *baccalauréat* unificado, unissexo, abriu para as meninas as portas da universidade. A idade das estudantes era uma forma de revolução que as figuras de Simone de Beauvoir, Simone Weill, Colette Audry, Germaine Tillion encarnavam. Mas quantos esforços ainda para ter acesso a todos os setores, concursos, escolas, formações de todos os tipos. A mistura realizada entre as duas guerras foi um resultado e uma etapa capital, mesmo que por vezes se tenha revelado um "faz de conta" (Nicole Mosconi).

Mesmo o acesso ao sindicalismo foi complicado, porque era pensado segundo o modo viril da cidadania. Os operários consideravam que o sindicato, assim como a greve, não era da conta das mulheres, as quais eles preferiam que permanecessem no lar, em seu papel de mãe e de dona de casa: seu verdadeiro lugar. O caso Couriau é nesse ponto significativo. Não se gostava das mulheres militantes, líderes de greves, que tomavam a palavra num espaço público que não era feito para elas. "Mulher pública", *femme publique* em francês, significa "prostituta". Lucie Baud, tecelã de seda de Vizille (Isère), só se engajou após a morte do marido, guarda campestre. Ela tinha duas filhas jovens e sua família jamais aprovou sua escolha. Como ela podia falar nos *meetings*, sentar num café na companhia de militantes, ainda por cima italianos, como Auda, que ela admirava tanto? Condenava-se essa conduta desviante. Donde, sem dúvida, sua tentativa de suicídio, que ela explicou por "preocupações familiares", e sua morte precoce aos 43 anos (1870-1913). E o apagamento de que foi objeto na memória familiar e local. Nesse caso, foi o movimento operário que a salvou do esquecimento, solicitando e publicando seu testemunho numa revista da época. Último exemplo, bastante próximo: os ataques de que foi objeto Nicole Notat, primeira mulher dirigente de uma federação sindical, a CFDT. Porque ela chegara ao poder, era chamada de "a tsarina" e seus adversários a vaiavam com rara violência. Fazer a história do trabalho das mulheres à luz do gênero é colocar as questões das relações de sexos em todos os níveis do saber, do poder, da decisão, da representação.

Sem dúvida, as coisas mudaram: no emprego e suas formas, na formação, nas responsabilidades. O movimento de liberação das mulheres foi acompanhado, apoiado mesmo, por uma profunda mutação de seu trabalho. Mas quanta rigidez e quantas diferenças persistiram: nos salários (cerca de 12% para o mesmo trabalho), na precariedade, na preponderância do tempo parcial, na dominação hierárquica, nas formas de assédio, nas ameaças constantes a empregos considerados pouco qualificados. A robotização ameaça as caixas de supermercado, por muito tempo vistas como agentes essenciais da distribuição, presença humana indispensável dentro das gôndolas movimentadas. A fragilidade do trabalho feminino persiste e explica uma pobreza que ameaça especialmente essas chefes de família (80% das famílias monoparentais são femininas).

Fazer a história do trabalho das mulheres é não apenas escrever um capítulo maior de sua história passada, mas é também entender sua situação hoje. Na nova mutação do trabalho que se esboça, nas transformações técnicas, informáticas, comunicacionais de todo tipo que se tramam, qual será o lugar, o destino das mulheres? Como poderão elas se afirmar, não apenas como sujeitos, mas como protagonistas plenas das revoluções por vir?

Centros de pesquisa

CEET	Centre d'Etudes de l'Emploi et du Travail
CERLIS	Centre de Recherche sur les Liens Sociaux
CERTOP	Centre d'Etudes et de Recherches Travail Organisation Pouvoir
CMH	Centre Maurice-Halbwachs
CNAM	Conservatoire National des Arts et Métiers
CNRS	Centre National de la Recherche Scientifique
CRESPPA	Centre de Recherches Sociologiques et Politiques de Paris
ECNU	East China Normal University
EHESS	École des Hautes Etudes en Sciences Sociales
ENS	Ecole Normale Supérieure
GTM	Genre, Travail et Mobilités
HEC	Hautes Etudes Commerciales
IFP	Institut Français de Pondichéry
INED	Institut National d'Etudes Démographiques
IRIS	Institut de Recherche Interdisciplinaire sur les Enjeux Sociaux
IRISSO	Institut de Recherche Interdisciplinaire en Sciences Sociales
LAM	Les Afriques dans le Monde
LISE	Laboratoire Interdisciplinaire de la Sociologie Economique

MSH	Maison des Sciences de l'Homme
PRN LIVES	Pôle National de Recherche "Surmonter la Vulnérabilité: Perspectives des Parcours de Vie"
PSL	Paris Sciences et Lettres

Autoras e autores

MARUANI, Margaret (org.). Socióloga, Cerlis-CNRS-Université Paris Descartes.

ACHIN, Catherine. Cientista política, Université Paris Dauphine-PSL-Irisso.

AMOSSÉ, Thomas. Sociólogo e estatístico, Cnam-Lise-CEET, Paris.

AVRIL, Christelle. Socióloga, EHESS-Iris, Paris.

BERENI, Laure. Socióloga, CNRS-CMH, Paris.

CLAIR, Isabelle. Socióloga, CNRS-Iris, Paris.

DAVIS, Angela. Socióloga, University of California, Santa Cruz, Estados Unidos.

FRADER, Laura. Historiadora, Northeastern University Boston, Massachusetts, Estados Unidos.

GUILLAUME, Cécile. Socióloga, University of Roehampton, Grã-Bretanha.

HIRATA, Helena. Socióloga, CNRS-Cresppa-GTM, Paris.

KARZABI, Iman. Cientista política, Observatoire Régional des Violences Faites aux Femmes du Centre Hubertine-Auclert.

KERGOAT, Danièle. Socióloga, CNRS-Cresppa-GTM, Paris.

KIRTON, Gill. Socióloga, Queen Mary University, Grã-Bretanha.

LALLEMENT, Michel. Sociólogo, Lise-Cnam-CNRS, Paris.

LANQUETIN, Marie-Thérèse. Jurista, Université Paris-Nanterre.

LAPEYRE, Nathalie. Socióloga, Université de Toulouse Jean-Jaurès-Certop-CNRS.

LAUFER, Jacqueline. Socióloga, HEC Paris.

LE FEUVRE, Nicky. Socióloga, Université de Lausanne-PRN Lives, Suíça.

LE RENARD, Amélie. Socióloga, CNRS-CMH, Paris.

LEMIÈRE, Séverine. Economista, IUT Paris-Descartes.

LENOËL, Audrey. Socióloga, Ined, Paris.

MARIUS, Kamala. Geógrafa, Université Bordeaux-Montaigne, UMR LAM-
-Sciences Po Bordeaux, IFP, Índia.

MARRY, Catherine. Socióloga, CNRS-CMH, Paris.

MEULDERS, Danièle. Economista, Université libre de Bruxelles, Bélgica.

PAILHÉ, Ariane. Economista, Ined, Paris.

PERROT, Michelle. Historiadora, Université Paris-7 Paris-Diderot.

POCHIC, Sophie. Socióloga, CNRS-CMH, Paris.

PRIETO, Carlos. Sociólogo, Universidad Complutense de Madrid, Espanha.

RAVET, Hyacinthe. Socióloga e musicóloga, Sorbonne Université, Paris.

ROGERS, Rebecca. Historiadora, Université Paris Descartes-Cerlis-CNRS.

SILVERA, Rachel. Economista, Université Paris-Nanterre.

SORJ, Bila. Socióloga, Universidade Federal do Rio de Janeiro, Brasil.

TANG, Xiaojing. Socióloga Université Huashida (ECNU), Shanghai, China

Este livro foi impresso nas oficinas gráficas da Editora Vozes Ltda.,
Rua Frei Luís, 100 – Petrópolis, RJ.